权威·前沿·原创

皮书系列为
"十二五""十三五"国家重点图书出版规划项目

BLUE BOOK

智 库 成 果 出 版 与 传 播 平 台

中国东北地区发展报告
（2020）

ANNUAL REPORT ON NORTHEAST CHINA
(2020)

主　编／郭连强
副主编／梁启东　吴海宝　张　磊

社会科学文献出版社
SOCIAL SCIENCES ACADEMIC PRESS（CHINA）

图书在版编目（CIP）数据

中国东北地区发展报告. 2020 / 郭连强主编. -- 北
京：社会科学文献出版社，2021.4
（东北蓝皮书）
ISBN 978 - 7 - 5201 - 8117 - 4

Ⅰ. ①中… Ⅱ. ①郭… Ⅲ. ①区域经济发展 - 研究报
告 - 东北地区 - 2020②社会发展 - 研究报告 - 东北地区 -
2020 Ⅳ. ①F127.3

中国版本图书馆 CIP 数据核字（2021）第 051018 号

东北蓝皮书
中国东北地区发展报告（2020）

主　　编 / 郭连强
副 主 编 / 梁启东　吴海宝　张　磊

出 版 人 / 王利民
组稿编辑 / 任文武
责任编辑 / 王玉霞
文稿编辑 / 李艳芳

出　　版 / 社会科学文献出版社·城市和绿色发展分社（010）59367143
　　　　　　地址：北京市北三环中路甲 29 号院华龙大厦　邮编：100029
　　　　　　网址：www.ssap.com.cn
发　　行 / 市场营销中心（010）59367081　59367083
印　　装 / 天津千鹤文化传播有限公司

规　　格 / 开　本：787mm × 1092mm　1/16
　　　　　　印　张：24.25　字　数：361 千字
版　　次 / 2021 年 4 月第 1 版　2021 年 4 月第 1 次印刷
书　　号 / ISBN 978 - 7 - 5201 - 8117 - 4
定　　价 / 128.00 元

东北蓝皮书编委会

主　　编　郭连强

副 主 编　梁启东　吴海宝　张　磊

编　　委　王　磊　孙浩进　李冬艳

本书作者　张丽娜　纪明辉　李丽萍　孙　宇　肖国东
王海英　王嘉宝　杨梦婷　郭　矜　龚　辉
刘佳杰　李　平　程　遥　朱大鹏　赵小天
田　雨　张雅婧　于　凡　李冬艳　赵　勤
徐卓顺　田振兴　韩佳均　刘星显　王浩翼
谭红梅　孙浩进　张　帆　魏鹏飞　王天新
孙涧桥　宋帅官　邹秀婷　刘国会　张兴洋
李春玉　周于威　刘志永　于光军　吕　萍
王化冰　王继伟　杨红环　郑古蕊　李效筠
张天维　丁　冬　陈秀萍　宋静波　王　拓

主要编撰者简介

郭连强　经济学博士，吉林省社会科学院（社科联）党组成员、副院长，研究员，吉林省委省政府决策咨询委员，吉林省有突出贡献专家，吉林省拔尖创新人才，国家社会科学基金同行评议专家，吉林省学位委员会第四届学科评议组成员，吉林省社会科学重点领域（吉林省省情）研究基地负责人。长期从事金融学、产业经济学、农业经济研究，研究咨询报告得到中央领导及省级领导批示多项，主持科研项目 30 余项。出版《中国房地产金融创新与风险防范研究》《吉林省房地产业发展的特征与走向》《吉林农村金融综合改革研究》等著作十余部，在《求是学刊》《江汉论坛》《社会科学辑刊》等刊物发表学术论文近 50 篇，《新华文摘》《中国社会科学文摘》等全文转载 3 篇次，摘发多篇。

梁启东　人文地理学博士，辽宁社会科学院副院长，二级研究员，国务院政府特殊津贴专家。曾任第十届全国青联委员、第九届辽宁省青联副主席。现任辽宁省委省政府咨询委员，沈阳、大连、鞍山、抚顺、营口、盘锦市委市政府咨询委员，沈阳市政协常委、经济委员会副主任；辽宁省法学会副会长，省演讲学会、经济体制改革研究会、文化产业协会等副会长。东北问题专家、咨询策划专家、演讲家。研究方向为宏观经济、区域经济、城市经济，重点研究东北经济问题。出版有《中国城区发展战略研究》《辽宁民营经济发展报告》《加入 WTO 与辽宁经济》《沈抚同城化战略研究》《沈阳经济区综合配套改革研究》《沈阳经济区城市发展研究》《对话金融危机》《新型城镇化新论》等专著。获全国优秀科普专家、全国"四个一批"人才、全国文化名家、辽宁省劳动模范称号，为国家"万人计划"哲学社会科学领军人才，获颁辽宁省五一劳动奖章。

吴海宝 中共黑龙江省委奋斗杂志社副社长兼副总编辑（原黑龙江省社会科学院副院长、黑龙江振兴发展研究院院长），高级经济师。1995年参与联合国开发计划署援华项目"大庆区域经济调整规划研究"，是主报告撰写人之一。2000年担任《大庆现代化研究报告》副主编，是主报告主要执笔人。2005年、2006年连续两年主编《大庆科学发展实践与探索》。近年来，在省报等主要媒体多次接受采访、发表文章，多个项目课题研究曾获省优秀调研成果一等奖。主持推进"龙江全面振兴评估报告"课题研究，完成"用习近平经济思想指导东北全面振兴"研究报告。在国内报纸、刊物发表文章多篇。

张　磊 吉林省社会科学院农村发展研究所所长、院学术委员，二级研究员，吉林财经大学硕士研究生导师，吉林农业大学、北华大学、吉林大学生物与工程学院客座教授，享受吉林省政府特殊津贴，吉林省第五批拔尖人才，吉林省委第三届决策咨询委员，吉林省农业与农村经济发展研究会会长。任研究员以来，在社会科学文献出版社及吉林人民出版社出版学术著作十余部，获省政府社科优秀成果一等奖1项、二等奖2项、三等奖3项，在核心期刊发表论文15篇；研究报告、咨询报告获得中央领导、国家领导及省领导肯定批示20余篇。主持省社科基金重大项目、省智库基金委托项目、省科技计划项目十余项，主持省委改革委、省发改委、省农业农村厅等横向课题30余项。

摘　要

面对国内外严峻复杂的环境背景，东北地区全面做好"六稳"工作，落实"六保"任务，经受住突发疫情、自然灾害等多重考验，经济社会发展保持总体稳定，供给需求呈现恢复性增长态势。

2019年，东北地区实现地区生产总值55736.25亿元，占全国的比重为5.6%。疫情对东北地区经济运行冲击明显，辽、吉、黑三省和蒙东地区2020年第一季度经济增速分别为 - 7.7%、- 6.6%、- 8.3%、- 5.8%；东北地区第二季度经济运行秩序加快恢复，主要经济指标明显回升，消费市场逐步复苏，农业生产形势较好，工业生产逐步转好，服务行业缓慢恢复。脱贫攻坚取得决定性胜利，生态环境质量明显改善，重大风险守住底线。东北三省城镇和农村居民收入增长较为稳定，就业局势总体平稳。社会保障水平不断提高，教育医疗文化事业不断进步。"放管服"改革深入推进，国企改革取得积极进展，开放合作高地建设加快。

但东北地区仍处于全面振兴的攻坚期、结构调整的关键期、新旧矛盾的交织期，经济发展缓慢、工业效益减弱、人口流失严重等问题依旧突出。

2020年，从国内大局来看，市场预期总体向好，社会发展大局稳定，政府和社会对疫情冲击下国内经济失速的担忧逐渐消失，预计东北地区全年增速为0～1.5%。通过加快实体经济发展，逐步构建现代化产业体系；优化发展环境，激发民营企业发展活力；充分挖掘释放消费潜力，提升消费拉动能力；深入推进创新创业，凝聚经济发展新动能；推动高水平开放合作，深层次融入国内国际双循环等重要举措，促进东北地区经济高质量发展。

关键词： 恢复性增长　高质量发展　全面振兴　东北地区

Abstract

In the face of severe and complex environmental background at home and abroad, Northeast China has comprehensively carried out the work of " six stabilities and six guarantees" in an all-round way, withstood multiple tests such as sudden epidemic and natural disasters. The economic and social development of northeast China has maintained overall stability, and the supply and demand have shown a trend of recovery growth.

In 2019, the GDP of Northeast China will reach 5573. 625 billion yuan, accounting for 5. 6% of the whole country. The epidemic had a significant impact on the economic operation of the three provinces of northeastern China, The economic growth rates of Liaoning Province, Jilin Province, Heilongjiang Province and Eastern Inner Mongolia in the first quarter of 2020 are -7.7%, -6.6%, -8.3%, -5.8% respectively。 In the second quarter, the economic operation order of the northeast region was accelerated to recover, the main economic indicators picked up significantly, the consumer market gradually recovered, the agricultural production situation was better, the industrial production gradually improved, and the service industry slowly recovered. We have won a decisive victory in the fight against poverty, improved the quality of the ecological environment, and kept the bottom line for major risks. The income growth of urban and rural residents in Northeast China is relatively stable, and the employment situation is generally stable. The level of social security has been continuously improved, and education, medical and cultural undertakings have been continuously improved. The reform of " deregulation, management and service" has been further promoted, the reform of state-owned enterprises has made positive progress, and the construction of an open and cooperative highland has been accelerated.

However, Northeast China is still in the crucial period of comprehensive revitalization, the key period of structural adjustment and the interweaving period of old and new contradictions. The problems of slow economic development, weakening industrial efficiency and serious population loss are still prominent.

In 2020, according to the overall situation of China, the market is expected to be generally good, the overall situation of social development is stable, and the government and society's worry about the domestic economic stall under the impact of the epidemic will gradually disappear. It is estimated that the annual growth rate of Northeast China will be between 0.0% and 1.5%. By accelerating the development of the real economy, we will gradually build a modern industrial system; By Optimizing the development environment , we will stimulate the development vitality of private enterprises; By releasing the consumption potential, we will enhance the consumption pulling ability; We should further promote innovation and entrepreneurship, gather new momentum for economic development, promote high-level opening-up and cooperation, and deeply integrate into the domestic and international double cycle, The implementation of these important measures will promote the high-quality economic development of Northeast China.

Keywords: Restorative; Growth High-quality Development; Comprehensive Revitalization; Northeast China

目 录

Ⅲ 社会发展篇

Ⅳ 改革开放篇

Ⅴ 区域专题篇

皮书数据库阅读**使用指南**

CONTENTS

I General Report

II Economic Construction Reports

Ⅲ Social Development Reports

Ⅳ Reform and Opening-up Reports

Ⅴ Regional Special Reports

CONTENTS 🔼

总 报 告

General Report

B.1

2020年东北地区经济社会发展形势分析与展望*

张丽娜 纪明辉**

摘　要：　面对国内外严峻复杂的环境背景，东北地区全面做好"六稳"工作，落实"六保"任务，经受住突发疫情、自然灾害等多重考验，经济社会发展保持总体稳定，供给需求呈现恢复性增长态势。但东北地区仍处于全面振兴的攻坚期、结构调整的关键期、新旧矛盾的交织期，经济发展缓慢、工业竞争力减弱、人口流失严重等问题依旧突出。未来，东北地区要贯彻落实党的十九届五中全会精神，加快调整产业结构，做大做强实体经

* 本文为2020年度吉林省科技厅科技战略与规划项目（项目编号：20200101115FG）阶段性成果。

** 张丽娜，管理学博士，吉林省社会科学院软科学研究所所长，研究员，研究方向为宏观经济与产业经济；纪明辉，吉林省社会科学院软科学研究所副研究员，研究方向为数量经济和区域经济。

济，转换发展动力，刺激消费市场潜力释放，稳固经济高质量发展的基础；同时，以更高水平的对外开放合作，进一步拓宽国际市场，加强国际合作，促进国内国际双循环，推动东北经济高质量发展，实现东北地区全面振兴、全方位振兴。

关键词： 恢复性增长　高质量发展　全面振兴　东北地区

面对风险挑战明显上升和经济下行压力加大的复杂局面，东北地区全面做好"六稳"工作，落实"六保"任务，坚持稳中求进工作总基调，针对具体现实问题，快速响应，积极落实，出台了一系列有针对性、行之有效的应对举措，经济运行总体平稳，社会大局保持稳定，在脱贫攻坚、产业转型升级以及社会民生发展方面取得了显著成效。

一　东北地区经济发展总体情况

（一）经济总体呈现较强的增长韧性

1. 经济增速先平后抑再扬

2019 年，东北地区实现地区生产总值 55736.25 亿元，占全国的比重为 5.6%。从经济增速上看，2019 年辽宁、吉林、黑龙江、蒙东地区经济增速分别为 5.5%、3.0%、4.2% 和 4.2%，分别比全国平均水平低 0.9 个、3.4 个、2.2 个和 2.2 个百分点。2020 年，东北地区落实中央部署和国家政策以及结合实际推出的一系列政策举措，全面做好"六稳"工作，落实"六保"任务，经济发展中的积极因素不断增加。疫情对第一季度经济运行冲击明显，辽宁、吉林、黑龙江三省和蒙东地区第一季度经济增速分别为 -7.7%、-6.6%、-8.3%、-5.8%，辽宁省和黑龙江省增速分别比全国水平低 0.9 个和 1.5 个百分点，吉林省和蒙东地区分别高于全国水平 0.2 个和 1 个百分点。第二季度经济运行秩序加快恢复，三省一区经济复苏步伐加快，主要经济指标明显回升。上半年，辽宁省地区生产总值同比下降3.9%，降幅较第一季度收窄3.8个百分点；黑龙江省地区生产总值同比下降4.9%，降幅比第一季度收窄3.4个百分点；吉林省地区生产总值同比下降0.4%，比第一季度提高6.2个百分点；蒙东地区生产总值同比下降3.8%，比第一季度提高2.0个百分点。与全国相比，辽宁省、黑龙江省和蒙东地区分别比全国低2.3个、3.3个和2.2个百分点，吉林省高于全国平均水平1.2个百分点。第三季度经济运行秩序进一步恢复，主要经济指标明显回升。前三季度，辽宁、吉林和黑龙江三省GDP增速分别为－1.1%、1.5%和－1.9%，比上半年分别提高2.8个、1.9个和3.0个百分点。与全国相比，辽宁和黑龙江两省增速分别较全国低1.8个和2.6个百分点，吉林省增速高于全国0.8个百分点（见图1）。

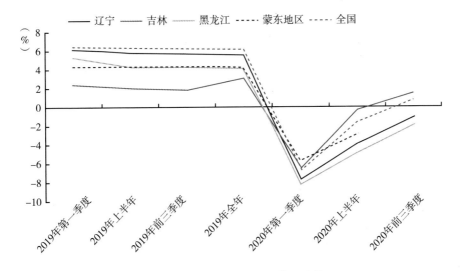

图1 东北地区经济增速和全国比较

资料来源：辽宁省统计局网站、吉林省统计局网站、黑龙江省统计局网站、内蒙古自治区统计局网站、国家统计局网站。

2. 固定资产投资增长明显

2019年，黑龙江省和蒙东地区固定资产投资分别增长6.3%和9.5%，

高于全国平均水平（5.4%）；辽宁省固定资产投资保持微弱正增长，增长率为0.5%；吉林省固定资产投资比上年下降16.3%。为抵御经济下行和新冠肺炎疫情叠加影响，东北地区审时度势，加快部署建设重大项目，积极推动要素资源向项目集聚，全方面拉动有效投资，逐步优化投资结构，充分发挥有效投资在稳增长中的关键作用，为经济恢复发展提供硬支撑。整体来看，2020年东北地区固定资产投资第一季度均急剧下降，第二季度开始稳步回升。上半年数据显示，辽宁、吉林、黑龙江三省和蒙东地区固定资产投资增速分别为-2.7%、7.8%、0.3%和-13.1%，辽宁、吉林、黑龙江三省分别比第一季度提升13.5个、16个和11.2个百分点，蒙东地区投资增速相比第一季度略有下降。吉林和黑龙江两省固定资产投资增速实现了由负转正，吉林省投资增速高于全国10.9个百分点，居全国第4位。前三季度，辽宁、吉林和黑龙江三省固定资产投资分别增长0.1%、8.9%和2.1%，均实现了正增长，比上半年分别高出2.8个、1.1个和1.8个百分点。东北地区突出重点领域，抢抓新基建这一新机遇，全力推进大项目、好项目建设。辽宁省基础设施投资同比增长8.1%，在建项目6284个，增长9.6%。截至2020年8月6日，辽宁省建成开通5G基站19019个，其中年内新增16972个，完成年初制定目标任务的84.84%。[①] 吉林省实施5000万元以上项目1677个，比上年同期增加398个，同比增长31.1%，亿元以上项目1198个，比上年同期增加205个，同比增长20.6%；全省5000万元以上项目开复工率达到92%，完成投资占全年目标的41%，均为历史最高水平，为全年目标顺利完成奠定了坚实基础。[②] 黑龙江省54个交通基础设施项目完成投资110亿元，同比增长31%，实现逆势突围；新基建5G网络已建成基站8372个，完成投资26.9亿元。[③]

① 唐佳丽：《全省经济运行整体呈现回升趋势》，《辽宁日报》2020年7月23日，第1版。
② 杨悦：《克服冲击稳健运行——我省上半年固定资产投资实现恢复性增长纪实》，《吉林日报》2020年8月4日，第1版。
③ 狄婕：《我省上半年固定资产投资缘何由负转正》，《黑龙江日报》2020年8月2日，第1版。

3. 消费市场逐步复苏

2019 年，辽宁、吉林、黑龙江三省和蒙东地区社会消费品零售总额增长率分别为 6.1%、3.4%、6.2% 和 4.4%，增长较为平稳。疫情对消费市场产生了严重的冲击，交通运输客流量大幅下降，销售额急剧降低。面对这种情况，东北地区不断加大促消费的政策支持力度，在财政金融保障上打出优惠政策"组合拳"，通过政企联动开展一系列的促消费活动，保障经营主体稳健运营、流通体系顺畅，逐步提升消费信心，消费品市场稳步回暖。2020 年上半年，辽宁、吉林、黑龙江三省和蒙东地区社会消费品零售总额同比增速分别为 -17.0%、-20.0%、-22.7% 和 -13.1%，相比第一季度降幅分别收窄 7.3 个、10.7 个、7.3 个和 6.6 个百分点。为进一步促进消费回补和潜力释放，东北地区在规定的条件下，放开露天设摊营业限制，有序发展"马路经济""地摊经济""夜间经济"，增添消费市场"烟火气"。前三季度，辽宁、吉林、黑龙江三省社会消费品零售总额同比增速分别为 -11.1%、-15.1% 和 -16.8%，降幅较上半年继续收窄，分别收窄 5.9 个、4.9 个和 5.9 个百分点。

4. 对外贸易基本稳定

2019 年，辽宁、吉林和黑龙江三省货物进出口总额分别为 7255.1 亿元、1302.17 亿元和 1865.9 亿元，增长率分别为 -4.0%、-4.5% 和 6.7%，黑龙江省对外贸易发展态势良好，增长率高于全国 3.3 个百分点。东北地区持续在政策支持、优化外贸结构、推动贸易便利化方面发力，外贸基本盘稳定。2020 年上半年，辽宁、吉林、黑龙江三省进出口总额分别为 3268.9 亿元、621.9 亿元和 788.2 亿元，同比分别下降 5.7%、2.6% 和 15.9%，其中吉林省进出口增速高于全国 0.6 个百分点，排名居全国第 12 位，黑龙江省第二季度连续三个月出口保持正增长，辽宁省进口始终保持正增长。外贸发展的内生动力在不断增强，民营企业进出口逆势增长，在外贸稳增长中作用更加突出。辽宁省和吉林省民营企业进出口总额分别为 1510.8 亿元、136.9 亿元，同比分别增长 13.9% 和 3.2%；民营企业进出口占进出口总额的比重分别为 39.2% 和 22%，分别比上年同期提高了 4.2 个和 1.2 个百分点。

（二）三次产业逐步恢复发展

1. 农业生产形势较好

作为全国粮食主产区，东北地区始终绷紧"稳定粮食生产、确保粮食安全"这根弦，以乡村振兴战略为总抓手，着力稳生产、稳面积、稳政策，调动农民和新型经营主体的种粮积极性，农业农村平稳较快发展，"三农"基本盘持续夯实。2019 年，辽宁省第一产业增加值 2177.8 亿元，增长 3.5%；全年粮食总产量 2430.0 万吨，比上年增加 237.6 万吨，增长 10.8%，创历史新高。吉林省第一产业增加值 1287.3 亿元，增长 2.5%；全年粮食总产量 3878.0 万吨，比上年增产 6.7%，净增量居全国第 1 位，占全国总增量的 41.26%。黑龙江省第一产业增加值 3182.5 亿元，增长 2.4%；全省粮食产量 7503 万吨，连续 9 年居全国第 1 位。2020 年前三季度，辽宁、吉林、黑龙江三省第一产业增加值同比增速分别为 3.4%、1.8% 和 2.8%，分别比上半年提高 1.3 个、2.7 个和 2.6 个百分点，三省第一产业增速全部实现由负转正。蒙东地区上半年第一产业增加值为 212.6 亿元，增长与上年持平。农业生产平稳向好，种植业、畜牧业增长较快。辽宁省高标准农田建设获得科学有序推进，上半年就超额完成 2019 年度立项的 280 万亩（不含大连）高标准农田建设任务。吉林省落实粮食安全责任制，粮食播种面积同比增长 1% 左右，超额完成国家下达的任务。黑龙江省生猪产能持续恢复，连续 5 个季度环比增长。虽然遭受了三次台风的影响，但由于采取了及时有效措施，对粮食生产影响有限。

2. 工业生产逐步转好

2019 年，辽宁、吉林、黑龙江三省和蒙东地区第二产业增加值增长率分别为 5.7%、2.6%、2.7% 和 4.4%，增长较为平稳。2020 年东北地区出台积极政策推动工业复工复产，解决企业实际困难。上半年，辽宁、吉林、黑龙江三省和蒙东地区第二产业增加值分别为 4167.1 亿元、1889.29 亿元、1595.7 亿元和 776.7 亿元，同比分别增长 -4.1%、2.0%、-5.4% 和 -0.7%，相比第一季度分别提高了 6.6 个、15.2 个、4.5 个和 2.4 个百分点，吉林省第二产业增长实现了由负转正。2020 年前三季度，辽宁、吉林和黑龙江三省第二产业分别增长 - 0.6%、5.0% 和 - 1.5%，分别比上半年提高 3.5 个、3.0 个和 3.9 个百分点，第二产业生产恢复明显。从规模以上工业表现来看，辽宁省规模以上工业增加值已连续 6 个月当月实现正增长；吉林省规模以上工业增加值同比增长 6.2%，增速比上半年提高 2.9 个百分点，高于全国平均水平 5.0 个百分点；黑龙江省规模以上工业增加值比上年同期下降 0.7%，降幅比上半年收窄 3.3 个百分点。总体来看，工业主要指标稳步复苏，释放出逐步向暖信号。

3. 服务行业缓慢恢复

2019 年，东北地区服务业发展总体稳健。辽宁省第三产业增加值 13200.4 亿元，增长 5.6%，服务业质量提升专项行动取得良好效果，软件信息技术服务业营业收入增长 19%；吉林省第三产业增加值 6304.68 亿元，增长 3.3%，金融机构存贷款新增量同比提升速度均居全国第 1 位；黑龙江省第三产业增加值 6815.0 亿元，增长 5.9%；蒙东地区第三产业增加值 2629.5 亿元，增长 5.0%。服务业具有消费选择性强的特点，即一旦错过当期节假日消费热潮，后续也不可能实现完全的弥补，因此，服务业要恢复到疫情之前的发展水平需要更长的时间。东北地区全面推动服务业行业复工复产、复商复市，积极落实各项促消费政策，成效正在逐渐显现。2020 年上半年，辽宁省第三产业增加值下降 4.6%，降幅收窄 1.7 个百分点；吉林省第三产业增加值为 3134.99 亿元，同比下降 2.0%，比第一季度降幅收窄 1.1 个百分点；黑龙江第三产业增加值 3174.3 亿元，下降 5.6%，比第一季度降幅收窄 2.3 个百分点；蒙东地区第三产业增加值实现 1267.4 亿元，下降 4.6%，比第一季度降幅收窄 1.7 个百分点。前三季度，辽宁、吉林和黑龙江三省第三产业分别增长 - 2.2%、 - 1.1% 和 - 3.0%，降幅比上半年分别收窄 2.4 个、0.9 个和 2.6 个百分点。

（三）新动能培育取得新成效

1. 工业互联网进程加快

东北地区高度关注工业互联网发展，积极推动工业化和信息化在更高水

平、更大范围和更深程度上的融合，将发展工业互联网作为高质量发展、实现全面振兴和全方位振兴的重要途径。辽宁省出台了《辽宁省工业互联网创新发展三年行动计划（2020～2022年)》，吉林省印发了《关于深化工业互联网发展的实施意见》，黑龙江省印发了《工业强省建设规划（2019～2025年)》，一系列的政策文件有效推动了工业互联网发展的进程。东北地区工业互联网项目接连在国家层面榜上有名，鞍钢、东软、忠旺、辽宁电力能源、哈工大机器人集团、吉林省联恒易达科技等企业入围国家《2019～2020年度物联网关键技术与平台创新类、集成创新与融合应用类示范项目》；辽宁思凯科技、大连远翔工业的智能工厂项目和牡丹江恒丰纸业股份有限公司的恒舢云工业互联网平台入选工信部2019年企业上云典型案例。这些都是对东北地区工业互联网、数字经济等工作的充分肯定。

2. 科技型企业培育见成效

东北地区深刻认识到创新发展离不开科技型企业这一最具发展活力、发展潜力和成长性的群体，近几年，东北地区在科技创新工作中，非常重视科技型企业，从顶层设计及政策支持上给予极大的倾斜，科技型中小企业的培育和成长实现了较大突破。2019年，辽宁省科技型中小企业新增3000家以上，总量突破7500家；高新技术企业新增1000家以上，总量突破5000家。吉林省新认定国家级高新技术企业800户，科技小巨人企业358户，分别增长89%、92%。黑龙江省科技企业孵化器、众创空间在孵企业总数达到7063家，增长30.7%。2020年即使在疫情的严重冲击下，科技型中小企业增速仍不减。上半年，辽宁省新增科技型中小企业1643家，全省累计注册科技型中小企业已突破9000家，同比增长超50%。科技型企业的成长对于东北地区转换新旧动能、调整产业结构发挥了重要作用。

3. 新业态新模式加速发展

电子商务交易规模不断扩大。2020年上半年辽宁省实物商品网上零售额实现611.2亿元，同比增长30.2%，高于全国15.9个百分点；吉林和黑龙江两省限额以上单位网上商品零售额大幅增长，分别比上年同期增长188.4%和97.8%。农村电商积极助力脱贫攻坚、乡村振兴。农村电商已经成为东北农业农村现代化的重要抓手，为促进农民增收、农村建设贡献了积极的力量。2020年上半年，吉林省农村网络零售交易增长19.6%；黑龙江省第一季度全省农村电商零售额实现26.6亿元，同比增长84.5%，增速居全国第4位。跨境电商增长迅速，作用突出。上半年，吉林省跨境电商交易增长34.0%。"直播带货"成为电商发展新模式。辽宁省新入围一处"网红经济示范基地"，截至目前，已有营口老边网红小镇、葫芦岛电商直播基地、盛文网红直播电商基地3个"网红经济示范基地"。

（四）人民生活保障有力

1. 居民收入保持基本稳定

东北三省城镇和农村居民收入增长较为稳定。2019年，辽宁、吉林、黑龙江三省城镇常住居民人均可支配收入分别增长6.5%、7.1%和6.0%，三省农村常住居民人均可支配收入分别增长9.9%、8.6%和8.5%。2020年疫情对居民收入增长产生了一定的影响，根据国家统计局公布的数据，2020年上半年，辽宁、吉林和黑龙江三省居民人均可支配收入分别为16651元、12580元和11182元，同比分别增长1.40%、2.74%和−0.24%。东北三省克服新冠肺炎疫情不利因素影响，积极落实促进农民增收"保增减降"综合措施，及时出台一系列应对政策，同时凭借2019年粮食稳产、2020年上半年主要粮食价格攀升及畜牧业养殖收益快速提升等因素，三省农村居民收入同比实现稳步增长。上半年，辽宁、吉林、黑龙江三省农村常住居民人均可支配收入分别为9908元、7899元和6706元，同比分别增长7.2%、6.3%和8.2%，分别比全国增速高3.5个、2.6个和4.5个百分点。

2. 就业形势总体平稳

"稳就业"是"六稳"工作之首，东北地区全面实施就业优先政策，扎实推进稳就业举措。通过宏观政策与微观服务的协同推进，促进稳就业与扩就业并举，保持了就业局势的总体稳定。2019年，辽宁省城镇新增就业47.5万人，超额完成全年目标任务。吉林省城镇新增就业37.56万人，城

镇登记失业率3.11%。黑龙江省城镇新增就业59.69万人，城镇登记失业率3.53%。即使在疫情期间，重要就业指标也持续向好。截至2020年6月末，辽宁、吉林和黑龙江三省城镇新增就业分别为18.60万人、14.26万人和16.37万人，分别完成年度计划目标的51.0%、67.9%和65.5%。辽宁、吉林、黑龙江三省城镇登记失业率分别为4.3%、3.1%和3.48%，吉林省和黑龙江省分别低于全国水平0.74个和0.36个百分点。

3. 脱贫攻坚进展顺利

2020年是决胜全面建成小康社会、决战脱贫攻坚之年，东北地区以系列化的举措和政策，积极推动脱贫工作，将脱贫质量大普查、大排查、大督查做扎实，向如期高质量打赢脱贫攻坚战发起冲锋。2019年底，辽宁、吉林、黑龙江及蒙东地区贫困发生率分别为0.06%、0.07%、0.07%和0.11%，均低于全国水平（0.6%）。辽宁省高质量实现13.25万人脱贫，128个贫困村销号，5个省级贫困县摘帽；吉林省农村贫困人口减少67610人，1489个贫困村全部退出，9个贫困县正在履行摘帽程序；黑龙江省剩余100个贫困村全部脱贫出列，剩余5个国贫县达到脱贫摘帽条件；蒙东地区36个国家级和自治区级贫困旗县全部摘帽。

（五）社会事业稳步推进

1. 社会保障水平不断提高

2019年底，辽宁省和黑龙江省民生支出占一般公共预算支出比重分别达到72.7%和86.1%。辽宁省城乡低保标准平均分别提高6.9%和8.9%，吉林省城乡低保平均保障标准分别提高3.5%和4.6%，黑龙江省城乡低保标准实现13连增。

2. 教育医疗文化事业不断进步

辽宁省高校"双一流"建设新增国家级重点项目80个，认定、奖补2019年高端人才类和项目类标志性成果42项，实施产教融合"双百计划"，对接服务重点骨干企业192家，安排专项研究生计划465人，推进产学研用合作项目；吉林省吉林艺术学院创作的"雪容融"被确定为2022年北京冬残奥会吉祥物,电影《黄大年》等4部作品获"五个一工程"奖;黑龙江省6所高职院校入选国家"双高计划",文化惠民工程实现全覆盖。

3. 社会安全稳定形势继续巩固

2019年,东北地区安全生产形势持续向好。辽宁、吉林、黑龙江三省生产安全事故死亡人数分别比上年下降26.9%、15.6%和27.4%,亿元地区生产总值生产安全事故死亡人数分别比上年下降31.0%、19.4%和30.6%。刑事案件发案量持续下降,社会大局安全稳定,人民群众安全感明显增强。

(六)改革与开放合作取得新突破

1. "放管服"改革深入推进

东北地区稳步推进各类专项改革,聚焦夯基础、强弱项、补短板,强力推进"放管服"改革和数字政府建设。全力推进"一网通办",着力打造"数字政府",构建"互联网 + 政务服务"体系,努力实现"只进一扇门、一个窗口办理、一站式服务",全面提升政务服务水平。2020年辽宁省启动"一网通办百日攻坚战",到年底前,全省政务服务网上可办率将达到100%,实办率将大幅度提高。吉林省《政府网站集约化试点建设项目》荣获2020年度信息化数字政务创新奖。黑龙江省认真落实"办理一照九证不求人"各项措施,企业开办时间由8天压缩至3天以内,努力建设稳定、公开、透明、可预期的营商环境。

2. 国企改革取得积极进展

东北地区持续稳步推进国资监管体制改革,将国资监管由管企业、管资产向以管资本为主的职能转变,工作重点落在管好资本布局、规范资本运作、提高资本回报和维护资本安全方面,国企改革逐渐由单项突破向综合改革迈进。辽宁省组建了东北首家新体制国有资本运营公司。吉林省采取"一企一策一专班"的工作模式,对重点困难企业实施改革,并使企业重获新生。酒精集团重组后效益明显提升,目前已发展成为亚洲最大的食用酒精生产基地和重要的燃料乙醇生产基地;通钢集团的破产重整从受理到通过仅

东北蓝皮书

用时 38 天，创造了全国十年来的最快纪录，作为典型案例被写进了"两会"的最高人民法院报告。黑龙江省内一批以"国之重器"为代表的央企依靠深化改革效益大幅提升，黑龙江龙煤集团完成社保职能移交，改革脱困持续深化，公司行业综合排名由第 20 位上升至第 6 位。

3. 开放合作高地建设加快

对外开放取得新进展。辽宁省积极打造"一体两翼"对外开放新格局。吉林珲春海洋经济发展示范区获批准，中韩（长春）国际合作示范区正式成立。中国（黑龙江）自由贸易试验区获批运行，黑龙江对俄全方位合作优势进一步巩固。深入开展全方位对口合作。辽宁、吉林、黑龙江三省积极与对口合作省份开展合作，建设产业园区，签署合作协议，设立发展基金，实现共同发展。如吉浙数字经济产业园已经引进浙江项目 176 个，黑龙江省与广东省签署总投资近 3000 亿元的合作协议。

二　东北地区经济发展面临的主要问题

（一）经济发展相对缓慢

1. 规模排名持续下降

东北地区经济总量占全国比重下降是近年来一直的趋势，从近十年数据看，辽宁、吉林、黑龙江三省的 GDP 总量占全国的比重由 9.10% 下降到5.07%（见图 2）。从经济总量排名上看，2020 年上半年辽宁省在全国排名第 17 位，相比上年下降 3 位；吉林省与上年持平，排在第 25 位；黑龙江省在全国排第 26 位，比上年下降 2 位。从三省主要城市情况看，沈阳在全国排第 34 位，比上年上升 1 位；长春与上年持平，排第 32 位；大连和哈尔滨在全国排名下降较多，大连由第 26 位下降到第 29 位，哈尔滨由第 40 位下降到第 49 位（见表 1）。比较 2020 年上半年的地区 GDP 增速，从东部、中部、西部和东北四大区域看，东北地区降幅较大，为 3.3%，与中部地区的−3.8% 相当。在全国 291 个城市中，2020 年上半年有 16 个城市降幅超过

012

10%，黑龙江省的伊春市和七台河市就在其中，哈尔滨、吉林、大庆、沈阳4市降幅在5%～10%。

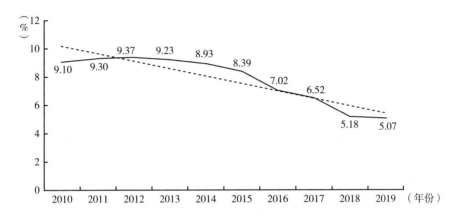

图2　2010～2019年东北三省经济总量占全国比重趋势

资料来源：根据国家统计局公布的数据计算而得。

表1　东北三省及主要城市经济总量及排名

地　区	2020上半年GDP(亿元)	实际增速(%)	2020年全国排名	2019年同期排名
辽　宁　省	11132.50	-3.9	17	14
吉　林　省	5411.92	-0.4	25	25
黑龙江省	5250.60	-4.9	26	24
沈　阳　市	2887.70	-5.2	34	35
大　连　市	3155.00	-3.5	29	26
长　春　市	3058.20	1.2	32	32
哈尔滨市	2062.10	-7.1	49	40

资料来源：国家统计局网站。

2. 地区分化现象严重

东北地区内的中小城市及县域经济发展持续走弱，与区内的大城市发展差距逐渐拉大，大、中、小城市协调发展的格局尚未建立。2019年长春市经济总量占全省的50.3%，而吉林省第二大城市吉林市经济总量仅为全省

的 12.1%；哈尔滨经济总量占黑龙江省的 38.6%，经济首位度畸高；辽宁省的沈阳市和大连市两市经济总量超过全省一半，占比达到 54%。强省会模式在可辐射范围内固然带动了附近区域的发展，但在一定程度上也对省内经济资源产生虹吸效应，出现更大的区域差距。

（二）工业竞争力趋弱

1. 规模以上工业企业数量占比下降

东北地区经济虽然走上恢复性通道，但产业竞争力已大为减弱，以工业为例，东北地区是传统的工业基地，工业是经济发展的重要支撑，在全国占据举足轻重的地位，即使曾经一度工业企业效益不佳，但工业规模始终占据重要位置。如今，东北三省工业存量呈现下降趋势。从规模以上工业企业数量看，2012~2018 年，东北三省合计规模以上工业企业减少了 10220 个，全国规模以上工业企业数量增加了 34671 个，东北三省规模以上工业企业数量占全国的比重也由 7.72% 下降到 4.31%（见表 2）。

表 2　2012~2018 年东北三省及全国规模以上工业企业情况

单位：个，%

年份	全国	辽宁	吉林	黑龙江	东北三省合计	东北三省占全国比重
2012	343769	17347	5286	3911	26544	7.72
2013	369813	17305	5376	4398	27079	7.32
2014	377888	15707	5311	4305	25323	6.70
2015	383148	12304	5682	4162	22148	5.78
2016	378599	8025	6003	3946	17974	4.75
2017	372729	6626	5971	3731	16328	4.38
2018	378440	6621	5963	3740	16324	4.31

资料来源：国家统计局网站。

2. 工业企业效益排位靠后

2019 年，辽宁省规模以上工业企业数量在全国排名第 15 位，户均主营业务收入排名第8位，户均利润排名第9位，利润率排名第25位；吉林省规模以上工业企业数量排名第18位，户均主营业务收入排名第26位，户均利润排名第25位，利润率排名第22位；黑龙江省规模以上工业企业数量排名第23位，户均主营业务收入排名第24位，户均利润排名第26位，利润率排名第26位（见表3）。可见，三省中，辽宁省工业企业的经济规模和效益尚可，户均主营业务收入排名比企业数量排名靠前，户均利润排名比利润总额排名靠前。吉林和黑龙江两省工业企业效益不佳，户均主营业务收入和户均利润排名均比企业数量排名和利润总额排名靠后或持平。从利润率指标来看，辽宁、吉林、黑龙江三省在全国排名分别为第25位、第22位和第26位，说明东北三省工业企业的盈利能力较弱。2020年，受新冠肺炎疫情影响，全国各地工业利润均受到影响，横向比较来看，东北三省工业利润降幅更大。1～7月，辽宁、吉林、黑龙江三省规模以上工业利润总额的降幅分别为21.65%、43.92%和37.93%，降幅远远超过全国水平（-11.3%），在全国的排名分别为第20位、第29位和第26位（见图3）。外部冲击更加剧了东北三省工业盈利的难度。

表3　2019年东北三省规模以上工业企业主要效益指标排名

地区	企业数量（家）	排名	主营业务收入（亿元）	排名	户均主营业务收入（亿元/个）	排名
辽宁	6621	15	26489.9	14	4.00	8
吉林	5963	18	13637.5	22	2.29	26
黑龙江	3740	23	9078.0	26	2.43	24
地区	利润总额（亿元）	排名	户均利润（亿元）	排名	利润率（%）	排名
辽宁	1460.3	16	0.22	9	5.51	25
吉林	817.0	24	0.14	25	5.99	22
黑龙江	487.0	26	0.13	26	5.36	26

资料来源：根据国家统计局公布的数据整理而得。

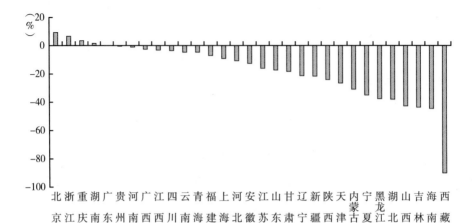

图3　2020年1~7月全国各省（区、市）规模以上工业利润总额增速

资料来源：根据国家统计局公布的数据绘制。

（三）新兴经济发展缓慢

1.数字技术产业基础薄弱

东北地区电子信息制造业核心竞争力不强，软件和信息技术服务业总体规模偏小，数字产业链条较短，缺少拥有关键核心技术的领军企业。在中国互联网协会、工业和信息化部网络安全产业发展中心发布的2019年中国互联网企业100强名单中，东北三省只有1家上榜。由中国电子信息行业联合会发布的《2019软件与信息技术服务综合竞争力百强企业》名单中，东北三省仍然只有1家企业上榜。对比2009年软件百强榜单，彼时东北三省上榜企业数量还很可观，沈阳5家，大连2家，长春1家，时隔10年，仅剩大连1家企业还留在此榜单中。软件与互联网企业实力较弱，与东北地区尚未形成富有活力与竞争力的产业生态有关，东北地区总体数字化基础设施较为薄弱，信息基础设施的发展水平与数字经济快速发展需求不相匹配，数据资源的有效归集存在技术和行政壁垒，尚未建立起大数据的统一建设和综合利用体系。

2. 制造业数字化水平较低

制造业企业信息化建设主要集中在自动化生产性改造、财务、办公、采购、销售等单项应用上，部分传统企业进行的数字化转型升级，仅就技术层面进行升级，人才、技术、流程以及管理制度的综合领域还缺少全面变革。传统企业和中小企业数字化转型的主动性、积极性有待提升。由于制造业数字化转型对数据采集精度、传输速度、存储空间、计算能力和智能化加工应用的要求更高，部分传统制造企业技术基础难以迈过数字化的门槛，多数中小企业数字化改造动力不足。受限于缺乏数据使用和安全标准的统一，东北地区制造企业生产环节的数字化、网络化、智能化程度较低，先进制造、精密制造、智能制造发展缓慢。

3. 创新发展面临较大压力

创新能力不强是制约东北地区产业升级和技术进步的重要短板，国家统计局公布的《2019年全国科技经费投入统计公报》显示，2019年，辽宁、吉林、黑龙江三省 R&D 投入强度分别为 2.04%、1.27%、1.08%，均显著低于全国平均水平（2.23%）。同时，东北地区人才智力资源紧缺，高端人才聚集水平低，新兴经济发展所需的融合型、实用型人才缺口较大，培养体系尚未建设完善。产业链的水平有待提升，第三产业和战略性新兴产业存在短板，产业发展缺乏"科技大脑"。根据《中国区域创新能力评价报告2019》，辽宁、吉林、黑龙江三省综合科技创新水平排名分别为第19位、第27位和第28位，在全国排名靠后，而且相比上一年，辽宁和吉林的综合排名分别下降了2位和3位，说明东北三省在创新发展上仍然面临较大的转型压力。

4. 新经济体量小

一方面，东北地区受人文环境、政府服务、企业家精神发展基础薄弱影响，新经济发展步伐落后于发达地区，体量较小，短期内不能形成新的发展优势，对增长动力推进作用有限。东北地区网络零售额和实物商品网络零售额占全国比重较低，辽宁省是东北地区网络零售市场规模最大的，其这两项指标也仅分别为全国的 0.73% 和 0.72%，与 3.6% 的社会消费品零售总额占

比相差甚远。另一方面，受高技术企业和人才不足的影响，东北地区人工智能、区块链、新零售等互联网新业态、新模式原创少，尤其是缺乏共享经济和平台经济领域的优势企业，没有融入大型互联网企业营造的生态圈之中，创新创业要素难以集聚和发展。

（四）人口红利持续减少

1. 人口流失情况依然严峻

东北地区常住人口负增长出现在2015年，此后下降趋势愈发明显。数据显示，截至2019年末，辽宁省常住人口为4352万人，相比2018年减少了7万人；吉林省常住人口为2691万人，相比2018年减少了13万人；黑龙江省常住人口为3751万人，相比2018年减少了22万人，东北三省一年流失了42万人（见图4）。区域经济收入状况及发展前景与人口流动密切相关，根据智联招聘发布的《2020年夏季中国雇主需求与白领人才供给报告》中统计的全国38个主要城市的平均薪酬，东北三省省会城市沈阳、长春、哈尔滨排位分列倒数第1、倒数第2和倒数第5，较低的薪资待遇使东北地区缺乏对人才尤其是高端人才的吸引力。

2. 人口自然增长率为负

从人口自然增长来看，因城镇化水平较高、计划生育执行严格、年轻劳

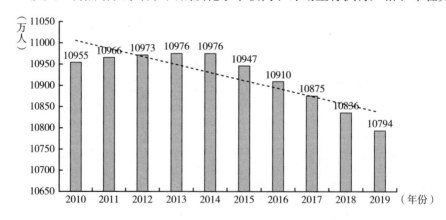

图4 2010～2019年东北三省常住人口总量变化

资料来源：国家统计局网站。

动力外流等，东北三省生育率长期显著低于全国水平，这也是东北常住人口和户籍人口陷入负增长的一个重要原因。随着年轻劳动力持续往外流出，东北三省的人口自然增长率继续快速下降，辽宁、吉林、黑龙江三省人口自然增长率分别在 2011 年、2015 年和 2019 年由正转负；2019 年，辽宁、吉林、黑龙江三省人口自然增长率分别为 -0.80‰、-0.85‰、-1.01‰，远低于全国的 3.34‰。

3. 老龄化程度加深

从人口结构看，东北老龄化严重。东北人口老龄化速度、程度均快于、高于全国平均水平。2011～2019 年，辽宁、吉林、黑龙江三省 65 岁以上人口比重分别由 10.78%、8.70%、8.0% 升至 16.2%、13.93%、13.8%，而同期全国从 9.12% 升至 12.6%。对于东北地区来说，还不是老年人口比重高的问题，而是居民未富先老，老龄化对经济增长产生了较大的压制作用。一方面，老龄人口消费能力下降，导致东北地区消费市场不够活跃，年轻人在较为萧条的市场中难以找到合适的工作和成长机会，只能向南迁徙；另一方面，老龄化加重养老负担，严重拖累财政，2018 年辽宁、吉林、黑龙江三省地方财政社会保障和就业支出占一般预算支出的比重分别为 27.5%、16.7%、21.9%，均高于全国水平（12.3%），对经济活力形成了一定的制约。

（五）民营经济发展水平不高

1. 民营企业竞争力弱

东北地区民营企业普遍规模偏小，产业集中度低，尤其缺少行业龙头型企业、本土创新标杆企业、"独角兽"企业和细分行业隐形冠军企业，导致地区内民营经济缺乏市场竞争力。在由全国工商联发布的"2020 中国民营企业 500 强"榜单中，东北三省上榜企业仅 11 家，浙江一个省就有 96 家企业入围，山东省入围企业也有 52 家。而且与 2010 年相比，东北三省入围企业数量十年间还减少了 10 家。从民营经济分布行业领域看，东北地区民营经济多数处在传统产业领域，且处于产业链底端，在科技、信息等新领域内

发育不足。

2. 民营经济发展仍受多重因素制约

民营经济发展政策落实仍存在未打通环节，营商环境仍需进一步优化。多数中小民营企业尚未建立现代企业管理制度，企业运营缺乏长远规划，管理水平低。企业内部技术创新动力不足，对员工进行再教育、再培训投入不足。融资难、融资贵现象普遍存在。中小企业税费负担较重，生产经营成本费用高，企业盈利空间小。

三　东北地区经济展望

（一）机遇与挑战

1. 发展机遇

结合国内外发展环境背景和东北地区存在的区位、资源、产业、政策优势，主要存在"三大机遇"。一是双循环新格局下的战略机遇。党的十九届五中全会提出"形成强大国内市场，构建新发展格局"，要求今后的发展要畅通国内大循环，促进国内国际双循环，同时提出"把发展经济着力点放在实体经济上""人与自然和谐共生的现代化""更高水平开放型经济新体制""共建共治共享的社会治理制度"等主要中心思想。东北地区正处于全面振兴、全方位振兴的关键阶段，需要充分贯彻落实党的十九届五中全会精神，及时调整"十四五"时期发展方向，重新确立远景目标。新格局下需要着力优化区域经济发展格局，抓住机遇积极推进产业转型升级，加快实体经济发展，进一步拓展发展空间，提升综合实力。二是新技术革命重塑产业格局将带来新的发展机遇。当今世界以5G、人工智能、物联网、大数据、区块链等为代表的新一轮技术革命已经引发新的产业革命，呈现生产方式智能化、产业组织平台化、技术创新开放化的特征，对全球产业链、价值链的分工将带来全面而深刻的影响。新一代信息技术正在广泛而深入地渗透到经济社会各个领域，产业发展与技术创新相互促进、交叉融合，国家间、区域间、城市间的比较优势和发展位势也随之改变。新技术革命将会促使东北地区产业结构加快调整升级，新旧动能加速转换，为东北地区全面振兴、全方位振兴提供发展动力。三是新一轮东北振兴和新的历史定位带来的政策机遇。党中央高度重视东北振兴，特别是 2020 年习近平总书记视察吉林时做出一系列重要指示，对"维护国家粮食安全""保护黑土地"等方面提出明确要求，维护国家国防安全、粮食安全、生态安全、能源安全、产业安全"五大安全"的战略地位进一步凸显。国家将加大政策资金支持力度，充分夯实经济社会发展基数，持续注入发展新动力，这为东北地区"十四五"振兴发展创造了良好的宏观环境，提振了发展信心，有利于以新发展理念推动高质量发展。

2. 面临的挑战

一是外部环境不确定性增强。未来时期，世界将处于全球治理体系重塑、国际经贸规则重建、产业格局重构的交织期，世界经济发展不确定性增强。新冠肺炎疫情的全球蔓延将再次将世界经济锁定在低增长区。贸易保护主义倾向抬头，世界贸易投资规则面临颠覆性变化。依托新科技革命争夺发展制高点的竞争空前激烈。尤其是新冠肺炎疫情常态化、长期性趋势，将给现行区域经济、社会运行秩序带来全方位、持久性影响，给东北地区的财政运行、产业格局、项目建设、招商引资、企业生产、商贸流通、供需循环、治理方式等各方面带来巨大压力，亟须建立并适应与常态化疫情防控相适应的经济社会运行机制。二是区域竞争压力持续放大。我国经济发展的空间结构正在发生深刻变化，区域经济发展分化和极化态势明显，区域比较优势和发展潜能出现变化，区域间劳动力、人才、技术、资金等生产要素和产品市场争夺的强度将进一步加大。目前我国中部、南部的京津冀、长三角、珠三角等经济带发展优势不断增强，对人才、资源等要素的吸引能力较强。伴随着东北地区人口老龄化程度加深以及人口流失加剧，优质生产要素可能会进一步向南流失，对于东北地区发展极其不利。

（二）经济展望

从国内大局来看，市场预期总体向好，社会发展大局稳定。国内对疫情的处置应对日趋熟练，部分区域小范围出现病例都能得到快速响应和控制，新增病例数量可以有效遏制，政府和社会对疫情冲击下国内经济失速的担忧逐渐消失。随着疫情防控进入常态化阶段，经济恢复发展将更加有计划、有步骤地实现。国内一些研究机构也认为，在疫情防控现有态势下，国内经济增长将逐步进入回升阶段。

随着经济恢复发展，东北地区各领域逐步释放一些积极信号。三大需求中，投资已触底回升，2020年下半年，基建投资还将保持较快增速，尤其是新基建，成为经济发展的新动能。近年来，东北地区加速布局5G、工业互联网等新基建项目，已经打下了良好基础。2020年，新基建也是东北地区经济建设的重头戏。辽宁省将完成百亿元投资，建设2万个以上5G基站，5G网络将覆盖所有地级市。其中沈阳市印发的《2020年沈阳市数字经济工作要点》明确提出，2020年要建成并开通5G基站3000个以上，力争完成5000个。同时，东北地区新基建人才储备持续增加，根据智联招聘发布的《2020年新基建产业人才发展报告》统计，辽宁省新基建产业人才招聘需求人数占全国比重为2.84%，居全国第11位，新基建热门技能存量人才占全国比重为3.19%，居全国第10位。《吉林省新基建"761"工程实施方案》显示，2020年吉林省将新建5G基站7500个左右，实现地级市5G网络覆盖，到2025年，实现全省县乡镇5G网络覆盖。《黑龙江省加快推进5G通信基础设施建设的实施方案》提出到2020年底，持续完善城市及重点地区5G网络覆盖的建设目标。新基建的有序推进将会为经济发展奠定基础以及促进发展方式的转变。消费市场回暖信号明显，线上线下消费结合趋势明显，智能化、网络化、云端消费等新兴消费模式发展如火如荼，各地区一系列刺激消费政策的效应将会积极显现。对外开放保持稳定发展，各类开放载体的效能进一步提升，辽宁自贸区、黑龙江自贸区试发挥改革开放试验田作用，辽宁"一带一路"综合试验区、中韩（长春）国际合作示范区、珲春海洋经济示范区、中国（黑龙江）自由贸易试验区等平台载体将进一步提升国际贸易与合作层次，实现更高水平的对外开放。

结合近期国内外疫情发展态势、经济走向以及东北地区前三季度宏观经济发展总体趋势，我们认为，在国内疫情防控常态化背景下，东北地区经济受疫情影响将持续减弱，经济回升步伐逐步加快，但仍不排除国外疫情发展的不确定性。进一步综合考虑经济自身调整和一揽子规模性政策拉动效应，预计东北地区 2020 年平均增速实现由负转正，为 1.5% 左右，吉林省延续前三季度高于全国增长的趋势，辽宁省和黑龙江省恢复发展相对慢于全国，但也会进入正增长通道。2021 年，东北地区经济社会发展将步入正常发展轨道，投资拉动经济增长的效应进一步显现，消费得到进一步恢复，对经济形成有效拉动，新技术在传统和现代领域广泛渗透，新业态新模式保持快速发展节奏。预计 2021 年东北地区经济平均增长率可达 4% 左右。

四 促进东北地区经济高质量发展的对策建议

（一）保障国家粮食安全，夯实现代农业的基础作用

1. 完善农业生产体系，保障粮食产量稳步提升

保障国家粮食安全。扛稳国家粮食安全重任，以促进农民增收为重点，稳定提升东北地区粮食综合生产能力，提高粮食储备运输能力，全面做好扩大粮食种植面积，加快高标准农田建设，加大黑土地修复与保护力度，坚决当好粮食安全"压舱石"。

2. 优化升级现代农业产业体系，促进农业产业结构优化

调整粮食种植结构，增加专用玉米、鲜食玉米、绿色水稻、优质大豆、杂粮杂豆等农作物种植面积以及食用菌、中药材等特色作物面积，提高绿色优质农产品供给能力，打造国家级绿色有机农产品产业基地。大力发展精品畜牧业，依托东北地区肉牛、肉鸡、肉鹅、奶制品等优势资源，加快规模化

标准化发展，创建国家级优质畜产品基地和粮肉奶综合供应基地。做大做强粮食、畜产品、乳制品等加工系列，延伸产业链条，推动农产品加工向高端化、集约化和高附加值方向发展。运用"农业＋工业""农业＋服务业""农业＋旅游业"等多种方式，促进一二三产业相互融合。

3. 创新完善现代农业经营体系，推进农业发展方式转变

落实习近平总书记视察吉林重要讲话精神，积极扶持家庭农场、种养大户、农民专业合作社等新型农业经济主体，因地制宜探索不同的发展合作模式。加快区域性农产品批发市场与专业市场建设，加强与电商企业、流通企业、加工企业的合作，构建新型的供应链；发挥"五常大米""吉林大米"等区域品牌的影响力，进一步加快绿色有机农产品生产基地和示范园区建设，推荐"三品一标"认证。

（二）加快实体经济发展，逐步构建现代化产业体系

1. 推进工业优化升级，增强实体经济竞争力

一是大力提升制造业发展水平。抓住"新"基建建设机遇，运用工业互联网、大数据等信息技术，提升东北制造业发展质量。围绕汽车及零部件、石油和化工、造船、航空、机床、轨道客车等重点领域，持续推进技术改造、智能改造和绿色改造，带动产业链条各个环节的转型升级，加快产品调整，抢占市场先机，重新夺回中国制造业中心地位。

二是打造现代产业集群。立足东北各区域的优势产业，进一步壮大产业规模，集聚要素与资源配置，加快产业集群式发展。重点打造汽车及零部件、石墨及深加工、有色金属、钢铁、生物医药、玉米加工、乳制品产业集群。

三是加快发展新兴产业。顺应新一轮科技革命和产业革命的浪潮，推进5G网络通信基础设施建设，加强人工智能、物联网、大数据、区块链等技术的创新与应用，大力发展数字经济，培育壮大新一代信息技术、高端装备、生物医药、航天卫星、新能源、新材料、新能源汽车等新兴产业。

2. 创新服务模式与新兴业态，推动现代服务业提质升级

一是促进服务业发展质量提升。围绕东北地区汽车及零部件、先进装备制造、农产品加工等重点产业领域，加快研发设计、现代物流、融资租赁等生产性服务业的专业化和高端化发展，形成相互促进的发展格局；利用先进技术促进传统服务业改造升级，加快提升商贸流通业态，拓展城市商圈，促进多样化商业业态发展，加快沈阳、大连、长春、哈尔滨等大城市商贸中心建设，进一步增强区域商贸辐射功能，打造"东北购物天堂"。践行"绿水青山就是金山银山""冰天雪地也是金山银山"理念，整合东北地区生态、文化、冰雪等旅游资源，联合开发旅游产品，形成具有区域特色、连贯互补的旅游链条。推进健康、养老、家政等生活性服务业向高品质和多样化升级。

二是加快服务模式与业态创新。利用 5G、云计算、大数据、物联网、AI 等技术在服务业领域的运用，促进与传统行业的融合，发展在线教育、在线办公、在线娱乐、云医疗等新兴业态。顺应疫情催生的服务需求的变化，鼓励平台经济、分享经济、体验经济等服务新形态的发展，加快发展无人零售、无人餐饮、无人机配送、零接触配送等新型服务模式。

（三）优化发展环境，激发民营企业发展活力

1. 完善落实各项政策措施，营造优质的发展环境

一是落实支持民营经济改革发展政策措施。在准入许可、经营运行、招投标等方面实行与国有企业一视同仁、平等对待的政策。支持社会资本进入公共服务、基础设施等重点投资领域，逐步扩大民营经济参与政府购买服务的范围。支持民营企业积极参与国有企业改革、项目开发和创新研发、军民融合产业项目、民营经济下乡试点。积极解决个体工商户租金、税费、社保、融资等发展难题，放宽小微企业、个体工商户登记经营场所限制，营造有利于民营经济发展的环境。

二是切实降低企业生产经营成本。落实更大规模减税降费政策，持续推进减租降息，降低中小企业社保、公积金、房屋租金、水电气热等费用，确

保各项纾困措施直接惠及市场主体。清理各项违规涉企收费，整治第三方截留减税降费红利等行为，降低民营企业成本费用。引导金融机构推动实施差异化信贷政策，稳步增加民营企业中长期贷款，支持直接融资，完善担保及再担保体系，地方政府加大扶持力度，对重点产业重点企业利用产业补贴、补助、退免税等方式进行专项资金扶持，有效缓解民营企业融资困境。

2.支持民营经济转型升级，促进民营经济发展壮大

一是培育壮大民营经济市场主体。支持东北地区的民营企业采用联合、兼并等形式，开展跨行业、跨地区的合作发展。组建大企业集团，培育上市公司，与龙头企业壮大产业链条，共同分享市场份额和发展红利。

二是打造"专特精深"小巨人企业。鼓励中小企业在发展战略上要聚焦，以专业化为核心战略，发扬工匠精神，拿出"一指宽、一公里深"的韧劲围绕专业领域做专做深做精。

三是挖掘行业"隐形冠军"，推动更多民营企业发展成为"独角兽企业""瞪羚企业"，跻身全国或行业"百强"行列，实现规模化、高端化发展。

四是支持民营经济抱团取暖。鼓励产业链、供应链的上下游企业采取抱团取暖方式，形成更为紧密的分工协作关系，共同组建专业性行业组织，共同争取政策支持、开发产业园和培育优势产业。

（四）深入推进创新创业，凝聚经济发展新动能

1.实施创新驱动战略，增强经济发展的科技支撑

贯彻党的十九届五中全会提出的"坚持创新在我国现代化建设全局中的核心地位，把科技自立自强作为国家发展的战略支撑"精神，东北地区需要进一步加大科技研发力度，提升企业技术创新能力，增强科技创新对经济发展的动力支撑。

一是争取在突破关键核心技术领域有所作为。应对疫情防控常态化时期各国严控技术出口转让的新趋势，东北地区需要充分发挥科教优势，吸引外部科技资源，围绕地区主导产业、重大需求领域进行科技创新链布局与核心技术攻关，解决技术"卡脖子"难题。集中政府、科研院所、企业三方力

量，努力在智能制造、航空航天、新材料、生物医药、现代农业等领域争取关键核心技术领域的新突破和原始创新，保障产业链和供应链的技术安全，提高应对国际风险的能力。

二是加强基础研究合作。充分认识到基础研究的重要性，加强基础研究在引领新一轮科技革命和产业变革方面的作用，推动东北地区高等院校、科研院所围绕重大战略需求开展深入研究、联合攻关。进一步提升基础研究创新能力与成果转化能力，争取获得一批具有影响力的重大创新成果。加大对科研机构和高校基础研究的投入，创新成果转化落地政策，形成基础前沿、重大共性关键技术到应用示范的全链条创新设计和一体化组织实施，加速基础前沿最新成果对创新下游的渗透和引领。

三是鼓励企业开展自主研发创新。完善引导企业加大技术创新投入机制，引导企业加大研发、创新投入，提升创新能力。加大对科技型中小企业重大创新技术、产品和服务的采购、支持力度，鼓励和引导企业按照国家战略和市场需求先行投入开展研发项目。制定落实好研发费用加计扣除、高新技术企业所得税减免、小微企业普惠性税收减免等政策。持续推进高新技术企业培育工作，开展"专精特新"企业、技术创新示范企业认定工作，充分发挥企业创新主体对技术创新的示范引领作用。

2. 强化创新创业载体建设，构建引才用才留才新机制

紧扣东北地区重点产业变革趋势和科技进步大方向，推进创新功能型载体、双创平台建设，实施重大项目工程，引进高技术高水平人才，加速创新资源要素集聚。

一是加强国家级创新平台建设。以中科院光机所、应化所、东北地理所等国家级科研院所为基础，以吉林大学、东北师范大学、东北大学、哈尔滨工业大学等重点大学、重点学科、重点实验室为依托，积极争取建设一批国家重大创新平台，建设世界一流重大科技基础设施集群，布局一批前沿交叉创新平台和产业创新转化平台，打通科技成果转化通道，推进科技成果转化应用。

二是谋划实施重大项目创新工程。围绕东北地区主导产业和学科优势，

在汽车、轨道客车、信息技术、生物医药、农产品加工、军民融合、生态保护等领域高站位谋划一批创新中心，积极参与更多的国家大科学工程。

三是推进各类创新创业空间建设。支持大型企业、大学、科研院所建设产业园、孵化器、"双创基地"。打造"龙头企业＋孵化"的大中小企业融通型载体和"投资＋孵化"的专业资本集聚型载体，搭建资本融通的孵化服务平台。

四是优化完善人才制度。完善人才培养、引进与利用的政策与环境，促进人才链与创新链有机融合。推动产教融合、校企合作、产学研一体的人才培养模式，适应市场需求和产业需要共同培养高端人才；完善大学生自主创业扶持政策，提升大学生就业的本地转化率；改进和完善人才评价体系、引进机制和用人机制，引进自然科学、工程技术、经济社会等领域杰出人才、高级专家、行业领军人物等到东北地区开展投资创业，提升各类人才的福利待遇，减缓专业技术人员外流的趋势。

（五）实施更高水平的对外开放与合作，深层次融入国内国际双循环

1. 以国内市场为主体，提升消费拉动力

一是积极拓展新型消费领域。满足人民追求美好生活的新需求，把握消费升级的新趋势，深入推动消费产品及服务差异化、个性化、定制化，重点培育以健康、美容、教育、培训、文化、体育、旅游为代表的新兴消费产业。充分依托文化与旅游资源优势，进一步激发文化旅游消费需求，打造"吃、住、行、游、购、娱"全链条，加快各个环节的优化升级，开发异彩纷呈的文旅消费产品；顺应东北老龄化社会的环境特点，针对老年人的消费行为习惯与消费需求，及时开发与生产老年人需要的食品、药品、保健品以及满足精神文化需要的消费品，创新消费服务方式，提供便捷的购物环境；开拓农村消费领域，改造升级农村传统消费市场，丰富产品供给，扩展农村消费内容，加强中心城市与农村市场的互联互通，畅通优质农产品进城与工业消费品下乡的渠道，加快完善农村线上线下商业网点布局，推动零售、电商、物流、快递等市场主体向农村市场延伸。

二是培育新的消费热点。大力发展夜经济、地摊经济等民生经济，推动购物中心、大型商场延长营业时间，引导商超建设 24 小时便利店。鼓励开展夜间推广、打折让利活动，引入夜间购物、节庆活动、公园之夜等各种形式的时尚消费活动，促进夜间消费；合理规划美食街、商业街建设，打造具有东北特色、风格各异的"夜经济"，形成集美食、娱乐、购物、休闲于一体的夜间购物消费商圈，促进本地消费，吸引域外消费。

三是创新消费模式和业态。利用新媒体、拓宽新渠道，加快发展网络零售、网红经济、平台经济等新业态，开展直播带货、夜展夜购、汽车展销等新型消费模式，适时开展消夏节、冰雪节、红叶节、冬捕节等节庆活动，大力发展会展经济，打造多样化消费共同发展的良好生态，刺激增加非刚性需求消费，形成消费增量。

2. 构建高紧密度区域合作，主动对接国内经济大循环

一是积极对接国家重大区域战略。深入对接京津冀协同发展，在空间布局、产业定位、重大基础设施建设等方面形成协同发展机制，推动产业合理转移和高效集聚。融入长江经济带、粤港澳大湾区发展大循环，围绕长三角重点城市、重点产业、重点企业开展精准招商，加强经贸合作和承接产业转移，主动参与和融入国内先进产业链和供应链循环体系；依托粤港澳大湾区开放资源优势，积极开拓全球市场，提升对外经贸水平，开展与大湾区城市创新创业合作，接受创新要素辐射。

二是深化对口城市合作。东北地区应进一步利用好对口城市合作政策，借鉴先进的现代化管理经验和改革开放成功经验，全面对接体制机制、经济结构、开放合作和思想观念，加大与对口城市开展产业合作、资本流通、市场对接、人才交流等方面的力度。

三是构建东北地区协同发展新机制。加强产业对接合作，推动沈阳、长春等地整车、零部件企业在新能源汽车和智能汽车关键零部件开发合作，开展汽车市场服务合作。依托东北地区农业优势，在农产品深加工、秸秆开发利用技术创新等方面开展深层次合作，共同打造东北地区东部绿色经济带、

西部生态经济带。抓住冬奥会契机，加强冰雪旅游装备产业合作，共同规划旅游线路，开发旅游产品，开展推介活动。加强与蒙东地区联系，深度融入东北亚区位、资源优势，积极与蒙东地区开辟产品出海、入关、通边新通道，加快打造旅游精品线路。

3. 促进对外开放高水平发展，形成内外循环相互促进新格局

一是加大招商引资力度。顺应世界经济结构深度调整的趋势，积极参与国际新型分工，注重产业链对接，围绕主导产业集聚要素拓展空间，在更高层次、更宽领域引用资本和资源，强化产业招商。进一步拓展欧美日韩等境外重点区域经贸对接活动，引进更多更好的投资项目落地。

二是积极拓展多领域合作。善于利用两种资源两个市场，积极加入新型产业链价值链和区域供给链，与主要发达经济体建立更加紧密的产业和市场循环关系。重点开展与日韩俄在农业、文化、教育、科技、经贸等领域合作，与欧美国家和地区在经贸、冰雪、旅游、高端装备制造等领域合作，与澳新在畜牧业、乳制品等领域合作。积极推动东北地区优势产业"走出去"设立产业基地、服务基地，拓展海外市场。

经济建设篇

Economic Construction Reports

B.2

东北地区工业产业转型升级对策研究

李丽萍　孙 宇*

摘　要： 近年来，国家相继出台政策文件，在传统产业转型升级、促进装备制造等优势产业提质增效，积极培育新产业新业态等方面给予支持，东北各省也纷纷出台政策文件对接。本文通过对国家及各省出台的政策文件进行梳理，总结经验及取得的成效，分析影响东北地区在工业产业转型升级的主要因素，从坚持新发展理念、大力发展智能制造、抓好技术改造、构建完整的产业链和着力培育人才队伍五个方面提出对策建议。未来，在国家和各省的共同努力下，东北地区的工业产业转型升级必将取得丰硕的成果。

---

* 李丽萍，黑龙江省社会科学院工业经济研究所所长，研究员，研究方向为产业经济、工业经济；孙宇，黑龙江省社会科学院工业经济研究所副所长，副研究员，研究方向为对外经济、工业经济。

关键词： 工业生产　产业转型升级　全面振兴　东北地区

东北地区是我国重要的农业和工业基地，肩负着维护国家"五大安全"重任，关乎国家长远发展的大局。① 然而，东北地区长期积累下来的体制性、结构性矛盾日益凸显，工业生产步履维艰，经济发展较沿海发达省份和地区差距越来越大。近年来，党中央始终关注东北地区的发展并启动新一轮东北振兴战略，在加快传统产业转型升级、促进装备制造等优势产业提质增效，积极培育新产业新业态，支持资源枯竭产业衰退地区转型，大力培育新动能、加快补齐基础设施短板等方面，明确了今后一段时间的工作思路。东北三省也相应制定了发展规划，并取得了明显效果。

一　东北三省工业产业转型升级的主要成效

（一）东北各省积极响应中央精神

自党中央提出东北振兴战略后，制定出台的多项政策措施为东北三省全面振兴全方位振兴提供了政策环境。东北三省积极按照党中央部署，也纷纷制定相应政策及实施意见，助推工业产业大发展。

黑龙江省抢抓新一轮东北振兴重大机遇，突出工业产业结构调整、转型升级和创新发展的重要作用，进一步提升全省制造业的核心竞争力，把产业项目建设作为重要抓手，抓紧推进全省工业化进程，推动全省工业经济高质量发展，实现黑龙江全面振兴全方位振兴，相继制定出台《黑龙江省制造业转型升级"十三五"规划》《全省重点产业项目建设三年行动计划（2018～2020 年）》《黑龙江省工业强省建设规划（2019～2025 年）》等多个政策文件，为加快全省产业项目建设进程，聚集新的投资增量，进一步提升

---

① 2018 年 9 月 28 日，习近平在东北三省考察并主持召开深入推进东北振兴座谈会上的讲话。

工业产业发展对整体经济发展的贡献作用提供了政策遵循，同时也为全省推动 5G、智能制造、工业互联网等新兴产业发展营造了十分有利的政策环境。

吉林省紧抓高质量发展目标不动摇，深度对接国家政策，积极打造新的支柱产业，推动实现全省工业产业转型升级。相继制定出台《关于深入实施创新驱动发展战略推动老工业基地全面振兴的若干意见》《吉林省工业转型升级行动计划（2017～2020年）》等政策措施，为推动全省形成以创新为主要引领，促进产业转型升级，推动全省实现全面振兴全方位振兴提供强有力的政策支撑。

辽宁省深入贯彻习近平总书记在参加十二届全国人大五次会议辽宁代表团审议时的讲话中指出的"要重点抓好产业转型升级，形成具有持续竞争力和支撑力的工业体系"的指示精神，扎实推进全省工业供给侧结构性改革，进一步提升全省传统工业自主创新能力，扩大工业产品有效供给，提高工业经济整体竞争力，相继制定出台了《辽宁省传统工业转型升级实施方案》《辽宁省人民政府关于推进工业供给侧结构性改革的实施意见》《辽宁省人民政府关于贯彻新发展理念推动工业经济高质量发展的意见》等多个政策文件，为辽宁省促进稳增长、转方式、调结构，提升全省工业竞争力和可持续发展能力，为全省工业产业升级提供了重要政策支撑。

（二）东北各省积极推动落实重点工作

黑龙江省全面系统地总结了过去一段时间全省制造业发展所取得的成绩，认真分析当前面临的发展形势和机遇，根据中央指示精神和当前的省情实际，科学制定发展目标。明确把"工业强省"建设摆在突出位置，把提高工业供给质量作为建设现代化经济体系的着力点和重要任务。一是明确优先发展四大战略性产业。依托省内绿色食品原料标准化生产基地，加快建设农产品标准化产业示范区和国家级食品安全示范区，积极引导绿色食品加工企业不断加大设计研发投入。围绕绿色食品产业上下游重点环节进行补链、强链和扩链，以加快形成协作链、打造供应链、提升价值链等手段，突出打造农副产品精深加工产业。通过打造区域性高端装备协同创新平台、打造高

端装备产业集群、推动全流程智能化升级、深化高端装备领域开放合作等具体措施，优先发展装备制造产业。通过开展重点材料应用示范保险补偿试点政策、促进企业与大学及科研机构等深度对接、打造产业链、建立综合性公共服务平台等手段，重点发展新材料产业。通过推动医药新品种研发和生产，鼓励优势企业实施收购兼并和联合重组，引入社会资本和先进管理运营模式，加快医药产业园区基础设施建设等措施，推进生物医药产业发展。二是以加快产业项目建设为抓手，促进产业结构优化升级。围绕"三篇大文章"，围绕"五头五尾"，围绕军民融合、"化尾""电尾""食尾"等重点领域谋划生成储备和确定高质量项目，并建立"双跟踪、双考核"制度，对省重点产业项目建设进度情况和投资完成情况开展实时监测和同步跟踪，年底还要对各地的项目建设计划完成情况以及项目数和投资额进行考核。[①]三是建立健全科学的保障机制。从省级层面构建责任分工、调度分析、会商联系、定期通报、督查考评的工作机制，构建统计指标、考核评价、政策支持等工作体系。成立了"百千万"工程推进组，明确各相关部门分工及主要职责，对重大产业集群和重点产业建设实施重点推进。

吉林省明确提出了力争通过"三步走"，实现节能与新能源汽车、先进轨道交通装备、航空航天装备、机器人与智能装备、农机装备、生物医药和高性能医疗器械、新一代信息技术、新材料8大领域进入全国先进行列的发展目标。一是明确重点发展任务。吉林省科学总结分析实际，根据省内发展基础和优势，围绕重点领域明确提出增强科技创新能力、提高智能制造水平、加强质量品牌建设、提升工业基础能力、提高绿色发展水平、加快结构调整进程、推进业态创新、深化制造业国有企业改革、突出发展民营经济、加强国际合作等十项重点任务。[②]二是明确增加研发投入，在关键核心技术领域实现攻坚。提出全社会研究与试验发展（R&D）经费支出占地区生产总值比重达到1.5%以上，高技术产业增加值占工业增

① 黑龙江省2020年《政府工作报告》。
② 吉林省2020年《政府工作报告》。

加值比重达到 15% 以上，科技进步贡献率提升到 60% 以上，推动建成科技创新强省并进入创新型省份前列。三是细化转型发展具体措施，明确责任落实。吉林省科学制定汽车、食品、石化、医药、装备制造、轻纺、冶金、建材、电子信息 9 个产业的具体转型升级的实施方案，并成立了由省政府主要领导同志担任组长，以相关部门和单位主要负责同志为成员的吉林省加快制造业发展领导小组，明确分工协作，落实落靠相关职责，为吉林省全面振兴提供了强力的支撑。

辽宁省深入贯彻习近平总书记的重要指示精神，深入推进传统工业产业转型升级。一是明确重点发展领域及相关产业。辽宁省依托自身发展基础和优势，统筹全省资源，明确了以先进装备制造业、调整优化原材料工业、改造提升消费品工业、加快发展电子信息产业、培育发展生产性服务业 5 个重点发展领域及高档数控机床、智能机器人、石化工业、冶金工业、纺织工业、集成电路产业等 26 个具体产业。① 二是自主创新能力逐步增强。通过建设区域性制造业创新中心网络，实现以企业为主体、产学研相结合的技术创新体系，加快以高端装备、关键材料、基础零部件等关键领域为重点的关键核心技术攻关，同时支持鼓励企业加大技术改造力度，不断增强关键核心技术突破能力。三是强化重点项目建设扩大投资。围绕高端化、智能化、特色化和绿色化，积极储备、谋划一批高端装备制造、新材料、信息技术等领域的大项目，并运用"辽宁省重大工业项目信息管理系统"，及时掌握投资完成情况及项目建设进程，推动项目落地开工，投产达产。四是开放合作水平进一步提升。辽宁省不断强化内引外联，进一步加强与北京市、江苏省、上海市的对口合作，紧密对接京津冀一体化协调发展。聚焦新兴产业，注重引进既符合生态环保要求又对转型升级有带动作用的大项目。加大对省内企业与国外企业开展高端装备联合研发和创新的支持力度，不断将辽宁的装备制造推向国际化。

---

① 辽宁省 2020 年《政府工作报告》。

（三）东北各省工业产业转型升级取得明显成效

黑龙江省积极转换发展动能，培育新增长点。一是新动能培育取得新成效。2019年，黑龙江省新成立17023家科技型企业。至此，全省高新技术企业已达1250家。[①] 高技术制造业增加值增长10.2%。百大项目建设取得重大成效，2019年共实施百大项目110个，完成年度投资1325.8亿元。[②] 哈工大、哈工程成立机器人、激光通信、大数据、小卫星、智能成型及哈船动力、导航等181家科技型企业。二是产业结构调整升级取得新进展。2019年，黑龙江省规上工业增加值增长2.8%，其中食品加工业增长8.7%，装备工业增长11.0%，是全省工业增长的重要支撑，高技术制造业增加值增长10.2%，高于全省规上工业增加值7.4个百分点。三是新兴产业不断壮大。全省积极围绕"工业强省"发展目标，大力发展新一代信息技术、高端装备、航空航天、新材料、生物制药等新兴产业。目前，已经初步建成奥瑞德蓝宝石基地、航天海鹰钛产业园、地理信息产业园，成立石墨、人工智能、增材制造、军民融合等产业联盟。全省科技型企业孵化器、众创空间在孵企业总数达到7063家，较上年增长30.7%。四是对口合作不断深化。截至2019年，黑龙江省持续深化与广东省的对口合作，深圳（哈尔滨）产业园区项目落地哈尔滨，并已签署总投资近3000亿元的合作协议。

吉林省深入贯彻习近平总书记关于吉林工作的重要讲话和指示批示精神，落实推动高质量发展要求，按照省委工作要求推进各项工作并取得实效。一是工业经济稳中有升。2019年，全省规模以上工业增加值增长3.1%。[③] 汽车制造、石油化工、医药、食品、能源、纺织等重点产业增加值比上年增长3.7%，石油加工、炼焦和核燃料加工、非金属矿物制品、黑色金属冶炼和压延加工业、有色金属冶炼和压延加工业等高耗能行业增加值

---

① 《2019年黑龙江省新注册成立科技型企业17023家》，新华网，http://www.hlj. xinhuanet.com/xhjj/2020-01/08/c_138686861.htm。

② 黑龙江省2020年《政府工作报告》。

③ 《吉林省2019年国民经济和社会发展统计公报》。

增长 5.7%，航空制造、电子及通信设备制造、计算机及办公设备制造、医疗仪器设备及仪器仪表制造等高技术制造业增加值下降 1.9%，装备制造业增加值增长 1.9%。二是工业企业质量效益稳中向好。截至 2019 年底，全省高新技术企业数达 1699 户，同比增长 89%，实现跨越式增长。① 清洁能源利用率达到 97.7%，为近十年最高水平。② 2019 年全省新认定的国家级高新技术企业达 800 户，较上年增长 89%，科技小巨人企业达 358 户，较上年增长 92%。全省科技活动产出指数由原来的全国第 15 位上升到第 12 位。三是产业转型取得显著成效。2019 年共实施 1170 个重点工业转型升级项目，开复工率达到 87.6%。一汽集团年产值增速由负转正，实现增长 1.5%，市场占有率从 12.3% 提升到 13.6%。四是新兴产业发展迅速。近年来，吉林省深入推进创新驱动发展战略，与国内知名院校签署框架协议，组织开展院士创业试点，建成中国二维码产业数据湖基地等项目，并已争取国家批复了以长春新区为核心的"长吉图国家科技成果转移转化示范区"。

辽宁省深入贯彻习近平总书记关于东北、辽宁振兴发展重要讲话和指示批示精神，推动全省工业经济持续向好。一是工业经济运行稳中有进。2019 年，全省规模以上工业增加值比上年增长 6.7%。其中，高技术制造业增加值增长 18.7%。规模以上工业企业实现营业收入 30365.5 亿元，比上年增长 7.9%。③ 二是科技创新能力不断增强。2019 年全省获国家科技奖 13 项，其中技术发明奖 1 项、科技进步奖 8 项。技术合同成交 1.7 万项，技术合同成交额 571.2 亿元。④ 通过加大对科技方面的投入，全省科技进步对经济增长的贡献率超过 50%。集聚多个行业顶尖人才，成立了辽宁实验室。超过 3000 项科技成果被转移转化，高新技术企业也已超过 5000 家，中小规模科技型企业突破 7500 户。⑤ 三是制造业高质量发展取得实效。2019 年，全省

---

① 《2019 年吉林省高企数量同比增长 89%》，人民网，http://jl.people.com.cn/n2/2020/0121/c349771-33735177.html。
② 吉林省 2020 年《政府工作报告》。
③ 《辽宁省 2019 年国民经济和社会发展统计公报》。
④ 辽宁省 2020 年《政府工作报告》。
⑤ 辽宁省 2020 年《政府工作报告》。

通过实施工业互联网创新发展三年行动计划，推出了华为锦州云计算数据中心等工业互联网项目。中国航发燃气轮机、恒大新能源汽车等多个高端装备、电子信息、生物医药等新兴产业加快发展。四是民营经济快速发展。在民营经济发展 23 条措施的支持下，全省民营工业企业得到快速发展，规模以上工业私营企业增加值增长 23.7%。

二　东北三省工业产业转型升级的制约因素

近年来，东北三省工业经济发展虽实现稳中有进，取得了一定成绩，但受国内外多种因素的影响，在工业产业转型升级过程中依然存在诸多问题。习近平总书记在 2016 年视察黑龙江时指出，制约发展的因素有"三偏"，即产业结构偏重、民营经济偏弱、创新人才偏少。[①] 总书记把脉问诊一针见血地指出了制约黑龙江省经济发展的主要因素，这也是制约东北三省经济发展的主要因素，更是东北三省工业产业转型升级面临的主要制约因素。

（一）产业结构偏重，发展层次不高

东北三省工业经济发展，受国内外市场需求及能源价格的影响非常大，主要原因在于东北三省工业经济以能源和资源产品为主，且产能大、链条短、加工深度不够和技术层次不高。一是"原字号"比重过大。东北三省资源型产业在工业经济中占比大。以黑龙江省为例，全省 13 个地市中，依靠煤油木粮等"原字号"资源及形成产业结构的市地有 7 个，超过了一半。因此工业产业结构主要以能源类及其相关产业为主，能源经济独大，导致工业产业结构偏重。二是产业链条不够完整。东北三省现有的工业企业中，多数企业处于能源开采和初级产品的加工制造环节中，在整机生产型企业中，也多以组装为主，属于产业链的低端，附加值不高。以吉林省为例，省内的

---

① 《解决"三性"矛盾破除"三偏"制约》，凤凰网黑龙江，http://hlj.ifeng.com/a/20170606/5727427_0.shtml。

零部件研发落后于整机生产，很多关键零部件的研发和生产在省外或者国外，在整机生产制造过程中所需的关键零部件要在省外购买或从国外进口，致使整机生产环节的成本大大增加。三是高端装备制造业发展相对滞后。相比全国来看，东北三省的高端装备制造业发展水平仍处于相对落后的位置，与发达省市相比，差距依然较大。产业链所处位置不高，核心技术掌握不够全面，基础设施配套能力偏弱等矛盾严重。近年来，吉林省轨道交通装备制造虽然发展较快，但从全国来看，市场份额仍然不高。

（二）国企活力不足，民营经济偏弱

东北三省工业经济的发展，在很大程度上依靠国有企业。在东北三省工业企业中，国有企业占比较大，对工业经济发展的贡献度也较大，而民营企业市场份额较小，对工业经济发展的贡献度偏弱。一是国有工业企业增加值占比过大。东北三省规模以上工业企业增加值中，国有企业占比约为1/3，其中黑龙江省占比最大，超过四成，而同期全国水平仅为1/5。二是国有企业历史包袱过重，改革不到位。东北三省国有企业大多为新中国成立初期兴建，承担着企业办社会职能，资产负债率高，职工养老保险和医疗保险缺口大，包袱沉重，改革成本高，加之思想观念陈旧和国家相关政策不落地等因素，致使东北三省国有企业改革不到位，经营活力不足。三是民营工业企业发展艰难。受各种相关支持政策落实不到位、市场准入门槛过高、融资成本过高、产业层次较低等因素影响，东北三省的民营经济发展，特别是民营工业经济发展相对滞后。受过去计划经济影响，重要的工业生产资料掌握在国有企业特别是央企手中，垄断现象严重，且民营工业企业规模相对较小，技术层面较低，市场竞争力弱，只能依附于国有企业求生存，加之民营龙头工业企业少，缺乏带动作用，在很大程度上制约了民营工业企业的发展。

（三）科技人才偏少，创新活力不足

经济发展的关键在人才，科技进步的关键在投入。经济发展滞后与创新人才偏少有直接联系，二者具有因果性。东北三省经济发展，特别是工业经

济的发展面临十分严峻的人才偏少和投入偏低的问题。一是创新驱动格局很难形成。受经济下行压力较大，经济发展活力不足，加之气候环境相对恶劣，收入偏低等因素影响，东北三省吸纳就业的能力严重不足。人才是科技创新的根本，目前东北三省的人才外流、人口外流现象比较严重，致使东北三省至今仍没有形成依靠科技创新驱动经济发展的格局。二是科技型人才严重缺乏。东北三省由于受产业结构偏重，民营经济发展活力不足，科技研发不足、成果转化不够等因素影响，很多科技型、技术型人才不将东北三省作为就业和发展的首选。在东北地区的企业，特别是在加工制造型企业中人才"引不来、留不住"的现象普遍存在，从而形成了缺人才导致缺活力、缺活力加速人才外流的发展怪圈。三是科技创新投入偏低。相关数据显示，2019年东北三省 R&D 经费投入强度辽宁为 2.04%，吉林为 1.27%，黑龙江为 1.08%，低于同期全国水平（2.23%）。①

三 东北地区工业产业转型升级的对策建议

当前，我国外部环境发生了巨大变化，风险和挑战增多，东北地区的发展和振兴的难度也越来越大。加快东北地区传统工业产业转型升级，积极培育战略性新兴产业，培育新动能，对推动经济高质量发展至关重要。

（一）坚持供给侧结构性改革，推动高质量发展

东北地区未来应紧紧按照高质量发展的总要求，坚持以供给侧结构性改革为主线，积极贯彻落实"三篇大文章"的发展思路，以"油头化尾""煤头电尾""煤头化尾""粮头食尾""农头工尾"为抓手，通过实施创新驱动，进一步延伸产业链条，不断提升产品质量、品牌效益和附加值，做到扬长避短、扬长克短和扬长补短，促进东北地区传统工业产业转型升级，推动高质量发展。

---

① 《2019 年全国科技经费投入统计公报》。

（二）以智能制造为主，加快转型升级步伐

东北地区应紧紧抓住当前5G、工业互联网、人工智能等新一代信息技术快速发展的契机，积极推动制造业及传统工业产业与现代服务业、信息化深度融合。充分利用以智能制造为主的新一代信息技术，对传统制造业开展全要素、全流程、全产业链的升级改造，努力建成一批智能工厂和数字化车间，打造个性化定制、网络化协同制造等生产服务新模式，逐步将传统制造业向数字化、智能化、网络化方向转型升级，进一步提升东北地区工业产业国际竞争力，为新一轮东北全面振兴全方位振兴发展提供有力支撑。

（三）以绿色发展为引领，促进传统产业提质增效

在实现传统工业产业转型升级过程中，对传统产业的技术改造是重中之重，在推动工业产业升级中的作用至关重要。在未来"十四五"期间，东北地区必须坚持绿色发展理念，以"发展资源节约型、环境友好型工业"为着力点，通过技术创新，逐步构建以"技术高、能耗少、污染少"为特点的产业结构，逐步提升资源综合利用效率。采取政策手段，激励和帮助企业开展技术改革和设备更新，积极淘汰落后产能，提升低碳技术利用率，推动东北地区传统产业提质增效、转型升级步伐。

（四）构建完整的产业链，提升抗风险能力

当前，国内外形势千变万化，企业经营风险也相对增大。东北地区在加快传统工业产业转型升级过程中，要注重通过优化产业布局，打造完整的产业链。在新一轮东北振兴过程中，应将东北三省一区作为区域整体，注重协同作战、省际合作、科学转移、共同发展，积极发挥各自优势，积极引导区域内产业有序转移。同时，积极构建央地合作新格局，引导大型国有企业与大中小型民营企业合作，推动建立稳定的合作关系，推进优势产业集聚发展，不断延长产业链条，进一步提升抗风险能力。

（五）着力培育人才队伍，助力全面振兴全方位振兴

实现东北地区高质量发展，人才是第一资源，在工业产业转型升级发展中具有基础性、战略性、决定性作用。东北地区面临着人才流失的现实问题，且形势越来越严峻。要实现产业转型升级和全面振兴全方位振兴，必须着力培育人才资源队伍。通过制定政策、创建人力资源平台等手段，建立具有吸引力的薪酬激励机制，加大人才引进力度，积极营造有利于企业家成长、人才进步的政策环境。进一步解放思想、转变观念，大力发展职业教育，培养产业工人，真正解决好"选人、留人、用人"三个问题，为转型升级提供人才支撑，为东北地区全面振兴全方位振兴提供人才保证。

参考文献

1. 黑龙江省 2020 年《政府工作报告》。
2. 吉林省 2020 年《政府工作报告》。
3. 辽宁省 2020 年《政府工作报告》。
4. 国家统计局、科学技术部、财政部：《2019 年全国科技经费投入统计公报》，国家统计局网站，http：//www.stats.gov.cn/tjsj/zxfb/202008/t20200827_ 1786198.html。
5. 《把转方式调结构作为重中之重——六论深入学习贯彻习近平总书记重要讲话精神》，《伊春日报》2016 年 6 月 15 日。
6. 《工信部部长苗圩：改造提升传统产业关系推动制造业高质量发展全局》，新华网，http：//www.xinhuanet.com/2019 - 11/18/c_ 1125246647.htm。
7. 李清君：《老工业基地全面振兴核心是推动工业转型升级》，《黑龙江日报》2016 年 9 月 6 日。

B.3
促进东北三省制造业发展的对策建议

肖国东*

摘　要： 东北三省制造业企业生产经营逐步恢复，出现企稳回升态势，面对智能制造、工业互联网产业深度融合发展需求进一步释放。为降低新冠肺炎疫情影响，提升制造业产业链竞争力，应着力改造传统产业与培育新兴产业并重，着力推进科技创新体系建设，不断提高自主创新能力，着力推动制造业与互联网融合发展，以智能制造带动制造业质量变革、效率变革和动力变革，推动生产型制造向服务型制造转型，拓展东北三省制造业价值链中高端空间。

关键词： 制造业　技术创新　产业链　东北三省

一　东北三省制造业出现的积极变化

（一）出台政策举措降低疫情影响

新冠肺炎疫情发生后，辽宁省为复工复产提供全链条政策保障，出台《辽宁省疫情防控重点保障企业贷款贴息资金实施细则》，推出了疫情防控措施20条"十到位、十必须"，积极帮助企业。辽宁省为了引导工业企业

＊ 肖国东，博士，吉林省社会科学院经济研究所副研究员，主要研究方向为数量经济学、产业经济学。

有序复工复产，推出了包含 7 大类 71 条措施的复工防疫指南，支持企业恢复生产，从减轻企业负担、加强金融支持等方面，会同相关部门推出了支持中小企业生产经营的 25 条措施，帮助中小企业克服疫情影响。吉林省也出台了多项举措，持续推进援企服务，强化省、市（州）领导联系包保重点企业的工作机制，为复工企业提供口罩、消杀酒精等防护用品，引入"人员流动登记备案智能管理平台"，方便复工人员电子扫码登记，推动复工企业稳定运行，通过搭建供需对接平台，组织重点工业企业与重点项目的供需对接活动。黑龙江省坚持聚焦"企业资质摸底、复工复产、调度监测、扩大产能、生产空白突破、企业分类管理、医药用品储备"等重点工作，统筹规划省、市、县三级联动机制，积极推进政策落实，对重点企业和重点项目的复工复产加强管理，紧抓复工复产的应急保障制度，保障应急保障专班作用发挥，以最大力度提振企业发展活力，以最快速度恢复工业经济平稳运行。

（二）恢复生产步伐不断加快

制造业企业复工复产有序推进。辽宁省统筹兼顾，防控疫情和复工复产两手抓。2020 年 2 月 12 日，辽宁省规模以上工业企业开复工率为 54.4%，2 月 22 日，随着辽宁省环保集团全面复工，省属重点企业全部复工复产。3 月 10 日，辽宁省规模以上工业企业复工复产进一步加快，其中装备制造等重点工业复工复产率达 97%。2020 年 2 月 10 日，吉林省 500 家重点调度企业中有 229 家企业复产，占比 45.8%。3 月 12 日，吉林省规模以上工业企业复工复产率达到 99%，其中重点企业复工复产率达到 97.6%。2020 年 2 月 18 日，黑龙江省 3268 家规模以上工业企业中有 1273 户复工复产，复工率 39%，较 17 日环比提高 2.1 个百分点。黑龙江省确定的 1556 户"五个必需"企业中，有 917 户复工复产，复工率 58.9%，较 17 日环比提高 1.7 个百分点。3 月 10 日，黑龙江省规模以上工业企业复工率已达到 86.8%。目前，东北三省制造业企业生产经营稳步推进。

（三）出现企稳回升态势

2020年1~6月，东北三省制造业增速大幅度提升。上半年辽宁省规模以上工业增加值同比下降2.3%，比1~2月收窄11.2个百分点。其中，辽宁省4~6月规模以上工业增速分别为2.1%、6.0%、3.0%，增速为正，发展态势持续向好。2020年1~6月，吉林省工业增加值增速大幅提升，显著高于全国水平，3.3%的增速分别较上年同期和2020年第一季度加快3.6个和15.5个百分点，比全国增速高4.6个百分点。由2019年和2020年第一季度的全国第27位和第26位大幅升至第4位，开展工业攻坚专项行动成效显著。2020年1~6月，黑龙江省规模以上工业增加值比上年同期下降4.0%，降幅比1~2月收窄6.9个百分点。汽车、通用设备、电气机械制造和烟草制品4个行业实现正增长，占比较第一季度提高2.6个百分点。黑龙江省200户重点企业中43户高新技术企业产值增速高于规上工业5.3个百分点，规上工业企业出口交货值增长8.5%，比第一季度提高19.4个百分点。

（四）重点产业增速由负转正

2020年1~6月，东北三省重点产业实现正增长。1~6月，辽宁省41个大类行业中有13个行业增加值保持同比增长，增长面31.7%。其中，石油、煤炭及其他燃料加工业同比增长13.5%，化学原料和化学制品制造业增5.6%，农副食品加工业增长9.4%，纺织业增长9.3%。2020年1~6月，吉林省汽车制造业增长9.2%，与1~5月相比，增速提高7.8个百分点；汽车产量增长5.3%。其中，卡车订单显著上升，一东公司重卡离合器产量同比增长16%，这源于汽车制造业显著回升拉动工业生产增长。此外，鑫达钢铁、吉林烟草等重点企业逆势增长。1~6月，黑龙江省装备工业增速由负转正，其中，通用设备制造业、汽车制造业、电气机械和器材制造业增加值分别比上年同期增长22.5%、31.9%和7.0%，发动机、电站用汽轮机、金属切削机床、汽车和发电机组等产品产量分别增长11.9%、24.8%、12.1%、46.3%和70.5%，农副食品制造业增加值比上年同期增长5.8%。

二 东北三省制造业发展面临的形势和环境

（一）智能制造进程将加速

新冠肺炎疫情暴发初期大量劳动力无法按期返岗，这对部分劳动密集型企业而言生产经营难度加大。企业将加大机器对人的替代力度，多数制造业企业已认识到，要摒弃落后产能，摆脱传统人力手工对产能和效率的束缚，降低对人力的依赖，确保企业的生产和经营不会轻易受到人员变动的影响。为加快恢复生产，数字化工厂建设将加快。对于制造企业，数字化工厂建设提速不仅能减少劳动密集型岗位，而且能解决受到人员制约等生产环节问题。生产过程中，数字化工厂通过自动化设备、控制监视系统、制造执行系统、企业生产计划系统实现生产自动化，有效提高生产效率。此次疫情将加速数字化工厂的普及和落地，必然会带来工业软件服务、工业机器人、智能设备终端、网络硬件设备、工业云、大数据、工业互联网等行业的需求。着眼长期发展来看，制造业的发展趋势必将更加重视智能制造，通过更多高技能的技术人才，实现柔性生产，更好地应对劳动力波动对企业生产的不利影响。

（二）工业互联网需求将进一步释放

工业互联网是新基建的重要内容，不仅能促进转型升级，而且能有效降低疫情的影响。在当前产业转型升级步伐不断加快的形势下，为了确保实现产业转型和经济增长稳定，需要深化工业互联网产融合作，实现产业主体与融资机构的深度协同，这是确保产业链稳定发展、激发企业创新活力的重要抓手，将刺激短期有效需求与长期有效供给统筹兼顾，通过高科技领域的新基建发展来缓解经济下行压力，发挥工业互联网优势。工业互联网企业通过开放诸多服务帮助制造业企业提高生产经营效率。此次新冠肺炎疫情或将催生出更多工业互联网的应用需求，促进全社会运用工业互联网提质增效的热情与动力进一步被激发和释放。工业互联网行业利好政策连续出台。中央政治局会议多次提及加快以工业互联网等为代表的新型基础设施建设。2020年3月6日，工信部办公厅印发《关于推动工业互联网加快发展的通知》，明确了20项措施加快工业互联网发展。

（三）产业融合态势更加明显

从总体上看，我国今后仍将长期处于重要战略机遇期，但也面临许多不确定性的挑战。从全球科技发展进程看来，基础前沿领域孕育重大突破，技术创新基础研究和应用基础研究的相互带动作用不断增强，交叉融合态势明显，新一轮产业变革和科技革命加速推进，创新模式向生态化和网络化转变。人工智能、量子计算、区块链、脑科学、基因编辑等新技术加速突破，颠覆性创新持续涌现，新技术与产业发展的不断融入，必将为经济社会发展带来重大机遇。2019年11月国家发改委等15部门联合发布了《关于推动先进制造业和现代服务业深度融合发展的实施意见》，深度融合必将推动制造业高质量发展，制造业将逐步向智能化、自动化、数字化转型。

（四）我国"双循环"新发展格局加快构建

构建"双循环"新发展格局，是系统性的深层次改革。形成以国内大循环为主体，在不断提升产业水平、技术水平的过程中，更加注重补齐相关短板，提高产业链供应链的全球竞争力，维护产业链供应链安全稳定。坚持供给侧结构性改革战略方向，通过科技革命与产业革命推出新一代消费品，引发、创造并派生出一系列新消费需求，创造适应新需求的有效供给，推出高水平高质量的新供给。在新发展格局的要求下，将国内经济循环作为主体，并不意味着忽视国际经济循环，而是强调通过供给侧结构性改革，提升国外产业对中国产业链和供应链的依赖程度，面对中国巨大的消费市场，进一步提升国内经济循环能力，实现我国经济的高质量发展。

三 促进东北三省制造业发展的对策建议

（一）着力改造提升传统产业

深入推动实施东北三省传统制造业转型升级。研究制定传统制造业产业规划纲要等一系列推动产业发展的政策措施，多措并举推动传统制造业转型升级。提高全要素生产率，推动传统产业生产、管理和营销模式变革，激发传统制造业活力。利用省级专项资金对平台改造、产品质量提升、重点项目等进行支持，加快实施信息化、自动化及智能化等技术改造，推动价值链低端制造环节向高端延伸，着力推动品牌复兴、产能回归、结算回归等。推动互联网、大数据、人工智能、区块链与汽车、石化等制造业深度融合。扎实推进产业转型升级重点项目建设，发挥国家和省级首台（套）等政策的引导作用，推动农机装备、电气设备、换热设备等传统产业创新升级。积极调整产品结构，推动企业新产品实现批量化生产，积极组建国家北方小品种（短缺药）生产基地。

（二）着力培育壮大新兴产业

深入推动实施新增长点培育提高工程。研究制定支持东北三省智能网联及新能源汽车供应链产业园的意见等一系列推动产业发展的政策措施。重点推动国家智能网联汽车（北方）应用示范区一、二期项目陆续投入运营；重点推动轨道交通装备产业、卫星及航天信息产业、生物医药和医疗器械产业、精密仪器与装备产业发展，加快先进医疗器械制造业创新中心建设，加快构建重点产业全产业链，积极推动重点产品研制和产业化，聚焦重大短板装备需求，加快推动精密仪器与装备创新发展。推动创新中心各类项目有序开展，共同推进5G在产业园区应用服务。全力推进新一代信息技术、新材料产业产业园建设。加快推进智能制造、生命健康、新材料等战略性新兴产业发展，推动产业链上下游企业纵向合作和相关产业链企业横向互动。

（三）着力推进科技创新体系建设

着力推进基础研究与应用技术研究的融会贯通。一是发挥国家自然科学基金区域创新发展联合基金的平台作用，整合创新资源，提升创新层次，增强原始创新实力。完善省级自然科学基金联合基金体系，鼓励有关科研单位和企业加大对基础研究的投入，建立基础研究多元化投入机制。注重基础研究与应用技术研究计划的对接，积极寻求重大技术突破，努力建立基础研究—应用基础研究—应用技术研究的连续支持机制。二是要切实抓好重大科技专项的实施和启动工作。重点抓好已启动各重大专项的组织实施工作，强化协同攻关的力度，力争尽快再突破一批制约东北经济社会发展的"卡脖子"技术。同时，要坚持服务于东北支柱产业、优势产业和战略性新兴产业发展的重大关键技术需求，分批分期地陆续启动重大专项。三是着力提高企业自主创新能力。突出企业主体地位，引导企业家树立依靠科技创新和吸纳科技成果提升竞争力的意识，激发企业的自主创新主动性。鼓励支持企业建立研发机构和创新中心，引导科研院所、高等院校围绕企业开展技术创新与成果转化。进一步优化企业逐级转型培育体系，建立梯次储备更加合理、企业结构更加优化的科技型企业数据库。

（四）着力推动新一代信息技术与制造业深度融合

加快构建工业互联网体系，制定工业互联网培育工程实施方案，推动重点企业与移动公司等单位组建成立东北工业互联网联盟。加快培育工业互联网平台，完善智能网联汽车工业互联网平台，健全测试系统、测试工具、测试规范、工业 App 库，完善溯源食品工业互联网平台和能源清洁化利用工业互联网平台，加快推进 5G、大数据、人工智能等新科技应用，提升产业融合发展水平。为发电、供热企业用户提供能源清洁化利用整体解决方案和工程服务。推动行业级、企业级平台建设，重点推动大数据平台投入运营。依托工业互联网的供应链系统、异地协同设计系统、售后服务管理系统，推动制造业服务化试点企业积极开展特定行业、特定区域的企业级工业互联网

平台建设。推动人工智能与制造业深度融合。研究制定人工智能产业发展行动方案及人工智能与制造业融合实施方案。围绕"人工智能与实体经济深度融合项目计划",推动实施"视频监控安检身份识别"等项目。跟踪推动固态激光雷达芯片、智能无人机、智能表面缺陷检测系统、智能焊接生产线等多个项目进入国家人工智能重点任务复评。

(五)着力提升制造业产业链竞争力

一是优化产业链布局,可以从两个方面入手:在国内方面,围绕辽中南、哈长等重点城市经济圈,集中区域性的先进制造业,建立一批高质量的制造业产业集群,发挥产业集群的协同创新优势,通过水平分工和垂直整合来增强产业链整体的抗风险能力;在国际方面,要不断提升制造业在区域产业分工网络中的地位,加强与"一带一路"沿线国家的优势互补合作,以中日韩自贸协定等为突破口,提升贸易自由化水平。二是加强对产业链关键环节的掌控能力。为了补齐制约制造业产业链安全的短板,要加快实施产业基础能力再创造,将冠军企业与精特新产品加速与产业链融合,打造不易被替代的独特竞争优势,深入嵌入全球价值链体系。三是提高产业链发展的包容性和开放性。通过高水平的营商环境建设,吸引国外高端制造业投资,促进东北三省智能制造的高质量变革,通过开放性和包容性的发展,深化东北三省制造业的动力变革和效率变革,塑造产业链竞争的核心优势。

参考文献

1. 王高凤、郑琼洁:《产业链视角下新冠疫情对我国制造业的影响研究》,《产业经济评论》2020 年第 4 期。
2. 原烽:《新冠疫情将对中国制造带来哪些深刻影响》,《企业观察家》2020 年第 3 期。
3. 李万军主编《中国东北地区发展报告(2019)》,社会科学文献出版社,2020。

B.4
东北三省装备制造业转型升级研究*

王海英　王嘉宝　杨梦婷**

摘　要：　装备制造业是东北三省工业中的重要产业，在70多年新中国建设的伟大征程中作出了重要贡献。在产业政策的导向作用下，东北三省装备制造业智能制造能力不断提升，形成了一批先进制造业基地。但是东北装备制造业还存在企业创新能力不强、品牌影响力较弱等问题。装备制造业转型升级有助于东北振兴取得新突破，推动高质量发展和构建新发展格局。东北三省装备制造业转型升级，发展与5G等新一代信息技术深度融合的高端产业、新兴产业，依托区域内产业转型升级示范区和示范园区加强产业集群建设，构建装备制造业先进制造基地，须提升创新能力，掌握核心技术，补齐产业链的短板，锻造产业链供应链长板。

关键词：　装备制造业　转型升级　东北三省

习近平总书记一直强调东北地区要把装备制造业做大做强。装备制造业

* 本课题是黑龙江省哲学社会科学研究规划项目"加强黑龙江省对俄产业合作深度融入共建'一带一路'研究"（19JLH053）的阶段性成果。
** 王海英，黑龙江省社会科学院文化和旅游研究所研究员，研究方向为区域经济学、工业经济学、马克思主义政治经济学；王嘉宝，黑龙江省社会科学院马克思主义研究所实习研究员，研究方向为马克思主义基本原理；杨梦婷，黑龙江省社会科学院研究生院研究生，研究方向为计量经济、亚太经济。

是制造业的核心，是现代产业的脊梁，作为大国发展的重器，对国防建设和国民经济发展起到重要的支撑作用，属于基础性产业，具有支柱作用，是提升我国综合国力的基石。装备制造业产业链条长，是推动工业转型升级的动力引擎，其转型升级对于提升优化整个工业体系具有重要的作用。东北三省是国家重要的装备制造、能源原材料的产业基地，其中的装备制造业也是东北三省工业经济的重要支柱。东北三省作为我国老工业基地，装备制造业转型升级关乎国家国防安全、产业安全、工业供给侧结构性改革和国民经济质量效率提升。

一 东北三省装备制造业转型升级现状

东北三省装备制造业具备一定的产业优势，拥有一批行业领军企业，建立了比较完善的产业协同创新体系，涵盖研发、制造、服务等各个环节；具有一定的品牌优势，多个装备制造业产品在国内外享有较高声誉，在扩大产业规模、调整产业结构和研发重大技术装备等方面取得了显著成效，为转型升级奠定了坚实的基础。

（一）2019~2020年东北三省装备制造业增速

2019年辽宁省规模以上装备制造业增加值比2018年增长7.2%，增速与2018年相比下降2.2个百分点，高于规模以上工业增速0.7个百分点，占规模以上工业增加值的比重为29.7%，比重与2018年相比提升2.3个百分点。其中，汽车制造业增加值增长2.5%，通用设备制造业增加值增长5.0%，计算机、通信和其他电子设备制造业增加值增长25.3%。2019年吉林省规模以上装备制造业增加值增速由负转正，为1.9%，高于2018年2.6个百分点，低于规模以上工业增加值增速1.2个百分点。2019年黑龙江省规模以上装备工业增加值增长11.0%，增速比2018年提高1.2个百分点（见表1），已成为全省工业增长的主要力量，增速高于全省规模以上工业增加值增速8.2个百分点。2019年东北三省装备制造业平均增速为6.70%，高于东北三省规模以上工业企业平均增速 2.57 个百分点，已成为东北三省规模以上工业增长的重要动力。

表1　2019 年东北三省规上装备制造业增速与规上工业增速情况

单位：%

省　份	规上装备制造业增速	规上工业增速	规上装备制造业增速与规上工业增速相比
辽　宁	7.2	6.5	高 0.7 个百分点
吉　林	1.9	3.1	低 1.2 个百分点
黑龙江	11.0	2.8	高 8.2 个百分点

资料来源：辽宁、吉林、黑龙江三省 2019 年统计公报。

2020 年前三季度，辽宁省规模以上装备制造业增加值累计下降 1.4%，降幅较 1～6 月收窄 7.1 个百分点。吉林省规模以上装备制造业增加值增速由负转正，由上半年的下降 1.0% 转为增长 0.5%。黑龙江省规模以上装备企业经历了从低迷回落到逐渐趋暖的过程，在龙头企业带动下，1～6 月装备制造业增加值增速年内首次由负转正，1～9 月增加值增速达 9.8%，装备制造业作为黑龙江省主导行业展示了强劲的增长动力（见表2）。

表2　2020 年前三季度东北三省规上装备制造业增速与规上工业增速情况

单位：%

省　份	规上装备制造业增速	规上工业增速	规上装备制造业增速与规上工业增速相比
辽　宁	-1.4	0.3	低 1.7 个百分点
吉　林	0.5	6.2	低 5.7 个百分点
黑龙江	9.8	-0.7	高 10.5 个百分点

资料来源：辽宁省统计局、吉林省统计局、黑龙江省统计局。

（二）产业政策导向作用显现

装备制造业转型升级是我国工业转型升级的重要组成部分。为了促进装备制造业转型升级，东北三省相继颁布了一系列具有导向作用的产业升级政

策，体现了产业转型升级过程中的政府意志。具有一定整体性和连贯性的装备制造业产业政策，促进了东北三省装备制造业发展水平的提升。2019 年，在已有支持装备制造业转型升级政策的基础上，辽宁省政府继续出台方案支持辽宁省建设先进装备制造业基地，提高其国际竞争能力。方案明确了装备制造业发展的时间表、任务书、路线图：到 2030 年，装备制造业自主创新能力将达到国际先进水平。吉林省在以往政策基础上，又连续出台政策意见，加快推动重点新材料、首批次关键零部件和首台（套）重大技术装备的推广应用。通过采取融资支持、保险补偿、专项引导和奖励等一系列措施支持装备制造业转型升级。黑龙江省出台了《黑龙江省工业强省建设规划（2019～2025 年）》支持高端装备的发展，对农机装备、石油石化装备、轨道交通装备、航空航天装备、卫星应用设备及服务、机器人及智能装备等先进制造装备制造的发展给予支持。

（三）创新基础能力有所提升

创新是产业转型升级的关键环节。围绕增强装备制造业创新能力，辽宁省不断完善以企业为主体、集产学研用为一体的创新体系，加快制造业创新中心建设。国家级机器人创新中心在沈阳启动。在燃气轮机、冷热技术、掘进装备等优势领域，又成功创建了 3 个省级制造业创新中心。同时，一大批具有国际先进水平的新产品开发成功，沈鼓集团研制的国内首台 120 万吨乙烯压缩机组已投入运转，中科院沈阳自动化所研制的深渊着陆器和无人潜水器成功应用于我国深海工程。吉林省创新能力显著提升。已建成省级公共技术研发中心 9 个，国家级、省级企业技术中心达到 100 家。国家、省、市三级企业技术创新体系初步形成。高端装备制造业研发投入不断加大，骨干企业研发投入达到年销售额的 3% 以上，远远高于全省 0.36% 的平均水平。产品创新能力不断增强，一批创新产品达到国际先进或国内领先水平。黑龙江省拥有众多高水平科研院所和大量人才储备。拥有 81 所高校、724 家科研院所、41 位两院院士、80 多万专业技术人员、近百万技术工人和一批优秀企业家。科研能力在全国排名靠前，创造出多项先进技术手段，攻克多项重大国家级科研项目，支撑了黑龙江省装备制造业的新产品研发和转型升级。"哈大齐"工业走廊聚集了全省84%的技术创新服务平台、86%的高新技术企业、95%以上的高精尖人才，创造了84%的高新技术产业增加值，对黑龙江省装备制造业创新能力的带动作用不断增强。

（四）智能制造能力不断提升

东北三省装备制造业在高档数控机床、工业机器人等关键技术装备领域取得积极进展，智能制造装备和先进工艺不断得到应用和普及。辽宁省坚持以智能制造为主攻方向，大力发展智能装备产业，不断提升工业企业智能化水平，为推进制造业智能化改造升级，每年重点推进100个省级智能制造及智能服务试点示范项目建设。辽宁省在工业机器人及智能制造领域具有领先优势，发挥龙头企业带动作用。依托中科院沈阳自动化所、沈阳新松机器人等我国机器人产业重点研发单位和龙头企业，大力推进智能制造和智能服务。吉林省智能制造快速发展。以关键领域的核心技术打造经济重新崛起新的增长点。50%以上关键工序完成数字化控制升级，在重点领域的企业，普及数字化研发设计工具，比例达到70%。以高铁、汽车、卫星、化工等产业为重点，大力推动装备制造业由"吉林制造"向"吉林智造"转型，智能制造试点示范企业达到50家。黑龙江省通过实现智能制造的生产方式促进传统装备制造业实现产业升级，实现绿色制造。加快运用新技术培育和推广新模式，促进装备制造业与信息技术融合发展，转向智能化和精细化生产方式。

（五）一批先进装备制造业基地逐步建立

先进制造业基地通过建设共性技术载体平台促进两化融合、智能制造、工业互联网发展，提升先进装备制造业信息化发展水平，加强自主研发和设计制造及系统集成。辽宁以智能化、高端化、成套化为发展方向，重点实施装备制造业提升工程。吉林省实施多项强力举措，打造发展先进装备制造业基地。黑龙江省建设重大技术装备战略基地、重要技术创新与研发基地，提

升国际竞争力。吉林省发展工业机器人、特种机器人、先进适用农机装备、高性能医疗器械等优势产品，在沈阳、大连、长春、哈尔滨、齐齐哈尔等地形成了一批先进装备制造业基地。

二 东北三省装备制造业转型升级面临的挑战

东北三省装备制造业利用自身基础优势持续快速发展，但是仍然有先进产能不足、落后产能过剩的现象。在体制机制创新、关键核心技术、基础配套能力、高端制造装备供给等方面还存在明显短板，创新能力、品牌塑造等方面与全球领先企业相比依然有较大差距。

（一）自主创新能力不强

产业转型升级的根本在于创新，东北三省装备制造业虽然创新基础有所提升，但是自主创新能力不强。根据《中国城市创新发展报告2019》，北方的科技创新能力要弱于南方，尤其是弱于东南沿海，长三角城市群和珠三角城市群的科技创新发展指数分别是0.648、0.541，科技创新能力分别居于第1位、第2位，哈长城市群的科技创新发展指数为0.192，居于第17位，与长三角城市群、珠三角城市群相比，总体创新能力不足，东北三省装备制造业在科技创新能力和发展潜力上已经不具备明显优势，在转型升级上技术储备不足，创新能力后劲不强。

（二）品牌影响力比较弱

品牌是装备制造业综合实力的集中反映，是装备制造业核心竞争力的体现。东北三省装备制造业的品牌影响力与国内和国际装备制造业企业相比还不够强。由中国装备制造业协会联合中国制造企业协会共同发布的2020年《中国装备制造业100强》，东北三省只有中国一汽一家装备制造业企业上榜，上榜企业最多的山东省有21家（见表3）。

表3　2020 年中国装备制造业 100 强分布情况

单位：家

省　份	上榜家数	省　份	上榜家数
上海	4	河北	9
广东	8	福建	3
吉林	1	重庆	1
湖北	2	云南	1
北京	8	江西	3
安徽	3	广西	2
浙江	19	四川	1
山东	21	河南	4
江苏	7	山西	1
湖南	2		

资料来源：中国装备制造业协会、中国制造企业协会：《中国装备制造业 100 强》，2020。

（三）国有企业历史包袱重，民营经济发展不充分

国有企业活力仍然不足，没有形成竞争氛围。在国有企业由计划经济向市场经济转型的过程中，面临的矛盾和问题比较突出，尽管国家出台了振兴东北地区等老工业基地的政策，在很大程度上缓解了老工业基地的历史遗留问题，但是其转型相对缓慢，解决历史遗留问题依然需要一定的时间。营商环境建设有待进一步加强，民营经济发展不充分、市场化程度不高，在一定程度上限制了装备制造业的发展空间。

三　促进东北三省装备制造业转型升级的对策建议

在着力构建以国内大循环为主体、国内国际双循环相互促进的新发展格局大背景下，东北三省装备制造业应按照国内外产业动态分工来提升产业链、价值链定位，由产业链低端向中高端跨越，从国家战略、市场需求、东北三省装备制造业区域分工协作和产业发展规律来选择发展方向，以发展高端装备成套化为重点，聚焦关键领域，加快实施创新驱动，推进产业集聚发

展，提升质量、夯实基础、加强配套，推动装备制造业加快向智能化、服务化、网络化、绿色化发展。

（一）提升自主创新能力，突破关键核心技术

推进创新能力的建设，特别是要提升未来的创新能力。一是要建立好的创新机制。强化企业在创新中的主体地位。着力构建装备制造业技术协同创新体系。打造区域性高端装备协同创新平台。通过协同创新平台整合各地创新资源，依托产学研集中突破行业关键共性技术，加快产品和技术创新，根据行业需求提供技术产品升级服务。加快推进创新体制机制改革。改革分配政策，把知识价值纳入分配机制。二是建立多元化创新人才队伍。围绕企业家、工程师、技术技能人才队伍建设多元化的装备制造业创新人才队伍，为科研人员交流创造条件，主动造就富有创意、善于创新的人才。三是与世界创新型企业合作强化自主创新外部动力。突破重点领域关键核心技术，加大对工程化环节的支持力度，切实做好研发与产业化推广应用。四是为创新提供好的外部环境，在税收等方面给予优惠政策，对企业自主创新给予鼓励。

（二）促进产业融合发展，形成高端新兴产业

针对东北三省高端装备制造业占比较低问题，以5G和工业互联网引领新一轮产业转型升级。推动装备制造业与人工智能、大数据、云计算、5G等新一代信息技术融合发展，加快形成高端、新兴产业。高端装备制造业以高新技术为引领，技术含量高、创新能力强，处于价值链高端和产业链核心环节，具有较强的引领作用，决定着整个装备制造业产业综合竞争力，直接体现一国制造业的核心竞争力，是国民经济和国防建设的重要支撑，是推动工业转型升级的关键引擎。发展高端装备制造业是做强东北三省装备制造业的重要途径。加快发展航空装备，提升轨道交通装备水平，研发多功能工业机器人、服务机器人、特种机器人，培育和发展海洋功能装备。一是强化高端装备制造业的研发设计。在高档数控机床和机器人、轨道交通、航空航天、船舶海工、电力装备、节能与新能源汽车等领域实现原创设计突破。二

是对传统装备制造业生产技术、设备和工艺进行智能化改造升级，加强成套设备设计。三是在传统机电产品、高端装备、在役装备等重点领域开展高端智能再制造示范。四是鼓励研发高效节能设备（产品）及关键零部件，把更高品质、更加绿色、更可持续的设计理念融入产品设计，提供更多具有节能环保性能的高技术装备，发挥绿色工业装备对工业绿色发展的引领作用。

（三）优化调整产业布局，推动产业集群发展

针对装备制造业产业布局不集中、龙头企业数量不足的问题，充分发挥产业转型升级示范区和产业转型升级示范园区的作用，提高产业聚集度和人才聚集度，促进装备制造业产业集群的建设，构建竞争力强的现代化装备制造业基地。依托辽宁中部产业转型升级示范区、吉林中部产业转型升级示范区、黑龙江大庆产业转型示范区、中德（沈阳）高端装备制造产业园区、哈大齐工业走廊，创新体制机制，实施产业转型升级优惠政策，先行先试，为新兴装备制造业产业集群创造良好的政策环境。优化营商环境，进行政务服务综合改革；推进国有企业混合所有制改革，发挥扬起作用，支持中央企业和地方企业合作的配套体系建设，激发中小企业在装备制造业转型升级中的活力；加大研发投入，提升创新能力，建设国际化创新网络体系，强化创新的多层次和开放性，培育新动能，形成有利于创新驱动东北三省装备制造业转型升级的内生动力。

（四）补齐产业链的短板，锻造产业链供应链长板

装备制造业链条长、涉及部门领域多、技术复杂度高，部分领域核心技术还没有掌握，基础配套能力弱，有些高端装备的核心关键部件、生产工艺、制造材料等都来自国外。以国产机器人为例，组装集成的产品多，其电机等核心部件大多是进口的，国内厂商主要完成机械部分和控制部分，制造链是不完整的。应抓住"十四五"时期建设制造强国、质量强国、网络强国、数字中国的有利机遇，在稳链的基础上补链强链，系统谋划产业链、创新链、价值链，维护产业链安全，推动产业链升级，建立完整的装备制造体

系。推进东北三省装备制造业产业链基础高级化、产业链现代化，攻克"卡脖子"技术，补工业软件短板，提高装备制造业经济质量效益和核心竞争力，扩大品牌影响力。

参考文献

1.《辽宁省 2018 年国民经济和社会发展统计公报》。
2.《吉林省 2018 年国民经济和社会发展统计公报》。
3.《黑龙江省 2018 年国民经济和社会发展统计公报》。
4.《辽宁省 2019 年国民经济和社会发展统计公报》。
5.《吉林省 2019 年国民经济和社会发展统计公报》。
6.《黑龙江省 2019 年国民经济和社会发展统计公报》。

B.5
东北三省地方财政可持续发展的对策选择[*]

郭矜 龚辉[**]

摘 要： 新冠肺炎疫情使全球多个国家受到影响，导致全球经济增速放缓、外需下滑，这对我国的经济影响不容低估，也对积极财政政策达到预期发展目标带来新挑战。短期内经济呈现明显的下行趋势，具体表现在企业经营压力加大，减产与裁员直接导致失业率提高，在宏观债务率偏高的背景下，引发实体经济下滑与金融市场收缩的自循环。短期的财政政策干预应致力于社会公平与稳定，长期应强调站在高质量发展的角度不断深化财税体制改革。

关键词： 减税降费 支出结构 专项债 财政补贴

一 2020年东北三省财政运行特征

从需求方面看，由于政府采取限制措施并干预经济社会活动，人员流动、物资流动和资金流动的萎缩而引起需求紧缩；从供给方面看，企业停工

---

* 本文是2019年度辽宁省社会科学规划基金一般项目"辽宁减税降费的效应、困境及路径选择"（L19BJY005）阶段性研究成果。

** 郭矜，经济学博士，辽宁社会科学院经济所副研究员，研究方向为财政理论与实务；龚辉，经济学博士，辽宁大学经济学院讲师，研究方向为财税理论与实务。

东北蓝皮书

减产，制造业、房地产、建筑业和金融业等短期投资基本停滞，引发生产与投资规模骤降。供给与需求方面呈现的双向明显下滑将直接导致税基下降，加之政府对受疫情影响较大的行业企业实施减税降费政策，在2020年上半年，全国各个省份及中央财政收入与往年同期相比会有明显下降，财政收入的减少和相关财政支出的增加将恶化财政收支差额。财政部数据显示，2020年上半年，我国一般公共预算收入96176亿元，同比下降10.8%；税收收入81990亿元，同比下降11.3%；非税收入14186亿元，同比下降8%。在税收收入中，增值税28770亿元，同比下降19.1%，降幅最大；全国一般公共预算支出116411亿元，同比下降5.8%，除了债务付息支出有所增加外，其他支出均不同程度地降低。

（一）受多重因素影响，财政税收增速无法实现预期目标

2020年上半年，东北三省一般预算收入总额达到2365.1亿元，其中辽宁占55.10%，吉林占22.54%，黑龙江占22.35%。截至2020年6月底，辽宁省一般公共预算收入达到1303.2亿元，同比下降9.4%，其中税收收入925.4亿元，下降12.1%；一般公共预算支出2594.1亿元，同比下降2.0%，虽然财政支出增速一直高于财政收入增速，但总体上仍为负增长；财政支出中的科学技术支出增长33%，社会保障支出和就业支出增长0.9%，卫生健康支出增长0.9%。吉林省一般公共预算收入达到533.2亿元，同比下降8.7%，其中税收收入380.9亿元，下降9.7%；一般公共预算支出1735亿元，同比下降6.1%；在所有支出项目中，与疫情防控密切相关的公共卫生支出、社会保障和就业支出、住房保障支出呈正向增长，分别增长82.8%、3.5%与22.2%。2020年上半年东北三省一般公共预算收入与支出情况如表1所示。

2020年伊始，由于受减税降费政策持续释放、企业经营效益水平降低等因素的影响，东北三省中除了吉林省一般预算收入有小幅度增长外，辽宁省与黑龙江省地方政府的一般预算收入从1月开始就呈下降态势。辽宁省内的支柱性产业如装备制造、冶金、石化税收贡献度减弱，导致全省税收收入比上年同期回落12.3个百分点，非税收入受假期等因素影响，比上年同

表1 2020年上半年东北三省一般预算收入与支出情况

单位：亿元

		1月	1~2月	1~3月	1~4月	1~5月	1~6月
辽宁	一般预算收入	319.4	460	620.9	843.3	1035.5	1303.2
	一般预算支出	453.6	764.5	1214.7	1645.4	2068.3	2594.1
吉林	一般预算收入	134.2	174.1	258.3	346.3	429.3	533.2
	一般预算支出	295.4	522.4	832.8	1115.1	1365.5	1735.0
黑龙江	一般预算收入	131.5	185.3	287.3	369.4	441	528.7
	一般预算支出	432.4	782.4	1415	1731.6	2011.6	2466.9

资料来源：辽宁省统计局网站、吉林省财政厅网站、黑龙江省统计局网站。

期回落13.7个百分点；黑龙江省2020年初受上年同期缓税入库等因素影响，全省税收收入下降13%，15个税种"6升9降"，非税收入下降38.3%；吉林省由于2019年底房地产市场交易活跃，契税增收较多，加之重点汽车产业年底实现产销逆势上扬，2020年1月吉林省税收收入同比增长2.3%，非税收入下降7.2%。

随着疫情影响逐渐扩大，地方政府一般预算收入逐月下降，加之减税降费效果初显，交通运输、餐饮与住宿行业受此影响颇深。税收方面，主体税种大幅度降低，证券交易印花税受股市行情影响也随之大幅下滑。其中，辽宁省2020年第一季度税收收入449亿元，同比下降18.9%；吉林省税收收入188.5亿元，同比下降14.5%；黑龙江省税收收入196.3亿元，同比下降29.3%。与中央财政相比，地方财政收入主要靠非税收入支撑，财政可持续性下降。

通过对比我国各个省市财政收入增速与财政支出增速，可知东北三省财政自给率仍然较低。国家统计局数据显示，2019年我国各省（区、市）财政自给率低于50%的有23个，主要集中于东北地区和西部地区，财政自给率高于50%的仅有北京、上海、浙江、江苏、山东、天津、福建和广东。东北三

省中辽宁、吉林、黑龙江的财政自给率分别为46%、28.3%和25.2%。

2020年第一季度，在我国部分省份中，东北三省整体财政收入增速负增长排名比较靠前，财政压力较大（见图1）。

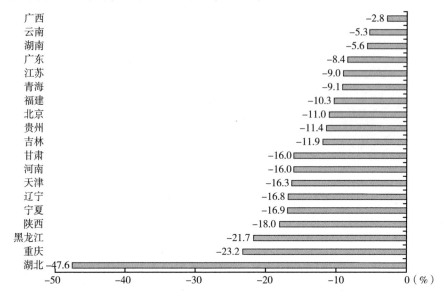

图1　2020年第一季度我国部分省份财政收入增速情况

资料来源：各省份财政厅网站。

（二）主要经济指标恢复，税收收入降幅收紧

2020年上半年，东北三省各级财政部门按照国家和省委省政府有关决策部署，深入落实减税降费政策支持企业复工复产，不断强化收支管理，努力压缩非刚性支出，运用多种手段积极应对疫情挑战。随着减税降费和助企纾困成效持续显现，市场主体受益明显，财政支出结构不断优化，重点民生支出保障有力。

从2020年第二季度开始，东北三省陆续实现财政收入降幅收紧。其中，辽宁省自4月开始，一般公共预算收入、税收收入、非税收入三项指标增速分别提高20.6个、23.6个和28.2个百分点，较第一季度有大幅度提升。1~4月民生支出占财政支出比重高达77.1%，卫生健康支出增长14.8%，与疫情防控直接相关的公共卫生支出增长 84.6%，与企业复工复产相关的商业服务业等支出增长 100%。到 2020 年 5 月底，辽宁省内大部分市收入形势开始向好，实现开年来的首次正增长，装备制造业、石化、冶金三大支柱产业的税收降幅较前 4 个月分别收紧 3.7 个、0.1 个、5 个百分点，第二产业的税收贡献度不断提高也为辽宁省下半年收入持续向好提供了保障。吉林省自 5 月开始，全省地方政府一般预算收入实现疫情以来的首次转正，主体税种随着工业企业运行良好实现较快增长，全省增值税同比增长 18.4%。为了应对疫情挑战，吉林省加大国有资产盘活力度，5 月全省国有资本产权转让收入增加 1.5 亿元，拉动税收收入增幅超出 2 个百分点。截至 5 月底，吉林省与疫情防控密切相关的公共卫生支出同比增长 90.6%，社会保障和就业、交通运输、物资储备等重点支出得到优先保障，支出进度快于全省财政支出平均水平。从县（市）情况看，39 个县（市）中有 22 个收入实现了正增长，截至 6 月底，县（市）级财政收入增幅比第一季度提高 6.6 个百分点，实现总体上的由负转正。黑龙江省自 5 月开始，一般预算收入降幅开始呈收紧态势，一般预算支出规模实现疫情扩大以来的首次正增长。

图 2、图 3、图 4 分别显示了东北三省 2020 年上半年一般预算收入与支出增速情况，结果显示，吉林省一般预算收入增幅在东北三省中位列第一。

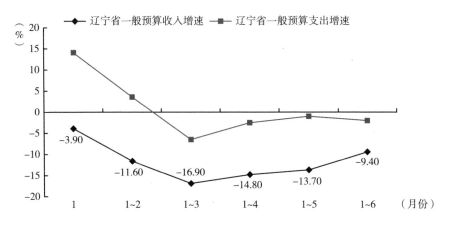

图 2　2020 上半年辽宁省一般预算收入与支出同比增速情况

资料来源：辽宁省统计局网站。

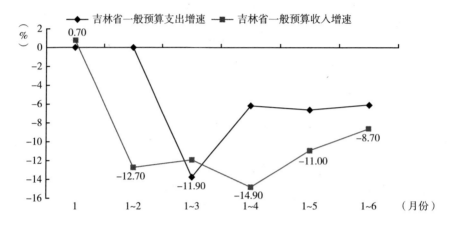

图3　2020上半年吉林省一般预算收入与支出同比增速情况

资料来源：吉林省财政厅网站。

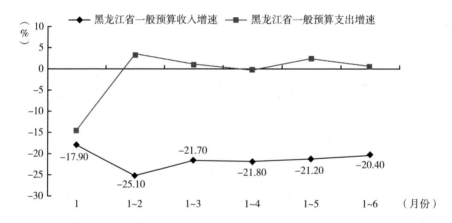

图4　2020上半年黑龙江省一般预算收入与支出同比增速情况

资料来源：黑龙江省统计局网站。

二　东北三省财政运行态势展望

随着一系列减税降费政策的落地与经济的进一步下行，传导到财政端的压力也会更加凸显。未来一段时期内，基层地方财政压力将更为严峻，财政收入降幅有所缩减，但仍在很大概率上为负增长，因"硬核"防治而引致的民生问题、"次生""衍生"灾害等将成为另一场战"疫"。目前的财政运行仍需关注短期内的减税降费与中长期的财政可持续问题，在严峻的经济环境下，要将经济发展、疫情防控与财政风险防控相结合并不容易。

（一）财政收入展望

随着积极财政政策效果的逐渐释放，财政收入降幅会不断缩减，但在短期内仍要接受收入负增长的现实。这主要是由于减税降费政策已经开展了几年，特别是2018年与2019年减税降费规模迅速扩大，政策合力进一步释放，政策滞后反映会带来更大的财政收入增长基数，加之扣除物价增长，真实的财政收入增长处于很低水平。另外，个人所得税补缴税款可能会带来税收收入的增加。对于政府性基金收入，预期不会有太大提高，这是由于房地产行业定位变化，土地出让收入难以有大幅度增长。

值得注意的是，自我国1994年分税制改革以来，全国范围内税收收入增速超过经济增速的现象已经在2013年出现转折，即税收收入增速低于经济增速已经成为常态。随着减税降费政策的实施，未来一段时期税收收入增速仍然会低于经济增速，减税效果继续显现。在中央与地方财力格局保持基本稳定的政策导向下，可以预期地方收入分配格局不会产生太大的变化，针对财政运行中可能存在的困难，中央财政仍然会通过财政转移支付的方式加以调整。

（二）财政支出展望

后疫情时代决定了地方财政支出将继续保持高于财政收入的扩张力度，"三保""六保"等均离不开财政的强有力支持，刚性增长态势难以改变。随着社会保险基金预算收入中来自财政补贴的资金越来越多，省本级一般性支出压缩空间越来越小，预计未来省本级一般性支出压缩的上限为15%，部分项目支出会有一定调整，但财政政策仍以扩张性为主，提质增效的积极财政政策仍需要坚持，地方政府财政支出仍要保持8%左右的增长幅度，以

充分体现财政政策逆周期调节需求。

在收支压力下，财政赤字扩大是不可避免的。提高财政赤字率对于规范发展政府和社会资本合作（PPP）而言十分有益，因此，国债、地方政府一般债券和专项债券都要扩大规模，突破所谓"3%警戒线"的约束，达到3.6%以上，将防范财政风险落到实处。

三　促进地方财政可持续发展的对策选择

财税政策作为社会共同体的血液，其作用更多是隐性的，但可以提供更大的宏观确定性，从而降低公共风险转化为生产、生活成本的上升。在后疫情时代这样一个特殊的时间段，应摒弃"平衡财政"概念，坚持"功能财政"概念。短期来看，在经济下行的约束条件下，应充分考虑市场出清的作用，继续坚持积极财政政策，开源节流，政策干预应致力于社会公平与稳定，适时推出针对相关行业的救助方案。中长期的对冲策略应从经济与金融稳定的角度做好防范，强调内涵式的财政政策，厘清政府与市场的关系，站在高质量发展的角度深化财税体制改革。

（一）深入推进减税降费

减税降费不仅是国务院常务会议的高频词，也是2020年《政府工作报告》的重点之一，李克强总理反复强调"要坚决把减税降费政策落到企业，留得青山，赢得未来"。降低税费有利于降低企业成本、涵养税源，促进经济长远发展。

1. 基于不断深化供给侧结构性改革的减税降费政策取向

首先，坚持普适性减税。在经济高速增长期，更适合采取结构性减税与精准减税，而在经济下行期，由于很多企业利润大幅度下滑、股价下跌，企业对成本非常敏感，承受力不足，这时若仍采取结构性减税，即使幅度较大，仍然难以弥补利润降低所带来的损失。因此，在经济下行期，应该采取以降低税率和税额为主的普适性减税，在降低企业各项成本的同时，避免税收优惠隐性化。为了更好地减轻企业资金流转压力，增值税仍是减税重点。

其次，实施税费联动改革。对于中小企业而言，融资成本是增加企业成本的主要方面，实际中税收负担远低于税外负担，实行税费联动改革，有利于降低企业综合税费负担。以社会保险缴费为例，关于社会保险缴费征管移交至税务部门这一问题就可能导致企业税降费升，加重企业综合负担，因此，未来应加大税费制度联动改革力度。

再次，充分考虑征管水平提高对减税的影响。随着技术手段的进步，我国税收征管水平显著提高，征管的强化可能带来管理性征收。因此，应在实际征管水平的约束下制订减税计划，充分考虑财政承受能力。

最后，打通减税降费落实"最后一公里"。在落实减税降费的过程中，很多政策存在不清晰的情况，未来改革应突出政策落实的法定原则，完善问责机制，确保制度稳定性和责任落实到位。同时也要注重政策的动态调整，对减税的约束条件过多过细，不仅不利于税务部门的管理，也不利于提高纳税人的积极性。

2. 落实落细增值税减税降费政策

近年来连续实施的减税降费政策，已经在很大程度上减轻了企业负担，关于增值税改革最关键的问题是简化税率，从而发挥增值税的公平优势。对于东北三省来说，增值税改革必须牢牢围绕制造业发展的中心，降低制造业基本税率，逐步将企业贷款利息支出纳入增值税进项抵扣，并放宽留抵退税条件，释放市场活力。在降低增值税税率的执行过程中，要厘清全产业链上的价格传导机制，相关部门应该对产业链上的企业定价进行监管，杜绝个别企业独赚减税红利，促进全产业链对减税红利的共享。考虑到中小企业抗压能力较弱，很多小企业对减税"无感"，新一轮减税要进一步聚焦中小企业，增值税税率建议从3%下调到1%，建立中小企业纾困基金，实施税费联动改革，扎实推动减税降费举措落地，切实增强中小企业的"获得感"。此外，还要适时缩小增值税减免优惠政策的范围。随着经济好转，逐步用"贷款利息增值税抵扣"取代现有增值税减免政策，确保增值税的公平与中性。

3. 降低企业所得税，增加国有企业利润上缴比例

现有企业所得税分档方式已经囊括了国家对重点行业扶持的税收优惠政策，因此，再次降低企业所得税税率应该对所有产业链中企业的所有档税率同时下调，避免再次分档扭曲产业结构激励。建议所有档企业所得税税率下调20%，那么一般企业所得税税率就由25%降至20%；税务部门依照产业实际发展情况，适当扩大适用延长亏损结转年限政策的企业范围；对疫情中参与捐赠的企业给予所得税抵扣，不受目前企业所得税税前利润限额的约束；企业的社保、医疗、养老缴费率在原有基础上可适当降低1%～2%；纳税申报可以适时延期，开放企业税费减缓的绿色通道；同时，提高国有企业利润上缴比例用于改善民生，避免经济下行背景下地方政府出现"乱收费"等行为。

4. 密切关注减税降费对基层财政的影响

经济下行背景下的减税降费势必会给基层财政带来增收减支的压力，这就要求相关部门不断强化对减税降费政策的效果评估与绩效评价，协调好完成税收预算、加强征管与落实减税降费的关系。

首先，基层财政支出总量要实现内涵式的扩大而非外延式的扩张。在坚持零基预算理念的前提下不断优化财政支出结构，除刚性和重点支出外，一般性支出与三公经费要严格缩减，努力做到盘活存量、用好增量，提高财政资金的有效性。建立对教育、医疗、养老、社保等民生支出的安全预测，为避免挤压其他民生和稳增长支出，不必坚持国内通行的3%赤字率底线，注重政策的针对性和可持续性，集中财力保障中央重大决策部署落地。

其次，提高财政支出的确定性。对于基层政府来说，提高财政支出的确定性可以有效提升财政效能，县级政府承担着主要的财政支出责任，但县级政府的财政支出高度依赖上级转移支付，自有收入不足三成，上级转移支付下达欠及时导致县级财政预算的统筹性较差，不利于基层政府实现有效的公共服务供给。为了更好地发挥"规模效应"，进一步优化中央与省级财政转移支付结构，财政可以设置以"六保"为目标的特别预算，用来提高未指定用途的一般性转移支付资金占比，并向省内的贫困县区倾斜，对冲基层支出压力。为了强化预算监督，转移支付制度要以支出绩效为导向，构建"自下而上"与"自上而下"相结合的资金考核制度。省级财政对于县级"三保"风险预警线实施动态监控与调整，确保"一县一策""一地一案"，强化库款调度，对困难地区予以适当资金支持。

（二）运用财税政策激发消费潜能

这次疫情复工时间长，导致居民平均可支配收入大幅度降低，在很大程度上影响了居民的消费能力与消费信心。虽然理论上居民消费具有较大的弹性，但反弹力度通常达不到预期水平，加之疫情导致居民对风险的预防性动机增强，储蓄增加，导致消费愈加萎缩。有效的经济增长意味着生产与消费同步增加，复工复产若不能解决消费问题，将带来新一轮的产能过剩，因此，地方财政收支政策应将刺激消费作为推动地区经济发展的着力点。2019年的个人所得税改革主要是通过上调起征点、增加专项附加扣除、拓宽低税率税档优化了个人所得税结构，未来一段时期可以考虑用持续的减税来激发消费能力。在个人所得税起征点方面，加大对中高收入群体的减税力度，将起征点提高到 6000 元/月，在保持个税税率级距不变的情况下分级降低各税档预扣率，降低范围可在 1%～5%。为了补贴低收入就业人群，促进内需回补，可以采取消费券补贴的方式弥补由疫情影响导致的收入下滑，从而增强低收入群体的消费能力。与此同时，对于省级财政而言，若能够阶段性暂缓执行养老金等民生提标、暂缓财政供养人员涨工资津贴等政策措施，也可以在一定程度上减轻地方政府的财政压力。

（三）加快落实专项债向"新基建"领域的投放进度

首先，加快专项债的发行进度。随着财政政策的进一步发力，基建将是"国内大循坏"的重要支撑，有望引领经济复苏，形成新发展格局。过去几年专项债的主要投向是土地储备与棚户区改造，基建占比不足 30%，加之受疫情影响，专项债对基建领域的资金投放进度更为放缓。未来应加快落实地方债向"新基建"领域的投放力度，尤其是对人口净流入地区应

提前做好基建项目储备。所谓"新基建"并不是重走老路导致能源浪费的基础设施建设,而是在传统基建基础上的诸如5G、工业互联网、医疗教育、人工智能、数字经济等方面的新领域基建,只有创新型产业才可以培育新的经济增长点。与之相配合的货币政策应更加注重结构性调整,增加降准次数并提前降准时间,提高资金的市场流动性,给予特殊时期还本付息延期支持。

其次,探索多渠道的融资方式。疫情冲击下的减税降费势必会给财政带来增收减支的压力,而基本建设支出对稳定经济也十分重要,因此,应该探索多渠道的融资方式,规范并推动PPP,避免基建导致地方政府结构性失衡。在扩大基础建设投资的过程中,应鼓励更活跃的市场主体——"民营经济"参与到公共投资项目中来,以便充分发挥市场力量,提高资金使用效率,提升公共服务品质。

(四)升级债务管理方式

自2018年实施第三轮积极财政政策以来,地方政府债务面临"约束+激励"的多难选择,使地方产生了新三大压力:大幅度降税减费加剧了脆弱的地方财政收支矛盾,各项民生提标增速对公共预算体系形成挑战,对地方政府债务防范过度引发"堰塞湖"现象,可见地方政府债务是实现稳增长、惠民生、防风险的目标函数,而非约束条件。在后疫情时代,亟须打造地方政府债务管理升级版。首先,适当降低地方政府债务风险监控约束,缓解一定时期内的资金流动性不足压力。其次,克服地方债管理的顺周期现象,优化地方债结构,加大一般性债务向困难地区的倾斜力度。最后,推广建制县化解地方政府隐性债务试点经验,严格控制隐性债务。2019年末,监管部门推出债券置换隐性债务的试点方案改革,其中辽宁的部分县被纳入试点,明确纳入试点后的县可发行地方政府债券(省代发)置换部分隐性债务,这份超预期的"礼物"一旦被正式推广成功,就可以推动城市利差不断缩小,降低隐形债务成本,进而从根本上改变当前进退维谷的信用债市场。

（五）建立财政事前、事后防控保障机制

由于种种因素，中央与地方财政一直按照较低的比例（不超过2%）提取预备费，明显低于世界上大多数国家水平，导致应急财政资金总体上准备不足。考虑到防范不确定性而引致的风险是财政的重要职责，而现有的财政应急体系大都构建在一般公共品之上，在面对难以预知、不确定的特殊公共品体系内仍是空白，因此，应适时建立财政专项公共卫生健康疫情"救扶资金"，专门用于疫情事前和事后防控工作的各项支出。各级政府预算要进一步强化建立公共卫生健康领域专项预备支出和财政预备费，地方按3%的比例足额提取预备，必要时可提高到5%。当年预备费结余自动滚动下一年度累积使用，在第一时间确保疫情防控各项工作的顺利开展，以减轻过度依赖疫情防控的事中、事后财政支出。此外，还应拓宽应急财政资金筹集渠道，将社会资金纳入财政应急资金框架，建立符合省情的巨灾保险范畴，实现重大灾害风险的社会分摊机制。

参考文献

1. 张德勇：《健全我国地方税体系的现实选择》，《税务研究》2018年第4期。
2. 杜彤伟、张屹山、杨成荣：《财政纵向失衡、转移支付与地方财政可持续性》《财贸经济》2019年第11期。
3. 杨志勇：《应对疫情：积极财政政策如何更有效》，《财政科学》2020年第4期。
4. 冯俏彬：《新冠疫情折射下的我国应急财政管理制度》，《财政科学》2020年第4期。
5. 谢伏瞻：《2020年中国经济形势分析与预测》，社会科学文献出版社，2020。
6. 寇明风：《国家治理视角下的基层财政解困》，《地方财政研究》2019年第11期。

B.6
东北三省民营经济发展问题研究

刘佳杰[*]

摘　要： 2020 年以来，面对突如其来的新冠肺炎疫情，东北三省在各级政府的有力领导下，适时推出各种举措，稳步推进疫情防控及复工复产，确保民营经济生产有序恢复。尽管受疫情影响较大，截至目前，东北三省民营经济指标有所下降，但仍在可控区间之内。受疫情不确定性因素影响，东北三省民营经济发展面临更大挑战；除需继续提升原有发展过程中存在的总量不足、层次不高外，疫情防控阶段，重点解决民营企业的运营及资金流问题，并以此提出相应的对策建议。

关键词： 民营经济　民营企业　复工复产　东北三省

一直以来，随着市场机制的不断健全与完善，东北三省民营经济蓬勃成长，已经成为国民经济的重要组成部分。2020 年伊始，突如其来的新冠肺炎疫情对我国经济社会发展造成巨大冲击，许多市场主体面临前所未有的租金成本、人力资源、市场需求等压力，东北民营经济主要经济运行指标也均有所下降。广大民营企业是东北三省经济的力量载体，保市场主体就是保东北三省的社会生产力。在东北三省各级政府的坚强领导下，各地各部门统筹同步推进疫情防控及复工复产，扶危助困，不断激发市场活力，保障市场主

---

[*] 刘佳杰，辽宁社会科学院经济研究所研究员，研究方向为公共经济。

体快速增容，使东北三省民营企业不仅正常生存，更借此转型升级，为东北三省高质量发展积蓄市场力量与储备。

一　东北三省民营经济发展现状

民营经济是保障东北三省经济发展、社会稳定、吸纳就业的重要力量，是构成国民经济的重要组成部分。面对国内外风险挑战明显增多的复杂局面，尤其是新冠肺炎疫情发生以来，在地方各级党委和政府领导下，东北三省民营企业一手抓防控，一手抓生产，不断破解发展难题，努力克服疫情带来的冲击及影响，齐心协力，共克时艰。

（一）市场主体稳步增长

近几年，受政策利好影响，东北三省民营经济取得长足发展，增加值与总产值基本保持连年增长态势。截至 2019 年，辽宁、吉林民营经济增加值占全省地区生产总值的比重分别达到 67.0%、52.1%，民营经济总量规模持续增长。

2020 年上半年，辽宁省民营经济持续向好。尽管第一季度受到疫情影响，私营企业增加值占规上工业的 18.7%，民间投资占辽宁省固定资产投资的 71.1%。从第二季度开始，受全国生产需求持续回暖影响，辽宁全省新增市场主体 27.5 万户，民营经济发展利好态势日趋明显。第二季度数据显示，辽宁新增市场主体占全部主体的 98%，日均增长 1688 户；规上私人控股工业企业呈现了强劲发展势头，以高于全省 9.1 个百分点的增幅领跑全省规上工业企业；全省规上工业私营企业利润总额同比增长 40%，企业主要运营指标保持平稳，利润增速大幅回升。以沈阳东管集团为代表的民营企业逆市上扬，抢抓疫情催生的市场机遇，产能继续扩大，充分展示辽沈地区民营企业的竞争力与生命力。

民营经济已稳居吉林省经济总量的半壁江山，贡献了超过一半的税收和地区生产总值。截至 2019 年，吉林省市场主体总数达到 243.4 万户，是吉

林振兴发展的大梁。新冠肺炎疫情暴发以来，吉林省各级政府千方百计保护市场主体，为经济发展积蓄力量，为市场主体注入能量。截至2020年7月，吉林省累计新登记市场主体5.74万户，同比增长26.07%，经济细胞活力不断汇聚，增速稳居全国前列。

黑龙江省以积蓄经济发展基本力量促进民营经济发展壮大。受疫情的冲击影响，2020年第一季度，黑龙江省新登记市场主体同比下降，全省新登记市场主体5.6万户。从第二季度开始市场主体止跌回升，全省市场主体达到254.97万户，同比增长9.1%；企业、个体工商户、农民专业合作社分别占市场主体总量的20.0%、76.2%、3.8%，基本恢复至疫情前的状态。这些微观市场主体为黑龙江省经济回暖提供了有力的物质支撑。

（二）创新能力不断提升

创新是引领发展的第一动力。自实行东北老工业基地振兴战略以来，东北三省民营经济的发展壮大与民营企业的自主创新密不可分，通过产业升级与转型提升竞争力已经成为东北民营企业的唯一选择。为实现关键核心技术自主可控，东北民营企业审时度势，不断增强自主创新能力和实力，以实现关键核心技术自主可控为目标，积极布局新兴产业，专注于技术创新，创造"中国速度"。

新区建设取得重大突破。2020年，东北三省依托长春新区、哈尔滨新区的数据集成、数据融合、数据共享等全栈大数据核心技术，持续构建和迭代以大数据治理为核心的智能技术和产品，打造技术创新、人才培养及业务融合的多主体协同创新路径。广大民营企业是这一路径最活跃的主体，通过激发创新活力，让更多的成果从实验室走入生产车间，迎来良好产业化前景。仅在2019年，哈尔滨新区江北一体发展区的战略性新兴产业和高技术产业增加值分别增长14%和12%以上，通过新一代信息技术与工业技术的创新与融合，有效带动上下游产业形成规模产值。长春新区通过搭建科技企业孵化器44个，培育高新技术企业256户，专注创造高精尖产品，涌现177户"小而美"的创新型科技企业，汽车制造、生物医药、航空通信等行业日渐呈现智能化、轻资产发展的新趋势，吉林一号卫星、吉弯一号芯片等一批重大科技成果面世。鉴于长春新区双创示范基地成效明显，作为全国四个、东北三省唯一的典型案例，长春新区在全国 19 家新区中脱颖而出，经验做法在全国推广。

以创新带动产业升级转型。面对国内外需求下降及成本上升的双向挤压，东北三省民营企业审时度势，主动适应外部市场环境变化，以技术改造和进步为突破口，通过产业转型升级提升经济附加值水平。辽宁沈阳国际软件园、锦州创新创业孵化基地、盘锦科技孵化器中小微企业创业基地把信息化、新兴制造业、新兴服务业作为新旧动能转化重大工程的特色实践，不断加大产业整合力度。在创新引领下，沈阳海默数控机床有限公司成为北方唯一一家高科技精密磨床制造商，企业研发及制造水平走在国际先列；沈阳新松机器人以装备制造、新能源为主导产业，已成为国内规模最大、最具影响力的装备制造集团；锦州神工股份成功在科创板上市。2020 年上半年，辽宁省民营高新技术企业总计 4900 户，同比增长 45%；科技型中小企业 9131 户，同比增长 50%，民营企业技术创新成为助力辽宁产业转型升级的重要推手。吉林省碳纤维、玄武岩纤维等一批新材料实现规模化生产，重通成飞、华阳、法德龙等专注于各自领域的研发与创新，抓住产业优势，弥补链条短板，助力行业转型升级。长春汽车电子产业园依托一汽地域优势，以信息化涵盖研发、生产、流通等领域，专注汽车电子产业孵化，不断突破发展瓶颈，新冠肺炎疫情下无惧关键零部件"断供"风险，初步实现"国内最先进汽车电子产业园区"发展目标。哈尔滨科能熔敷科技有限公司通过多年发展积累和技术升级迭代，已实现机器人技术与熔敷工艺的完美融合，在6 自由度机器人手臂应用程序等核心技术加持下，2020 年上半年，技术上可以充分实现行业的技术升级改造。

（三）外贸出口逆势上涨

新冠肺炎疫情暴发以来，尽管外商投资及外贸发展严重受挫，但在举国上下稳外资外贸的政策加持及广大市场主体的不懈努力下，东北民营企业顶

住"有订单没人做"的国内压力,进出口逆势增长,在外贸稳增长中发挥了重要作用。在疫情的不断冲击下,第一季度东北三省民营企业主要受生产影响,第二季度主要面临出口压力。广大民营企业依靠经营机制的灵活性及创新性,及时改变传统贸易模式,推进适销对路出口产品转内销,努力降低疫情带来的损失,切实稳住外资外贸基本盘。

2020年上半年,辽宁民营企业的进出口总值、增速与占比均呈上升态势。第一季度,辽宁民营经济贸易进出口增长20.3%;第二季度,在顶住外贸下行压力的前提下,辽宁民营企业进出口总值1302.8亿元,增长15.5%,占全省总额的39.9%,比上年同期提升7.2个百分点,是辽宁外贸发展的生力军。黑龙江省民营企业成为全省的出口增长动力,针对俄罗斯等国家采取视频认证、线上签约等方式助力民营企业便利通关,有效促进外贸企业增订单、防风险。仅在2020年第一季度,黑龙江省民营企业出口总额同比增长5.8%,占全省出口总额的70.7%,高于全省出口增速16.2个百分点,出口长期向好的根本趋势未变。

(四)营商环境继续优化

党的十八大以来,我国开始着力打造优质营商环境,由上及下深化"放管服"改革,让市场在资源配置中起决定性作用。东北三省各级党委政府不断审视政府与市场的定位,继续构建亲清新型营商环境,为民营经济发展保驾护航。

进一步打造优质营商环境。东北三省将优化营商环境作为高质量发展的重要抓手,深化营商环境领域改革,不断提升治理能力、完善治理体系,积极解决民营企业面临的问题,支持民营企业发展。2020年以来,辽宁省在原有优惠政策基础上进一步加大简政放权力度,办理3万余笔告知承诺审批,审批8万余笔优化准入服务,帮助企业解决实际困难,推动利企政策真正落地。吉林省着重营造便捷高效的准入环境,开发"e窗通"系统,通过压缩时限、压减环节、放宽条件、优化服务等手段,"审批不见面""办事不求人"成为在吉林办理业务的新常态。黑龙江省出台包含15条措施的

《黑龙江省 2020 年持续优化营商环境重点任务实施方案》，涉及众多行业领域，基于黑龙江省实际，全力激发市场主体活力，最大限度保证市场主体增容，壮大生产力，为市场主体开辟市场空间。在立足监督职能、破解营商环境顽疾的同时，推进"证照分离"改革实现全覆盖。

推进减税降费。疫情暴发后，东北三省各级政府为推进民营企业复工复产复市，持续推进准入准营便利化改革，营造更加公平有序的市场环境，最大限度减少对市场主体经营的干扰，强化减税降费，为企业纾困解难。辽宁出台《辽宁省应对新型冠状病毒感染的肺炎疫情支持中小企业生产经营若干政策措施》，为 3 万余户个体工商户减免房租超 1.5 亿元，为近 6000 家道路运营业户减免服务费约 700 万元，助力民营企业复工复产。在政策红利的滋养下，辽宁部分民营企业享受增值税改革惠企、新增减税降费政策，在疫情伊始订单饱满、轻装上阵，规避部分风险，保持了部分市场活力。吉林省推进《关于进一步推动实体经济降本减负的若干政策措施》的迅速落实，从税收优惠、收费减免等方面释放减税降费红利，为民营企业纾困解难。黑龙江省围绕减免企业房租为民营企业减负，出台《关于应对新冠肺炎疫情进一步帮扶服务业中小微企业和个体工商户缓解房屋租金压力的具体措施》，在加大减免租金力度的同时，推出县级政府对民营企业给予租房财政帮扶、维护租房市场稳定，银行等各类机构要增加民营企业优惠利率小额贷款投放、续贷帮扶等硬核举措，为企业降低成本、节约开支，减税降费的精准性和政策便利性让民营企业轻装上阵。截至 2020 年上半年，黑龙江省为个体工商户减免房屋租金 3.2 亿元，有效应对了疫情影响。

（五）复商复市稳步推进

受疫情影响，第一季度东北三省经济增长按下"暂停键"。科学有序推进生产生活资料市场复商复市对保障各地原材料供应、满足市场及生活供给、恢复经济社会发展秩序具有重要作用。针对受疫情影响最大的民企，东北三省各级政府积极采取各种有效措施激活实体经济，支持企业稳定经营。

辽宁省瞄准"产业链"，争分夺秒推动 50 家上游供应商复产，为东软

医疗打造生产、物流、无接触全套配送链条，引导丹东实发、东港金亿纶等企业转产熔喷布，为丹东天皓、宏大针织等口罩生产企业供货，形成优势互补、供给互相配套态势；引导生产职业装和户外服装企业生产压条，为大连新新、丹东华洋等防护服企业配套，有力有序推动辽宁省农业科学院、大连富安等消杀设备生产企业联合协作，形成多个联合生产链条，推动全产业链联动复工。对接资金链，辽宁省推动投放贷款100亿元的"百亿送贷行动提质年"行动，重点加大对疫情防控重点保障企业资金支持力度。2020年第一季度实现投放贷款31.23亿元，惠及市场主体13655户，至4月上旬，辽宁省个体工商户总体复工复产率达到84.40%。吉林省为支持民营企业复工复产，《关于阶段性减免企业社会保险费的实施意见》等细化了阶段性"免、减、缓、返、降"政策，针对复工复产过程中的堵点和难点，拟定有针对性的解决措施，突出变通性和实效性。黑龙江省出台支持个体工商户恢复营业持续发展18条措施，联动相关责任单位做好政策落地，积极推进民营企业复工复市复产，保障国民经济延续复苏态势。开辟线上个体工商户复工复产服务专区"直通车"，着力协调解决个体工商户房租减免、融资贷款各类问题，推进市场主体有序复工。到2020年7月3日，黑龙江省个体工商户复业率已达到86.81%，交通运输业、零售业、修理业复工率最高，随着负面清单管控政策陆续调整放开，其他行业复工范围将会进一步增大。

二 东北三省民营经济存在的问题

突如其来的新冠肺炎疫情成为影响全球经济波动的"黑天鹅"，给实体经济发展带来无法估量的严重后果。对东北三省民营经济而言，民企本就是发展短板，疫情的冲击使部分行业企业基本"颗粒无收"，损失惨重。

（一）总体实力落后

民营经济是东北三省经济发展的重要支撑，充分发挥其重要作用是促进高质量发展、推进技术创新、维护社会稳定的现实需要。地区发展经验表明，越是经济发达省份，民营经济越发达。目前，我国民营经济增加值占GDP比重已超过60%，与南方发达省份相比，东北三省民营经济无论在总量、所占比重还是企业规模、营业收入方面均差距明显。由于缺乏指标最新数据支撑，每年的民营企业500强评比在一定程度上也能成为衡量区域民营经济发展的重要参考，2019年度的上榜门槛为140亿元。根据2019年全国民营企业500强的评比结果，辽宁上榜11家，吉林入选2家，黑龙江仅1家，东北三省合计仅占全国的2.8%。从全国省份排名看，浙江92家企业入围，占总量的18.4%；其后依次分别为江苏（83家）、山东（61家）、广东（60家）。以节能环保、新兴信息产业、生物产业、新能源、新能源汽车、高端装备制造业和新材料为主的新兴产业入围企业为238家，占比近一半，东北三省无一企业入围；传统行业中，房地产以68家占比最高，仅大连万达集团股份有限公司一家入围。这也从侧面反映了东北三省民营企业仍以钢铁、原材料、装备制造等传统劳动密集型产业为主，对自然资源依赖性过强、产业链配套价值不高、附加值不足，而且更容易受制于能源结构调整、环保测评影响。目前，东北三省新能源、半导体开发、生物医药等新兴产业对主导产业支撑力有限，整体发展层次始终不高；对比浙江省，2019年数字经济核心产业增加值已占GDP比重的10%。

（二）创新能力有限

东北三省民营企业自主创新障碍源自多方因素。就自身而言，多数企业更倾向于扩大市场份额，提升经济效益，缺乏主动研发意识与长远的战略意识。从全国范围来看，民营企业3/4以上的创新经费均来自企业自有资金。研发就意味着增加成本，而创新及成果转化时间较长、市场竞争激烈，企业研发投入必然低于占销售收入5%的国际标准，多数企业宁愿模仿或直接受制于下游产业，企业后劲明显不足。同时，由于没有建立推动创新的风险分担机制及长效机制，民营企业的创新风险及研发经费对本就规模有限的企业而言更是雪上加霜。银行对民营企业的贷款需求日趋谨慎，民营企业的资质与抵押物难以契合银行审批与抵押条件，规模小、投资回报率较高的民营企

业技术创新融资困难始终难以解决。

从体制机制上看，政府对民营企业的研发扶持力度明显不足。在企业扩张到一定规模后，只有通过技术创新才能提升市场竞争力，才能顺利实现产业升级。少数民营企业在完成技术创新之后难以迅速实现成果转化，优惠政策与成果转化仍然"隔靴搔痒"，技术人员的积极性难以调动发挥。同时，东北三省民营企业科技成果转化仍然没有走出行政化干预的范畴。在政府牵线搭桥下，政府参与的科技成果转化依然由政府主导，企业没有专利权，无法实现真正的技术需求，只专注于完成政府硬性指标；而复杂的审批过程最终难以向民营企业专业转移创新专利，时效性与产出比无法体现。最终民营企业的研发要么受制于政府主导，无法顾及企业需求；要么受制于融资，成本受益受损。

（三）疫情影响经济

新冠肺炎疫情对东北民营企业的影响不是好坏、快慢问题，而是生死存亡的考验。尽管历史经验显示疫情冲击不会改变经济向好的长期趋势，但东北民营企业增长活力一直受到抑制，处于经济下行期又遭遇新冠肺炎疫情，这对本小利微的民营企业而言更是雪上加霜，民营企业成为东北三省国民经济中最为薄弱的一环。

新冠肺炎疫情对东北三省民营企业的运营资金带来深远影响。2020年春节之后，东北三省民营企业响应国家号召无法进行正常生产、经营、销售，仍要如期支付租金、工资、贷款等开支，还要承接原材料及订单等各类损失。疫情对批零、餐饮、住宿、娱乐等服务行业的冲击最为直接，行业性质又决定了资金周转较快；疫情导致部分行业现金流断链，很少有企业现金流能维持在4个月以上。从金融机构看，疫情导致公司类客户贷款质量预计不良率猛增，企业丢单导致贷款投放难度进一步加大，各类垫款明显增加。由于海外疫情尤不可测且对国内贸易的影响进一步增强，金融机构在规避风险与落实抗疫政策上面临双重挤压，特别是中小金融机构，资产质量面临进一步承压的境地。维度统计产业发展中心2020年4月中旬的数据显示，营收减少的企业达到 67.69%，21.61% 的企业无法还贷，现金流是压垮民营企业的最后一根稻草。

疫情给东北三省民营企业就业带来巨大压力。对民营企业而言，稳企业与稳就业从来都是互不分割的有机整体，稳就业就是稳企业。疫情发生后，受经营困难与资金紧张影响，近一半的企业有裁员意向。延迟复工要求下，农民延期返工、毕业生就业饱和与市场主体用人需求明显下降交织在一起，东北三省就业压力可想而知。

疫情阻碍企业扩大规模。疫情已给企业带来市场需求的严重萎缩。来自 2020 年第一季度的数据显示，受国内出货不足及世卫组织定位疫情为突发公共卫生事件影响，国内同期发货量仅为上年同期的 1/4，海外订单同比下降七成以上。由于外需仍是东北三省经济增长的重要动力，疫情带来的外需下滑必然影响民营企业的订单数量。同时，在行业价值链中，上游复工率低带来的原材料短缺直接影响下游销售压力，上下游企业的冲击又传导到企业的采购、运输、生产及销售链条上，疫情给企业经营带来了一系列连锁反应。

三 东北三省民营经济面临的挑战与机遇

新冠肺炎疫情的暴发及蔓延导致世界经济进入百年不遇的衰退期，其破坏程度及影响力已远超出 20 世纪 30 年代的大萧条及 2008 年的国际金融危机。鉴于当前疫情发展与影响的持续，多个国际组织纷纷下调经济增长预期，当前全球经济已陷入大衰退风险。对东北三省民营企业而言，挑战与机遇并存。

（一）东北三省民营经济面临的挑战

受全球化因素影响，海外疫情走势直接影响东北三省经济走势。目前，新冠肺炎疫情在全球范围内仍呈扩散态势。以美洲为主的新冠肺炎疫情确诊病例不断累积，单日确诊新增病例不断刷新，国内外局部不排除疫情再次暴发的可能。为阻止疫情扩散，主要经济体纷纷采取自保的管控模式，世界范

围内的经济停摆将对全球经济产生系统性影响。在全球化日趋明朗的当下，如果疫情无法得到缓解，世界性的低增长、高债务将伴随疫情的蔓延形成全球性传递链条，东北三省难以独善其身。

从国内看，刺激政策的修复还有不确定性。尽管央行出台了一揽子财政货币逆周期政策，但从落地实效看，不少企业反映主要困难还需依赖信贷资金解决，而信贷资金能否真正与民企对接还具有不确定性。同时，作为世界第二大经济体，我国国内民营企业产业链与国际市场高度融合，产业链及供应链的断裂将通过进出口渠道对东北民营企业造成回波冲击，原材料无法供应、海外订单取消会使民营企业失去增长动力。在此情况下，我国依然面临外部防控风险，金融市场动荡与价格大幅波动使经济增长充满不确定性，这成为就业压力依然较大的重要原因。

（二）东北三省民营经济面临的机遇

从 2020 年上半年的防控效果看，中国经济虽然受到疫情的冲击，主要经济指标均有所下降，但总体经受住疫情的冲击，仍在可控区域内，中国经济长期向好的基本面保持不变。特别是 4 月以来，伴随陆续推进复工复产，疫情影响缓慢退去，部分行业开始出现补偿性反弹；东北三省主要经济数据开始企稳止跌，向好趋势日趋明显。作为传统的工业大省，东北拥有全套工业门类，产业配套能力强；即使短期内某一环节出现问题，完备的工业体系也可以及时找到替代品，保障产业链运转。抗疫关键时刻，中央以扩大内需为战略基点，把"六稳""六保"作为稳住经济基本盘的着力点；东北三省各级党委政府实现全面振兴全方位振兴的内生动力没有变，营商环境进一步优化，体制机制障碍得到有效化解。在全国一盘棋的格局下，充分发挥制度、体制优势可以集中力量办大事，宏观调控的组合拳政策效果已陆续显现。对东北三省民营企业而言，新冠肺炎既是一场挑战，更是重构行业、加速转型升级的契机。疫情会加速企业洗牌，只有加速技术创新、修炼内功才能提升企业经济效益；同时，企业可以充分抓住后疫情时代的政策优势加快达产达能，不断提升营收和盈利水平。

四 促进东北民营经济发展壮大的对策建议

当前，我国处于经济增速换挡、新旧动能转换阶段，新冠肺炎疫情无异于一场大考，既考验了政府的执政能力和应变水平，又对我国结构调整与转型升级提出了新要求。对东北三省而言，应借助新冠肺炎疫情化危为机，加强内功，切实提高民营经济的发展质量。

（一）壮大民营经济实力

民营经济是推动老工业基地高质量发展的重要力量，东北三省各级政府要认真审视东北民营经济核心竞争力弱、质量发展较低等一系列问题，全面提升民营经济发展水平。民营企业生存力提高的核心就在于提高市场竞争力，要练好看家本领，坚持以市场为导向，汲取国内外先进技术，不断技术革新。着眼于国内外市场、国家产业布局和区域比较优势，依托各地支柱产业，做大做强产业集群，做长产业链条，发展壮大自主研发力强的民营企业集团，引导区域内企业间的产品配套及专业化协作。准确把握东北三省民营企业转型发展方向，加快民营企业转型升级，提质增效，重点围绕新能源、新材料、电子商务、现代物流等新兴产业，补齐短板，提高产品附加值。积极融入"一带一路"，主动参与全球供应链、产业链，打造民营经济开放新高地。民营企业要立足国际，依托空间发展布局探索"互联网＋外贸＋产业链"的外贸模式，打破东北亚区域视角，创新贸易多元化格局。紧紧把握第四次工业革命的机遇，将自主创新与对外开放紧密结合，提高"走出去"的核心竞争力，打造增长新动力。主动适应新冠肺炎疫情带来的经济新业态，保持战略定力，依托完整的东北制造体系沉淀完整灵活的供应链，以智能制造为民营经济升级注入强大新动能。要化危为机，注重观念、产品、技术的更迭，主动适应新经济新业态，完成转型升级的时代重任。

（二）构建多元化创新投入体系

紧抓新一轮科技革命的历史机遇，把创新驱动摆在突出位置，以技术创新带动资源配置及市场创新，不断增强民营企业内生发展动力。充分发挥金融服务功能，为民营企业自主创新开辟专门融资渠道，对有发展潜力和创新意向的民营企业适当倾斜，鼓励各类金融机构组建风投公司，以市场化模式认定技术创新成果转化项目收益并给予适当减免优惠。支持符合条件的民营企业上市，放宽创业板市场对民营企业的接纳条件，促进金融与资本的有机结合，多渠道解决民营企业融资难、融资贵的困境。推进产学研深度融合，依托东北三省科研院所及高校众多优势开展战略合作，促进产学研合作，搭建各类创新平台，促进创新成果转化。加大对民营企业自主创新的扶持与奖励力度。设置年度民营企业研发项目，以市场化方式运作，并以项目为纽带吸引社会资本参与科技创新。

（三）持续优化营商环境

以"壮士断腕，刀刃向内"的勇气优化营商环境。促进老工业基地高质量发展，提升民营经济发展质量，取得疫情的最终胜利离不开民营企业、民营企业家的艰苦努力与付出。营商环境建设是一个系统工程，把优化营商环境作为一项政治任务来抓，全面加强政策保障，厘清市场与政府的界限，持续深化放管服改革，构建亲清正清的政商关系，彻底打破"隐形门""旋转门"的禁锢，做到"保姆式"服务，全力以赴支持民营企业发展壮大。优化政务环境，树立为企业服务的服务理念，全面打造企业公平竞争的市场环境，降低民营企业准入门槛，改进机关工作作风，提高政府契约精神，全面提升东北三省地区治理能力与治理体系。抓好政务一体化平台和大数据中心建设进度，对照问题清单逐一拿出整改措施，实现"一网通办"全覆盖，推广"互联网＋"服务，精简同质化流程，助力市场主体纾困发展、释放活力。

（四）多措并举共克时艰

科学评估疫情对东北三省带来的影响，深刻把握后疫情时代的市场及产业变化，结合地区实际，顺势而为，为产业提升、供应链优化、要素聚集等积累优势。落实各级政府大规模减税减负举措，切实减轻企业税费负担，建立完善监督制度，畅通减税降负传导机制，真正降低企业费用。既保障重点领域、涉及民本的行业不掉队，又确保对小微企业扶助政策的时效性，民营企业是东北三省的民生之基。建立健全企业、供应商、员工、客户等的信息沟通机制，妥善处理企业受疫情影响带来的履约法律关系、员工劳动关系，确保企业正常发展。民营企业也要开源节流、确保现金流，充分利用特殊时期的各种政策与员工的齐心协力，提高市场占有率，最大限度减轻疫情带来的冲击。

参考文献

1. 彭建国：《疫情之下中国经济走势与企业发展对策》，《中国发展观察》2020 年第 4 期。
2. 卢仙华：《新冠疫情下减税降费政策对中小企业税负的影响》，《黑龙江生态工程职业学院学报》2020 年第 7 期。
3. 刘书明、郭姣：《中国宏观税负区域差异变化趋势与影响因素分析》，《统计与决策》2018 年第 18 期。
4. 《数量新增 27.5 万户 上半年辽宁民营经济持续向好》，《辽宁日报》2020 年 8 月 3 日。

B.7
东北三省国家级城市群优化发展对策研究

李 平*

摘　要：　随着我国新型城镇化进程的不断推进，城市群的发展模式已经成为区域经济发展的重要支撑，也是实现区域在更大范围内参与分工与竞争的重要空间组织形式。本报告以东北三省的两个国家级城市群，即哈长城市群和辽中南城市群作为研究区域，客观分析两大城市群的发展现状，总结梳理两大城市群发展过程中依然面临城市间合作深度不够、核心城市辐射带动作用不强、产业分工有待明确、城市间互联互通有待加强等问题，在此基础上提出东北三省国家级城市群优化发展的对策建议：建立健全城市群合作机制，统筹促进协调发展；优化城市群空间格局，完善国家级城市群发展体系；构建合理的产业分工体系，实现产业的错位发展；完善城市群基础设施，促进区域经济一体化发展。

关键词：　哈长城市群　辽中南城市群　核心城市　新型城镇化

随着我国新型城镇化进程的不断推进，城市群的发展模式已经成为区域

---

* 李平，理学博士，吉林省社会科学院城市发展研究所助理研究员，研究方向为城市发展与产业经济。

经济发展的重要支撑，也是实现区域在更大范围内参与分工与竞争的重要空间组织形式。早在 2015 年，党中央、国务院就将新型城镇化和城市群列入国家的重要发展战略，在《国家"十三五"规划纲要》中也明确提出，要将城市群的发展作为中国推进城镇化的主体形态，加快城市群建设发展，重点建设 19 个城市群。按照规划中对城市群的分类，东北三省的辽中南城市群和哈长城市群均是处于发展期的城市群，这类城市群的一般特征是经济发展增速较快，且处于工业化的中期，但是城市群内部的一体化程度不高，正处于经济协调发展以及一体化发展的形成过程中，未来的发展潜力较大。2018 年 11 月，中共中央、国务院明确提出要以城市群推动国家重大区域战略融合发展，建立以城市群带动区域发展的新模式。东北三省有两个国家级城市群，分别是哈长城市群和辽中南城市群，大力促进两大国家级城市群的持续健康发展，有利于带动东北三省区域经济的整体协调发展，为东北老工业基地的振兴提供强大动力。

一　东北三省国家级城市群发展现状

哈长城市群和辽中南城市群是东北地区重要的增长极以及重点建设的区域（见表1）。自东北振兴战略实施以来，尤其是沈阳经济区、辽宁沿海经济带、哈长城市群上升为国家战略之后，哈长城市群和辽中南城市群依托良好的区位优势，不断推进产业转型升级，经济发展态势较好，城市群内部体系结构日趋合理。

表1　东北三省国家级城市群的地域范围

国家级城市群名称	包含城市
哈长城市群	哈尔滨市、长春市、吉林市、大庆市、齐齐哈尔市、绥化市、牡丹江市、四平市、辽源市、松原市、延边朝鲜族自治州
辽中南城市群	沈阳市、大连市、鞍山市、抚顺市、本溪市、营口市、辽阳市、铁岭市、盘锦市

（一）城市群区位优势较好

东北三省的哈长城市群和辽中南城市群地理位置优越，区位优势较好。哈长城市群在区位上具有明显的优势，北邻俄罗斯远东地区，东靠朝鲜半岛，西接内蒙古自治区，处于全国"两横三纵"城市化发展战略格局京哈京广通道纵轴的北段。其中，哈尔滨市和长春市是哈长城市群的核心城市，两市的经济和产业发展在全国具有重要地位。辽中南城市群位于辽宁省的中南部，濒临渤海和黄海，大部分城市沿哈大交通轴线分布，与哈长城市群相呼应。辽中南城市群是典型的双核心城市群，沈阳市和大连市是城市群发展的核心城市。在地理位置上，东北三省的哈长城市群和辽中南城市群与环渤海地区的京津冀城市群、山东半岛城市群相毗邻，良好的区位条件有利于哈长城市群和辽中南城市群拓展区域发展新空间。同时，两大城市群便捷联通北美、欧洲地区，是东北三省对外开放的重要门户，在实施"一带一路"建设中发挥着重要的作用。

（二）城市群经济发展基础较好

哈长城市群、辽中南城市群经过多年的建设和发展，已成为东北三省经济发展的核心区域，在加快经济转型升级、推进产业结构调整、培育经济发展新动能方面持续带动东北三省的经济振兴与发展。哈长城市群资源禀赋较好，经过多年的建设发展，已成为全国最大的商品粮基地和全国重要的老工业基地。哈长城市群依托良好的资源基础，目前已经形成了以装备制造、汽车制造、石油化工、能源、医药健康、农产品深加工等为主体的工业体系。2019年，哈长城市群GDP为21064.35亿元，占东北三省GDP比重的41.92%，三次产业结构为13.51∶32.68∶53.81，产业结构日益优化。辽中南城市群是我国最大的重工业基地和重要的能源原材料基地，几乎集中了全辽宁省的工业，已经初步形成以汽车、装备制造、能源、电子信息、医药健康为主体的工业体系。2019年，辽中南城市群的GDP达到了20925.6亿元，占辽宁省GDP的84.01%，是辽省经济发展的核心支柱，占东北三省 GDP 的 41.64%。2019 年，辽中南城市群的三次产业结构为 6.69：40.03：53.28，第二、第三产业所占比重较大，结构日趋合理（见表 2）。综上可见，哈长城市群和辽中南城市群在东北三省经济发展中占有重要的位置，两大城市城市群的 GDP 占东北三省 GDP 的 83.56%。

表 2　2019 年哈长城市群和辽中南城市群经济发展情况

单位：亿元

城市群名称	城市名称	GDP	第一产业	第二产业	第三产业
哈长城市群	哈尔滨市	5249.40	569.50	1127.30	3552.60
	大庆市	2568.30	219.90	1351.30	997.10
	齐齐哈尔	1128.90	338.10	244.90	545.90
	绥化市	1101.10	511.00	117.60	472.00
	牡丹江市	825.00	179.10	176.40	469.50
	长春市	5904.10	348.10	2495.40	3060.60
	吉林市	1416.60	162.80	510.30	743.50
	四平市	796.20	233.60	165.80	396.80
	辽源市	621.60	36.07	302.57	282.96
	松原市	729.78	192.71	142.92	394.15
	延边朝鲜族自治州	723.37	54.81	248.36	420.20
合计		21064.35	2845.69	6882.85	11335.31
辽中南城市群	沈阳市	6470.30	284.00	2178.60	4007.60
	大连市	7001.70	458.50	2799.90	3743.30
	鞍山市	1745.30	104.80	745.80	894.70
	抚顺市	847.10	56.50	417.90	372.70
	本溪市	781.10	51.90	373.50	356.10
	营口市	1328.20	108.20	601.20	618.80
	辽阳市	831.00	80.70	393.50	356.80
	铁岭市	640.00	154.60	179.10	306.30
	盘锦市	1280.90	101.00	686.90	493.00
合计		20925.60	1400.20	8376.00	11149.30

资料来源：哈长城市群、辽中南城市群包含各城市的 2019 年国民经济和社会发展统计公报。

（三）城市群城镇体系结构较为合理

根据 2014 年国务院印发的《关于调整城市规模划分标准的通知》，将我国的城市规模划分为五类七档，包括超大城市、特大城市、I型大城市、II型大城市、大城市、中等城市、I型小城市和II型小城市，具体的划分标准详见表3。根据上述划分标准，哈长城市群包括哈尔滨市 1 座特大型城市，长春市 1座I型大城市，吉林市、四平市、大庆市、齐齐哈尔市 4 座II型大城市，松原市、辽源市、延吉市、牡丹江市、绥化市 5 座中等城市，以及一批小城市和特色鲜明的小城镇。2019 年，哈长城市群城镇化率为 57.5%。辽中南城市群包括沈阳市 1 座特大城市，大连市 1 座I型大城市，鞍山市、抚顺市 2 座II型大城市，本溪市、营口市、辽阳市、铁岭市、盘锦市 5 座中等城市，还有瓦房店、海城、庄河、开原、东港等小城市以及一批发展势头较好的小城镇。2019 年，辽中南城市群的城镇化率为 67.23%，城镇化发展水平较高。综上可知，哈长城市群和辽中南城市群经过多年的发展，城镇体系结构较为合理。

表 3　城市规模等级划分

城市类型	城市规模
超大城市	城区常住人口 1000 万以上
特大城市	城区常住人口 500 万以上 1000 万以下
I 型大城市	城区常住人口 300 万以上 500 万以下
II 型大城市	城区常住人口 100 万以上 300 万以下
中等城市	城区常住人口 50 万以上 100 万以下
I 型小城市	城区常住人口 20 万以上 50 万以下
II 型小城市	城区常住人口 20 万以下

资料来源：国务院：《关于调整城市规模划分标准的通知》，2014。

二　东北三省国家级城市群发展面临的问题

哈长城市群和辽中南城市群作为东北三省经济发展的重要支撑，其发展总体上呈现较好的趋势，但是也面临城市群内部城市间合作深度不够、城市群的量级有待提升、产业分工有待明确以及城市间互联互通有待加强等问题。

（一）城市间合作深度不够，合作机制有待健全

城市群的协调优化发展，需要打破各城市之间原有的行政分割以及隶属关系。我国发展较为成熟的珠江三角洲城市群和长江三角洲城市群都已初步建立了较好的沟通协调机制，通过各级政府部门的联席会议建立起城市群内各城市的日常沟通协调机制，并通过上级政府的统一规划促进城市群内各城市的长期发展和合作。尽管近年来哈长城市群和辽中南城市群在推进区域一体化以及协同发展上不断取得共识，也先后推出了一些政策和制度，在一些领域也取得了较好的成效，但大多数合作层次仍然比较低。辽中南城市群虽然是发展较早的城市群，但是由于一直没有成立正式的协调机构，城市群内各地方政府在推进地方经济发展的过程中，互相协调沟通较少，不可避免地会出现彼此之间的竞争，这在一定程度上抑制了辽中南城市群的整体向前发展。对于哈长城市群来说也同样存在这样的问题，并且由于哈长城市群是跨省城市群，城市群的整体沟通和协调的难度更大一些，截至目前哈长城市群由于缺乏统一的权威的协调机制，各城市之间的实质性合作推进步伐仍比较缓慢。

（二）城市群的量级还有待提升，核心城市辐射带动作用有待加强

近年来，无论是哈长城市群还是辽中南城市群的发展都取得了较好的成绩，但是我们也应该注意到，东北三省这两大国家级城市群，无论是城市群总体发展水平还是核心城市量级与国内发展较为成熟的京津冀城市群、珠三角城市群、长三角城市群相比都还有较大的差距，核心城市对周边城市的辐射带动作用依然不强。在城市群中，特大城市或超大城市是城市群的核心增长极，在城市群的发展中起着非常重要的支撑作用，核心城市的发展水平直接决定城市群的发展水平。然而，无论是哈长城市群的核心城市哈尔滨市和长春市，还是辽中南城市群的核心城市沈阳市和大连市，在经济总量上都很

难与北京市、上海市、广州市、杭州市等发达城市相比。2019年沈阳市GDP为6470.3亿元，大连市GDP为7001.7亿元，哈尔滨市GDP为5249.4亿元，长春市GDP为5904.1亿元，而同期珠三角城市群的广州市GDP为23628.60亿元，佛山市GDP为10751.02亿元；京津冀城市群的北京市GDP为35371.3亿元，天津市GDP为14104.28亿元；长三角城市群的南京市GDP为14030.15亿元，无锡市GDP为11852.32亿元。可见，核心城市经济发展相对滞后，制约了哈长城市群和辽中南城市群的快速发展。

（三）城市间功能有待协调，产业分工有待明确

在我国现行的财税体制和政绩考核机制下，各城市以自身经济利益的最大化为发展目标，导致城市间同质竞争较为激烈，城市群内部各城市之间的产业分工和合作关系尚未形成。这一问题在哈长城市群和辽中南城市群中依然存在。目前，在哈长城市群和辽中南城市群发展中还存在内部各城市功能定位不清晰，核心城市与中小城市之间的专业化分工不明显，城市功能缺乏特色，产业分工不明确，各城市之间低水平同质化发展的问题。以辽中南城市群为例，辽中南城市群内大部分的城市是因矿而兴的，虽然自东北振兴战略实施以来，尤其是辽宁沿海经济带和沈阳经济区上升为国家战略以来，辽中南城市群内部的城市职能结构有所改善，但依然存在产业结构偏重，各城市职能不明确、不清晰的问题。

（四）城市群基础设施不完善，城市间的互联互通有待加强

交通基础设施的互联互通是城市群发展的前提和基础。自哈长城市群上升至国家战略以来，长春市和哈尔滨市之间的交通逐渐完善，两市均是东北地区重要的交通枢纽，两市之间有高速铁路、高速公路相连，交通较为便利，尤其是高铁开通后，两市通行时间缩短至1小时左右，为两市各种要素的交流提供了极大的便利。但是，在城市群内部核心城区到其他城市间的交通有待加强，尤其是跨省城市之间的交通还需进一步完善。近年来，辽中南城市群高度重视交通基础设施建设，初步建立起了立体的交通

网络体系，城市群内部的交通相对较为完善，京沈高铁、沈丹高铁、哈大高铁以及盘营高铁的相继开通，辽中南城市群里的绝大多数城市融入了高铁的网络，促进了城市间的交通联系。然而，截至目前，辽中南城市群的抚顺市还没有通高铁，并且城市群内的县级市及普通县大多也没有通高铁，制约了辽中南城市群的高铁可达性。从哈长城市群和辽中南城市群交通基础设施发展现状来看，虽然近年来加大了交通基础设施的建设力度，城市之间的基础设施日益完善，但依然存在结构性的问题，城市群内部各城市之间以及主要城市与各节点市县之间主要是高速公路相连接，快速的高速铁路连接还有待加强。

三 东北三省国家级城市群优化发展对策

本研究在分析哈长城市群和辽中南城市群发展现状及存在问题的基础上，提出如下促进东北三省国家级城市群优化发展的对策建议，以期促进哈长城市群和辽中南城市群持续、快速、健康发展，更好地带动东北三省经济社会的协调发展。

（一）建立健全城市群合作机制，统筹促进协调发展

加快建立健全城市群内各城市间的合作网络，共同协调解决哈长城市群、辽中南城市群发展中面临的公共问题，进而保障其高效、健康地发展。建议哈长城市群、辽中南城市群加快建立城市群内的沟通协商机制，共同协商解决城市群发展过程中存在和面临的各种问题。尤其是哈长城市群，其地域范围涉及吉林和黑龙江两省，更需要在政府层面建立起高效、顺畅、统一的沟通协调机制，共同引导哈长城市群的健康快速发展。同时，借鉴欧盟设立结构基金以及长三角城市群设立"合作与发展共同基金"的相关经验，在哈长城市群、辽中南城市群内部探索设立"区域一体化发展基金"，用于支持城市群区域内中小企业的发展、完善区域内基础设施、保护区域内生态环境等。此外，还可以借鉴珠三角城市群的跟踪评估制度，对哈长城市群、

辽中南城市群内的相关发展要素进行检测、统计、分析以及客观评价，进而提出相关的发展建议。

（二）优化城市群空间格局，完善国家级城市群发展体系

为促进东北三省的哈长城市群、辽中南城市群的持续健康发展，要继续强化两大城市群的核心城市的带动作用，不断提高两大城市群核心城市的量级，发挥其对城市群内其他城市的辐射和带动作用。同时，要不断发挥区域重点城市的核心纽带作用，进一步加强中小城市的支撑能力，从而促进城镇发展体系逐渐优化，实现东北三省两大国家级城市群内部大中小城市以及小城镇的协调发展。哈长城市群继续提高哈尔滨市和长春市的经济量级，未来重点打造引领城市群快速发展的现代都市圈，发挥其核心城市的引领和带动作用。哈尔滨依托其对外开放通道节点、产业基础优势以及科教文化资源优势，加快哈尔滨新区的建设步伐，打造哈尔滨都市圈，提升绿色食品、高端装备制造等优势产业的辐射和带动作用，促进周边城市联动发展。长春市围绕农产品加工、轨道客车、汽车制造等支柱产业发展，推进长春新区建设步伐，建设成为东北亚区域性中心城市。做大做强大庆市、齐齐哈尔市、牡丹江市、吉林市、松原市、四平市、辽源市等区域重点城市。建设绥芬河、珲春、东宁、图们、公主岭、蛟河、五常、肇东、敦化等重要节点城镇，培育一批特色中小城镇，逐步形成网络化的城镇发展格局。辽中南城市群继续强化沈阳市、大连市两大核心城市的带动作用，沈阳市进一步强化其制造业中心、文化中心以及政治中心的城市功能，而大连则应强化其东北亚国际航运中心以及金融中心的城市功能，两大增长极共同引领辽中南城市群的健康发展。继续做大做强鞍山、辽阳、抚顺、本溪、丹东、营口、盘锦等区域重点城市，加快建设铁岭、瓦房店、新民、海城、庄河等重要节点城镇，加快形成大、中、小城市协调发展的城镇体系结构。

（三）构建合理的产业分工体系，实现产业的错位发展

东北三省国家级城市群的发展，要坚持产业协调发展，依托各城市现有的产业基础，推动城市群内部以及城市群之间的产业互补协作，围绕创新链布局产业发展链，落实"中国制造 2025"、"互联网 +"行动计划等，以期将城市群建设成为支撑东北振兴发展、辐射东北亚区域的重要产业集聚区。未来无论是哈长城市群还是辽中南城市群，都需要在充分发挥市场机制作用的前提下，重视发挥政府的引导作用，在促进资源型城市转型发展的过程中，注重培育接续替代产业，形成城市发展的新动能，各城市之间产业实现错位发展，共同提升东北三省哈长城市群、辽中南城市群的产业竞争力。哈长城市群区域内各城市要共同发展重点产业集聚区，加快促进产业集群的发展，尤其是城市群内的优势主导产业要加快集群发展，如装备制造业、汽车及零部件产业、农产品深加工产业等，提升产业核心竞争力。辽中南城市群区域内各城市要联手打造高端装备制造业产业集群、电子信息产业集群、农产品深加工产业集群，城市群内部各城市形成产业分工明确、产业错位发展的良好态势。

（四）完善城市群基础设施，促进区域经济一体化发展

交通基础设施是城市群发展的重要基础，交通网络体系完善与否直接影响城市群的快速健康发展。基础设施的互联互通既可以缩短各城市之间的经济距离，促进城市群内部的联系和交流，还可以改善城市群的区位条件，为其不断发展壮大提供基础保障。我们从国内外较为发达的城市群的发展实际可以知道，大多数发展较好的城市群都拥有良好的高速铁路、高速公路等区域性的基础设施网络。未来，哈长城市群、辽中南城市群要想改变基础设施不完善的问题，需要促进区域重大基础设施的一体化发展，加快构建高效快捷的综合交通运输网络体系、安全清洁的能源保障体系，增强基础设施对城市群发展的支撑和保障能力。城市群内加快构建重点城市之间快速通达的铁路网络，加快形成以高速铁路为主、以普通铁路为辅的现代化网络铁路运输格局。构建覆盖哈长城市群、辽中南城市群全域的公路网络，重点加强主要城市与重点城镇之间的互联互通，重视区域间、经济轴线间连接线的建设，逐步构建以高速公路为骨架、以国省干线公路为基础、以农村公路为补充的

快速高效、外通内畅以及便捷安全的公路交通网络。加强城市群能源保障体系的建设，加大油气、煤炭资源的勘探力度，提高大庆、松原油田的采收率，积极开发天然气，强化煤电油气能源的运行管理，加快完善跨区域能源保障机制。

参考文献

1. 黄征学：《促进辽中南城市群发展研究》，《经济研究参考》2014 年第 33 期。
2. 王云、许加祺：《哈长城市群协同发展机制研究》，《商业经济》2017 年第 8 期。
3. 陈梦筱：《国家级城市群经济空间联系及演化趋向——以哈长城市群为例》，《经济地理》2020 年第 5 期。
4. 张宇、衣保中：《城市群"精明增长"测度研究——以辽中南城市群为例》，《税务与经济》2019 年第 5 期。
5. 王丽棉、赵淑杰、高坤、张国华：《哈长城市群是齐齐哈尔经济社会发展新增长极》，《理论观察》2016 年第 12 期。
6. 滕宏庆：《我国城市群营商环境法治差序研究——以粤港澳大湾区为例》，《中国司法》2019 年第 9 期。
7. 王钰：《高铁对沿线中小城市经济增长的影响及对策研究》，硕士学位论文，重庆交通大学，2019。
8. 葛英伟：《加快推进哈长城市群建设的对策建议》，《哈尔滨市委党校学报》2016 年第 6 期。
9. 《哈长城市群发展规划》研究课题组、肖金成、李爱民、张燕：《哈长城市群的范围界定与战略定位》，《中国发展观察》2016 年第 6 期。
10. 张莹、雷国平、林佳、周敏：《辽中南城市群土地利用冲突强度时空演化及其主导因素分析》，《江苏农业科学》2018 年第 22 期。

B.8
东北三省房地产业发展研究

程遥　朱大鹏　赵小天*

摘　要： 2019 年，东北三省房地产业在国家宏观政策精准调控下，在东北三省省委省政府及有关部门科学规划、因地制宜、因城施策、正确指导下，保持了健康平稳发展。东北三省房地产市场运行呈现开发投资额、到位资金额大幅增长等态势。本文通过对 2019 年东北三省房地产市场运行的基本数据分析及实践调研，对东北三省房产业未来发展趋势进行了预测，指出了其存在的主要问题，并提出了具有前瞻性、针对性且可行性强的对策建议：加强对资源型、边远城市房地产的研究与经营；加大对老旧小区的改造支持力度；加大科技创新力度，提升房地产业发展水平；加大对房地产市场的管理整治力度；加快经济高质量发展，提高居民住房支出能力；加大对发展住房租赁业的支持力度。

关键词： 房地产　老旧小区改造　科技创新　东北三省

2020 年是"十三五"收官之年，与"十二五"相比东北三省房地产业在"十三五"期间无论是开发还是销售总体均表现为大幅收缩，房地产品

---

* 程遥，黑龙江省社会科学院经济所副所长，研究员，研究方向为房地产、农业农村经济；朱大鹏，黑龙江省社会科学院经济所助理研究员，研究方向为房地产、金融投资；赵小天，黑龙江省社会科学院研究生学院产业经济专业硕士研究生。

质量不断提升,人们居住环境不断改善。预计"十四五"时期东北三省房地产业总体仍将收缩,房地产业将进入"限量开发、提振经营"的新发展阶段。

一 东北三省房地产业运行基本特征

2019年,东北三省房地产业在宏观经济稳中求进、高质量发展的稳步推进中表现出如下运行特点。

(一)辽宁省和吉林省房地产开发投资额、房地产企业到位资金额均同比大幅增长,黑龙江省分别同比小幅增长、小幅负增长

2019年,辽宁省、吉林省、黑龙江省分别完成房地产开发投资2833.95亿元、1315.52亿元、958.01亿元,同比分别增长9.00%、11.88%、1.44%。同时,东北三省中辽宁省、吉林省、黑龙江省房地产开发企业实际到位资金分别为3689.73亿元、1585.86亿元、1242.35亿元,同比分别增长9.38%、11.08%、-3.47%(见表1)。可见,2019年东北三省房地产业中,黑龙江省房地产业表现最不景气。

表1 2019年东北三省房地产企业完成投资开发额、实际到位资金额及同比增长

单位:亿元,%

省　份	投资开发额	同比增长	实际到位资	同比增长
辽　宁	2833.95	9.00	3689.73	9.38
吉　林	1315.52	11.88	1585.86	11.08
黑龙江	958.01	1.44	1242.35	-3.47

资料来源:中国房地产协会编著《2020中国房地产年鉴》,企业管理出版社,2020。

(二)房屋施工面积、新开工面积吉林省皆为正增长,辽宁省、黑龙江省涨跌不一

2019年,辽宁省、吉林省、黑龙江省分别完成房屋施工面积23787.49

万平方米、12403.73 万平方米、11441.20 万平方米，同比分别增长－1.77%、2.68%、8.06%。同时，辽宁省、吉林省、黑龙江省分别完成新开工面积4142.51 万平方米、2947.00 万平方米、2446.11 万平方米，同比分别增长4.56%、18.95%、－1.95%（见表2）。

表2　2019 年东北三省房屋施工面积、新开工面积及同比增长

单位：万平方米，%

省　　份	房屋施工面积	同比增长	房屋新开工面积	同比增长
辽　宁	23787.49	－1.77	4142.51	4.56
吉　林	12403.73	2.68	2947.00	18.95
黑龙江	11441.20	8.06	2446.11	－1.95

资料来源：中国房地产协会编著《2020 中国房地产年鉴》，企业管理出版社，2020。

（三）辽宁省和吉林省商品房竣工面积同比以两位数大幅负增长，黑龙江省同比基本持平

2019 年，辽宁省、吉林省、黑龙江省商品房竣工面积分别为1817.63万平方米、1222.17 万平方米、1204.08 万平方米，同比分别增长－20.06%、－19.59%、0.00052%（见表3）。从绝对量上看，辽宁省占据首位，吉林省和黑龙江省大体相当。

表3　2019 年东北三省商品房竣工面积及同比增长

单位：万平方米，%

省　　份	商品房竣工面积	同比增长
辽　宁	1817.63	－20.06
吉　林	1222.17	－19.59
黑龙江	1204.08	0.00052

资料来源：中国房地产协会编著《2020 中国房地产年鉴》，企业管理出版社，2020。

（四）辽宁省和黑龙江省商品房销售面积大幅负增长，吉林省小幅正增长

2019 年，辽宁省、吉林省、黑龙江省商品房销售面积分别为 3696.27 万平方米、2122.34 万平方米、1684.50 万平方米，同比分别增长 -6.06%、2.31%、-11.96%（见表4）。

表4　2019 年东北三省商品房销售面积及同比增长

单位：万平方米，%

省　份	商品房销售面积	同比增长
辽　宁	3696.27	-6.06
吉　林	2122.34	2.31
黑龙江	1684.50	-11.96

资料来源：中国房地产协会编著《2020 中国房地产年鉴》，企业管理出版社，2020。

（五）辽宁省和吉林省商品房销售额同比皆为正增长，黑龙江省小幅负增长

2019 年，辽宁省、吉林省、黑龙江省商品房销售额分别为 3049.06 亿元、1581.47 亿元、1268.18 亿元，同比分别增长 2.76%、8.88%、-3.95%。三省之中只有吉林省房地产市场表现购销两旺，辽宁省和黑龙江省房地产市场则表现不太景气，这是因为近几年吉林省宏观经济增长较快，优于辽宁、黑龙江两省（见表5）。

表5　2019 年东北三省商品房销售额及同比增长

单位：万平方米，%

省　份	商品房销售额	同比增长
辽　宁	3049.06	2.76
吉　林	1581.47	8.88
黑龙江	1268.18	-3.95

资料来源：中国房地产协会编著《2020 中国房地产年鉴》，企业管理出版社，2020。

二 东北三省房地产业存在的主要问题

"十三五"以来，国家出台了很多促进房地产业稳定健康发展的积极调控政策和法规。东北三省政府也因地制宜出台了很多积极调控政策，优化了房地产市场运行环境，使得东北三省房地产业基本保持了稳定健康发展，但仍然存在以下妨碍房地产业健康可持续发展的新老问题，必须及时加以解决。

（一）资源型及边远城市房产资源大量闲置

近年来，东北三省经济整体处于基本面向好、增长乏力、调整恢复时期。受此影响，东北三省房地产业投资开发总体呈现不断萎缩趋势。特别是有些资源型城市（辽宁省的鞍山市、阜新市等，吉林省的白山市、舒兰市等，黑龙江省的鹤岗市、双鸭山市、加格达奇市等），由于资源枯竭，接续替代产业、新兴产业发展不足，年轻人被迫去北上广深等经济发达城市就业创业，父母老人也因照顾孙辈等随之而去，人才、人口外流严重。再加上国家近 15 年来大力进行棚户区改造、危旧房改造及保障性住房建设，这些资源型城市闲置了大量的住房。据统计，这些城市的"去化周期"都在 40 个月左右。如黑龙江省的鹤岗市，由于人口外流严重，70 平方米的房子 5 万元都销售不出去，甚者 40、50 平方米的一套房子售价低于 2 万元，这些住房的空置既浪费了大量资源，又进一步催发了人们外流的心理，使得这些城市经济社会更加空前的萧瑟。

（二）城市老旧小区改造难度大

2020 年是全面建成小康社会之年。住房小康是小康社会的重要指标之一。近年来，东北三省由于经济发展落后于全国，财政收入少，资金匮乏，虽经三省党委政府多方努力，中央也给予了大力支持，但由于历史上"先生产、后生活"政策，城市中老旧小区依然相当程度地存在。据调研，目

前仍有不少群众居住在20世纪七八十年代建造的住宅里，或是高层无电梯，或是墙体破败，或是上下水管道堵漏，或是供暖不达标等，住宅周边道路交通等公共基础设施也十分粗差，严重影响了百姓安居乐业、小康社会的形象。今后应进一步加大力度，多方式、多渠道筹措资金，动员全社会的力量加强、持续改造。

（三）开发的房地产品质量不高

解放思想、促进经济高质量发展是党和政府针对现阶段经济社会发展态势提出的重大战略方针。房地产业是国民经济的重要组成部分，同时与民生紧密相连。目前，东北三省房地产业在高质量发展方面存在很多问题。其主要表现，一是房地产业区域布局不尽合理，多是"千城一面"，建筑物形状、颜色等的外观设计几乎一样，同质性强。二是房屋室内结构设计不够科学、功能性差，同样面积房间与发达国家相比功能相差甚远。三是在建筑材料使用上，环保节能材料、高科技产品少。四是精装修产品少，用户入住自己装修，随意性大，有的还破坏原房屋结构、毁坏承重墙等，不但给社会产生过量建筑垃圾，而且损害缩短了建筑物寿命。

（四）房地产市场主体违法违规现象时有发生

多年来国家及东北三省政府为促进东北三省房地产业平稳健康发展，每年都出台一些强化整治东北三省房地产发展环境的法律法规及产业政策，以保障房地产市场开发合理有序、生产者和消费者公平买卖、居户住得舒适安康、生产生活环境得到改善与提升，并已经取得了阶段性成果，但还存在一些问题，影响房地产业规范发展及社会和谐稳定。一是有些房地产开发企业，预售建筑产品质量达不到原设计标准，有欺诈买方行为。比如，室内面积小于图纸设计面积，在建筑材料使用上偷工减料、以次充好，居住环境绿化、交通等公共基础设施远远低于售房时的承诺条件。二是房地产销售中介过分夸大宣传、虚假宣传、乱收预定金，当买方讨要说法时，蛮横推脱责任，以各种理由不给客户退还应退定金及赔偿损失。三是房地产物业公司对电梯、房屋漏水、小区道路毁坏等维修不及时，特别是"分户供暖"后房屋供暖温度不达标等现象非常严重。四是有些个别居户不交"分户供暖前"拖欠的供暖费用，或以某种理由不交拖欠物业费，这些现象造成开发商主体、销售中介主体、物业公司主体与居户主体矛盾纠纷不断，严重影响房地产业稳定健康发展，严重影响居民安居乐业，进而影响社会和谐稳定，必须加以解决。

（五）居民住房支付能力低

据调研，东北三省出于历史及体制机制原因产业结构单一、低下、原始，而且近年来出于各种主客观原因产业结构调整缓慢，优化升级路径不畅，新兴产业等新的发展动能不足，经济增长压力持续加大，因而居民收入与全国水平差距不断拉大。据统计，2019 年辽宁省、吉林省、黑龙江省城镇居民人均可支配收入分别为 39777 元、32299 元、30945 元，分别比全国平均水平（42359 元）少 2582 元、10060 元、11414 元。东北三省城镇居民人均可支配收入在全国 31 个省区市排名中，黑龙江省排倒数第一，吉林省排倒数第二。同时，由于东北三省属于高寒地区，室内取暖、衣食御寒等生活成本远高于沿海及其他南方发达省份。因此，扣除其他生活消费，在住房上的消费远远低于全国水平。受新冠肺炎疫情影响，大量餐饮、住宿、娱乐业长期停摆，这些服务业的员工也失去了工资收入，使得消费更加低落，传统服务业中将有大量企业破产，商服、办公楼等大量闲置。

三　东北三省房地产业发展趋势分析与预测

2020 年是"十三五"收官之年。回顾"十三五"东北三省房地产业发展，总体表现为理性回归，投资开发规模相当于"十二五"时期的 2/3 左右，特别是辽宁省、黑龙江省投资开发规模下降幅度较大，吉林省基本持平。房地产市场规模收缩，一方面对经济增长产生了一定的副作用，另一方

面也优化了东北三省经济结构。通过数据分析及实践调研,预计今后东北三省房地产业将从过去的快速开发、扩张型转向提高经营、精细化管理、强化效益型,一段时期内将按如下趋势发展。

(一)房地产开发与销售总体将下行

一方面,受新冠肺炎疫情影响,2020年东北三省宏观经济虽然能够转为正增长,但是增幅或将下滑,居民总体收入水平亦将一定程度下降,人们必将有限的收入投放在饮食等刚性生活支出上,因此,房地产消费需求将减少;另一方面,新冠肺炎疫情虽然在中国取得阶段性的重大防治成果,但在国际上仍没有得到有效控制,迄今为止还在不断传播扩大,外防输入压力持续不减,房地产企业在新冠肺炎疫情持续不灭下,对市场预期也会悲观,开发积极性将大打折扣。同时,由于前几年房地产市场低迷,企业资金回笼困难,房企受资金流限制,也会将发展计划定位在保本微利、维持生存运营的档次,以待新冠肺炎疫情结束后伺机谋划大的发展,2020年及今后一段时期东北三省房地产业开发与销售量将一定幅度下滑。

(二)重点小城镇建设力度将加大

受新冠肺炎疫情影响,2020年及今后几年内人口移动将在一定程度上受到限制。东北三省人口外流严重,很多农民工及城市年轻人在南方省份就业、创业。由于疫情常会出现交通管制、限制波动,这部分人短时期内会失业,变为无收入者。为解决这部分人的生活问题,东北三省政府必将出台各种支持政策加大县城镇、节点镇、工商贸镇、旅游镇等城镇建设力度以促进外出农民工就地、就近置业、创业,即就地、就近城镇化,这样既能留住人口劳动力,又能促进当地经济社会发展。同时,为解决大城市过度拥挤、超载等城市病,也必将加大沈阳、长春、哈尔滨等省会城市周边卫星城市的建设力度,以便分解分担其承载过多的功能,从而达到优化城市空间布局的功效。

（三）服务业中商用、娱乐用房、办公楼将大量闲置

自新冠肺炎疫情暴发以来，东北三省生活服务业几近停摆。后又发生"绥芬河口岸输入疫情"及"哈尔滨二次疫情"、"舒兰二次疫情"、"大连二次疫情"。目前看，东北三省是全国受新冠肺炎疫情影响较大的重灾区域，这次疫情不仅使得传统服务业停工，也使得在这些服务业的从业员工无收入或收入大减，极大地降低了东北居民的消费能力。因此，复工复业后没有出现某些"专家"所预料的"报复性消费"浪潮，连一般性的消费也未显现。"消费"是以拥有支付能力为基础的，可以预期，今后一段时期内东北三省的生活服务业很难恢复到疫情前的状态，将有大量的传统生活服务企业倒闭，这将造成大量的商用、娱乐、餐饮用房、办公楼闲置，既浪费房产资源，又增加失业人员。

（四）省会城市商品房价格将持续小幅上涨

从统计数据看，2019 年辽宁省和黑龙江省商品房销售面积皆表现为大幅下滑，吉林省保持了小幅增长。2020 年上半年东北三省受疫情影响较重，房地产市场表现为购销两低迷，但随着新冠肺炎疫情逐渐减弱或得到控制，我国经济将全面复苏、稳步发展，人们对美好生活的追求、对优良居住环境的需求将更迫切，再加上"住宅小康"的倒逼，2021 年东北三省商品房价格仍将小幅上升，省会城市、计划单列市及个别城区或将大幅上涨，其原因主要是东北三省房地产市场中改善性住房需求占主流。而且，据有关部门统计分析，目前，东北三省房地产市场供给和需求大体平衡。但是随着城市化进程的推进，新的需求不断增长，房地产业尚有一定的发展空间。由于房地产具有投资、居住双重属性，在目前我国投资渠道少、实体经济发展困难的情况下，一些具有一定存款的生活富裕阶层为了使自己的资金增值保值，从而减少因物价上涨产生的损失，他们仍时刻关注房地产业的发展，按照传统思维把多余资金投资到房地产品中，会使核心城市和大城市的个别有发展前景区域的房地产品价格一时或一段时期内

大幅上涨，这将影响其他阶层居住需求，因此，政府部门应密切关注，提前做好预案。另外，随着经济社会发展，房地产品使用的原材料价格不断上涨，同时人工费用上涨，房地产品价格不得不随之上涨，因此，全省商品房价格依然会小幅上涨。

四 促进东北三省房地产业平稳健康发展的对策建议

"十三五"以来，东北三省房地产业一直处于收缩状态。这主要是由东北三省经济增长乏力，大量人才、劳动力外流造成资金外流，住房有效需求下降所致。但总体衡量，房地产业仍是东北三省经济社会发展不可替代的重要产业，对拉动投资、促进消费、保障民生、提高人们生活水平具有重要作用。因此，东北三省应加强对房地产业的规划、引导、调控，以促进东北三省房地产业平稳健康发展。

（一）加强对资源型、边远城市房地产的研究与经营

资源型城市、边远城市由于资源枯竭、新兴接续替代产业没有及时发展起来，人们收入低，或是基础公共服务设施建设落后，与超大城市、大城市、核心城市等相比宜居性差，人才、人口外流创业，大量房产闲置。同时，国家前些年大力进行"棚户区改造"、保障性住房建设，得到住房保障的住户外流，也造成住房大量闲置。为此，当地政府应采取灵活措施加以解决。一是政府可以低价购买或租赁这些闲置房，利用这些房产解决需要住房保障但尚未得到住房保障的人们的住房需求。二是政府可以把这些房产作为新型城镇化的资本，低价出卖或出租给附近农村进城置业创业的农民，促进他们就地就近城镇化。三是政府可以对这些房产资源进行有效整合，充分再利用。比如，整栋的楼房可以改成养老院，也可改成旅游度假村，为外地来此旅游、康养的客人提供服务，既充分利用了资源，又发展了新产业、新业态。四是在这些城市大力发展新兴接续替代产业，以产聚人，以产兴城。

（二）加大对老旧小区的改造支持力度

老旧小区改造既能改善人民生活条件，又能拉动投资、提振消费，从而促进东北三省经济增长，提升东北三省城市新形象，是一举多得的工程，必须做好。目前东北三省城市老旧小区改造最大障碍就是缺少资金支持及具体建设者。因此，东北三省政府应千方百计筹资金，多措并举搞建设。一是中央政府应出台政策鼓励金融机构积极开展对老旧小区改造工程低息贷款，由各省区市政府作保，尽量减少贷款条件，简化手续，应贷尽贷，能贷多贷，以保证老旧小区改造资金需求。二是加强老旧小区改造规划和顶层设计，做到物尽其用、财尽其能、人尽其职，科学合理地改造，坚决不搞面子工程、政绩工程。道路、供水、供暖、绿化等基础公共设施建设要适用而不奢华，向着多功能、智慧型城市建设迈进。三是政府应调动全社会的力量来进行美丽家园改造。出台各种税费减免优惠政策，降低企业成本。在工程开发建设招标上尽量招揽资质好的大企业，以保障工程质量，同时要做好搬迁对象的善后安置工作。

（三）加大科技创新力度，提升房地产业发展水平

房地产业高质量发展是经济高质量发展的重要组成部分，也是实现小康社会、满足人民日益增长的对美好生活追求的主要内容和保障，因此必须高度关注、多措并举提升房地产业发展水平。一是加强顶层设计，科学规划房地产业在城市的空间布局。依据各城市地域地形地质风貌，开发高低错落有致的楼群。二是注重深挖各城市文化资源，将各城市传统文化、特异文化符号镶嵌在房地产开发产品中，将房地产品打造成城市景观的艺术品。三是加大科技创新力度，不断将高新科学技术注入房地产品开发建设中。增加绿色环保材料使用，提高开发建设用地效能，研发高能高效建设机械，力争全面建造"四节"产品。四是借鉴国际经验，依据民族习俗加大室内空间设计，着力建设多功能、智慧型房地产品。五是大力推进房地产工厂化、产业化发展，缩短房地产开发建设时间。

（四）加大对房地产市场的管理整治力度

依法依规开发经营，诚实守信宣传销售，遵规守德租住是房地产市场正常良好运行的基础保障。一是要加大对开发经营房企、售房中介、物业的监督管理力度，对违法违规开发经营者严肃处理，绝不姑息。同时加强对他们的法律法规政策教育培训，加强国家广告法的宣讲、解读，强化其法制意识，提升其遵法守法服务水平。二是加强对房企、中介、物业的服务指导，帮助其解决从业、创业的实际困难，感召其以德经营服务消费者。三是加强对租房购房消费者的法治、德治教育，提高其租买道德水平，不要无故无理取闹、损毁租住房屋、拖欠供热等物业费用，按照行政法律程序、依规依法解决矛盾纠纷。

（五）加快经济高质量发展，提高居民住房支出能力

提高居民收入是提升人们居住水平、实现小康社会的基础保障，其前提就是大力发展经济、高质量发展经济。近年来，东北三省经济增长乏力、居民收入低，特别是吉林、黑龙江两省城镇人均可支配收入始终排在全国后几位，造成大量人才、人口外流。一是大力调整产业结构，实现产业优化升级。大力研发引进先进技术，以先进科技引导支持产业发展。可大力发展电商平台，发展线上产业，实现线上线下产品供需对接，从而保证即使在疫情期间也能实现最基本的经济生产，保障基本民生供给，既节省交易成本，又能防控疫情反弹。二是大力进行体制机制改革，坚决改革那些不适应经济社会发展的体制机制，向改革要发展动力。

（六）加大对发展住房租赁业的支持力度

目前，住房租赁业仍是东北三省房地产供给体系的短板。住房租赁业的发展有利于解决城市化进程中新进城市生活居住的农民工，在东北三省大城市工作的新毕业大学生、研究生等以及来东北创业发展的外省、外国人员的居住问题，帮助这些人降低生活成本，能在一定程度上缓解东北三省工资

低、生活成本高的问题。一是每年合理规划增加开发租赁住房的土地供应，保证开发租赁住房的土地需求。二是通过税费减免等财政政策支持以及低息贷款等金融政策支持，保证开发租赁住房企业的资金需求。三是通过出台新的综合政策组合，有效支持资质优良的大房企参与租赁住房开发建设，开发设计科学、面积适中、功能齐全、周边基础设施配套好、方便宜居的租赁住房，保证开发的住房达到小康社会住房水平。

参考文献

1. 《2020 沈阳购房补贴政策最新消息（更新中）》，沈阳本地宝，http：//sy. bendibao. com/news/2017112/52206. shtm。

2. 《深圳提出学习"新加坡模式"专家：住房结构或改变，房企需积极转变投资策略》，《华夏时报》2020 年 9 月 7 日。

3. 《要从经济发展的战略高度抑制房价过快上涨问题》，《21 世纪经济报道》2020 年 7 月 16 日。

4. 《中央预算内投资 543 亿元改造城镇老旧小区已全部下达》，中国新闻网，https：//www. chinanews. com/cj/2020/07 – 21/9244206. shtml。

B.9
东北三省文化产业发展研究

田雨　张雅婧*

摘　要： 东北三省文化产业稳态发展，结构持续优化，文化娱乐消费
　　　　　持续增长。东北三省政府也对文化产业出台若干政策意见予
　　　　　以扶持。然而，东北三省文化产业仍面临诸多困难和挑战。
　　　　　基于此，东北三省应强化要素保障，加大产业支撑力度；优
　　　　　化资源调配，培育优质竞争企业；加强产业链延伸，发挥产
　　　　　业联动优势；打造优势文化品牌，提升项目竞争实力。

关键词： 文化产业　产业联动　文化品牌　东北三省

　　新时代中国特色社会主义需要给予充裕丰富的精神食粮来满足人民对美
好生活的向往。我国文化产业总体规模稳步提升，产业结构逐渐趋于优化，
已经成为经济发展的动力之一。东北三省也正在将文化产业高质量发展放在
显著位置，并不断完善政策法规、创新体制机制，致力于文化产业对经济社
会发展的推动，力求在全国文化产业发展格局中占有一席之地。而这些都提
示东北三省文化产业建设发展应借此东风，乘势而为，在深入落实党的十九
大精神以及"贯彻新发展理念、推动高质量发展"的前提下，培养新型文化
产业和文化消费模式，给文化产业以应有的地位和广阔的发展空间，激发传
统民族民俗文化产业创造活力，为东北三省文化产业高质量发展注入新动能。

---

* 田雨，博士，辽宁社会科学院文学文化学研究所副研究员；张雅婧，博士，沈阳农业大学马
克思主义学院讲师。

一　东北三省文化产业发展现状

（一）文化产业稳态发展

东北三省公共文化服务体系逐步健全，公共服务平台日趋完善，行政管理服务有所改善，文化市场趋于稳定。2019年东北三省规模以上文化及相关产业企业营业收入平稳增长，结构持续优化，实现营业收入909亿元，比上年增长1.5%，占全国比重为1.0%。但2020年第一季度，受新冠肺炎疫情影响，东北三省文化企业受到的冲击尤为明显，营业收入下降显著。随着全国疫情防控形势持续向好，东北三省各行业复工复产不断推进，文化企业生产经营也逐步趋于正轨。2020年上半年东北三省实现营业收入353亿元，同比下降19.8%，降幅较第一季度收窄5个百分点。从居民消费价格指数来看，2020年上半年辽宁省和吉林省在教育文化和娱乐居民消费上分别较上年同期上涨1.2%和2.2%，同时吉林省2020年6月在书报杂志类、文化办公用品类以及体育、娱乐用品类的消费品零售总额分别较上月增长49.1%、55.7%、1.4%，呈现较为良好的复苏态势。

然而相较于全国其他省份，东北三省文化产业发展质量整体偏低，文化产业提质增效的任务异常艰巨。在公布的全国文化产业高质量发展指数各省份得分系数中，31个省份（不包含港澳台地区）指数总体得分的均值为52.56分，东北三省的辽宁、吉林、黑龙江三省总分均低于总体的平均分，排名均位于中下游（见表1）。

表1　东北三省文化产业高质量发展指数与排名

单位：分

省　份	得分系数	排名
辽　宁	48.12	15
吉　林	38.82	24
黑龙江	33.26	30

资料来源：《中国文化产业高质量发展指数报告（2019）》。

以东北三省来说，得分相对较低的峰值低谷均在创新效益指标上，整体反映出东北三省文化产业高质量发展的创新驱动力亟待提升，但也意味着东北三省文化产业发展存在较大潜能释放空间。

（二）文化娱乐消费持续增长

东北三省在文化演艺方面产业基础雄厚，专业演出艺术门类齐全，其中包含话剧、歌剧、交响乐、歌舞、民族乐、芭蕾舞、杂技、京剧、评剧、儿童剧、秧歌剧等。2019 年，来自辽吉黑蒙四省区的 11 台地方戏曲剧目在沈阳、营口集中演出 22 场，涵盖东北三省地区主要地方戏曲艺术门类，集中展示了东北三省戏曲艺术发展成就。2019 年 8 ~ 9 月，辽宁芭蕾舞团于北美各地巡演大型原创芭蕾舞剧《花木兰》，广受好评，该剧也入选"全国舞台艺术重点创作剧目"。2019 年黑龙江省黑河市倾力打造出文化旅游地标性作品——大型中俄风情表演《江水霓裳》。该表演分为《打开山门》《打开城门》《打开国门》三个篇章，由来自中国、俄罗斯、乌克兰三国的 100 多名专业演员倾情演绎，其不仅为中外游客带来浓郁的北国边疆民族风情，也入围了"一带一路"文化产业和旅游产业国际合作重点项目。而在做好疫情防控工作的前提下，吉林省文化和旅游厅等单位于 2020 年 8 月主办了"精彩夜吉林·2020 消夏演出季"线下演出活动，为观众带来多种形式的艺术表演，同时 17 场线上同步直播浏览人次多达 240 余万，点赞高达450 余万。

东北三省动漫影视产业也在不断成长壮大。2019 年，辽宁省已有 16 家国家认定的动漫企业在享受国家支持政策，有 3 家动漫企业被选入国家动漫企业资源项目库，有 2 个动漫项目入选国家弘扬社会主义核心价值观动漫扶持计划，另有 4 件作品被列为国家新闻出版广电总局少儿节目扶持项目。而吉林省于 2019 年 8 月在长春市举办了第十二届中国—东北亚博览会。在会上，长影充分利用剧照、海报、宣传片等多种形式，并积极利用旗下子公司开发的多个品类的影视周边产品，为热爱影视的群体带来更加丰富的体验。

东北三省在文化旅游融合方面着力培养有代表性的文化旅游品牌。辽宁各市文化旅游品牌开始崭露头角,如盘锦市红海滩景区将红海滩和农业、工业、渔业、体育等融合,做强稻草艺术节、红海滩马拉松等项目,形成"红海滩+休闲农业游""红海滩+温泉度假游""红海滩+文化深度游""红海滩+特色礼品游"等旅游融合产品,将单一的门票经济向复合的产业经济转型升级,走生态康养、湿地研学、体育赛事和文化体验多元发展之路,并在2020年1月晋级为国家5A级旅游景区。而像抚顺这样的资源枯竭型城市,在2019年也以发展全域"旅游+"和狠抓项目为抓手,加速自身产业结构调整,大力推进文旅融合,持续打造"满族故里""旗袍故里""雷锋之城"等城市品牌,使旅游产业在经济发展中作出贡献。在打造文化旅游品牌方面,吉林、黑龙江两省也不遑多让。2019年11月,吉林省赴黑龙江省开展的"白山黑水的冬日恋歌"文旅合作交流活动,活动由主题交流会和"坐着高铁去吉林"特色文旅品牌展示活动构成,标志着"白山黑水旅游共同体"合作机制深化迈上新台阶。黑龙江省牡丹江市与本省旅游投资集团签订东北抗联文化旅游综合体项目协议,力图将该项目建设塑造成牡丹江文化旅游新品牌。此外,吉林、黑龙江两省还打造了一批特色产业小镇,以推动县域经济发展、促进城乡融合发展。如吉林省农安县烧锅镇以酒工坊文化传承为主线,立足于东北传统酒文化发展特色旅游产业,打造城镇宜居环境。黑龙江省兰西县则以"田园养生旅游"为功能定位,借助别具一格的关东民俗,打造了"榆林休闲小镇""康荣北国玫瑰小镇""远大蒙古草原风情小镇"。这些特色小镇开创了东北特色文旅融合、同步发展的崭新局面。

东北三省旅游经济持续稳步发展。截至2019年10月,辽宁省完成旅游总收入5240.8亿元,同比增长15.9%;接待国内游客53669.9万人次,同比增长13.6%。2019年全年,吉林省接待国内外游客24833.01万人次,同比增长12.08%,其中,接待国内游客24696.43万人次,同比增长12.19%;国内旅游收入4877.89亿元人民币,同比增长17.1%。黑龙江省2019年共接待国内外游客2.2亿人次,实现旅游收入2684亿元,同比分别增长近两成。2020年受新冠肺炎疫情的影响,众多文旅活动纷纷在线上直

播，也打开了文旅营销的新局面。黑龙江省文化和旅游厅在5月19日中国旅游日当天，携手腾讯政务黑龙江、新浪黑龙江持续推出"云游龙江"系列直播活动，带领广大网友走进黑龙江各地知名景区，观龙江五月美景，品当地时令美食，为千万网友在线"种草"龙江。辽宁省于6月13日、6月14日通过沈阳世博园和本溪枫林谷两场"云游"直播，以"旅游直播＋领导带货"新模式，推销景区门票、餐饮、酒店、特产等线上线下旅游相关产品，助力旅游市场复苏，而不少网友留言表示，通过直播已经深深被大辽美景"圈粉"。与此同时，东北各地旅游市场也在有序复苏，2020年国庆、中秋假期，辽宁省共接待游客5044万人次，恢复至2019年同期水平的87.02%；综合旅游收入305.13亿元，恢复至2019年同期水平的75.04%。

东北三省通过立足民族优秀传统文化，大力整合非物质文化遗产保护工作。2020年8月，"第二届吉林非遗节"在长春文庙广场开幕。"非遗节"集展演、展览、售卖、互动、体验于一体，探索全新的展示展演方式。黑龙江省则不断拓展和丰富民族传统工艺产品形式和品种，提升设计与制作水平，培育具有本省特色的民族传统工艺知名品牌，如同江市赫哲族人在古老技艺中的努力与付出，就受到新华社的关注和报道。吉林省还在2019年12月举办了首届东北亚花鸟鱼茶文化节暨东北亚艺术中心年文化大集。展会的承办单位不仅进行招商招展、招募年货经销商入驻商城，同时在展会期间还将各式各样、丰富多彩的文化活动、比赛和表演等融入展会，探索将文化产业置于商业经济发展之中。此外，沈阳、大连、长春、哈尔滨等城市陆续建设恒大文化旅游城。文旅城涵盖文旅产业、医疗健康、养老休闲等多种业态，已于2019年下半年在各地或已集中开工建设，或进行项目签约。而2019年10月，万科首个文创园正式落地沈阳，且万科也与长春、大连等城市签署项目合作协议，希望借助文化产业动能助力新时代东北全面振兴。

（三）政策出台保障文化产业发展

习近平总书记于2020年7月22～24日在吉林省考察时，再次强调要牢固树立"绿水青山就是金山银山"的理念，实施好重大生态工程。东北三省为深入贯彻落实这一理念，各省都积极推动自身文化产业加速成长、高质量发展。辽宁省委为建设文化强省目标，于 2019 年出台了《关于推动全省文化产业高质量发展的若干意见》，鼓励文化企业大力发展数字文化新业态，打造文化消费新模式，推动文化产业转型升级。2020 年 7 月，黑龙江省委十二届七次全会审议通过的《中共黑龙江省委贯彻落实〈中共中央关于坚持和完善中国特色社会主义制度、推进国家治理体系和治理能力现代化若干重大问题的决定〉的实施意见》，其中关于文化方面，要对标省委十二届五次全会提出"要向融合创新要高质量发展，做大做强文化产业，促进文化消费提档升级，深化文化体制改革创新"的路线图，为努力打造文化强省提供有力保证。2020 年 8 月，黑龙江省文化和旅游厅与联合国世界旅游组织（UNWTO）编制的《黑龙江省全域旅游发展总体规划（2020～2030年)》《黑龙江省冰雪旅游产业发展规划（2020～2030 年)》基本完成。2020 年 7 月，吉林省文旅产业推进大会在长春召开，会议针对习近平总书记的重要讲话和重要指示精神，提出要"坚定不移走生态优先、绿色发展之路，坚持保护优先、全域发展、深度融合、改革创新，加快把吉林建设成为文化名省、旅游强省和著名生态旅游目的地"。在会上，吉林省文旅厅发布了主题为"吉林，总能遇见新精彩"的第四届消夏季新产品，推出行走在"吉"线边境游产品、到吉林"森"呼吸康养度假产品、精彩夜吉林文旅夜经济产品三条创新线路产品。

二 东北三省文化产业发展的主要问题

当前，东北三省文化产业仍面临诸多困难和挑战，主要表现在文化产业要素支撑力不足、产业集聚生态较差、产业化程度欠缺以及缺少行业知名品牌等方面。这些问题的存在显然会对东北三省进一步全面发展带来阻碍和干扰。

（一）文化产业要素支撑力不足

近年来，东北三省经济整体下滑导致其文化产业的生产资源严重外流，

而人才、资金、技术等生产要素的外流反过来又加剧了这一势头。除外流因素外，东北三省文化产业缺乏专业化人才，东北三省虽然高校众多，但是这些高校却很少设置文化产业相关专业，以致严重忽视文化产业专门人才的教育培养。同时，东北三省缺少文化产业人才评价认定相关办法及具有针对性的长效机制，因此导致东北三省的文化产业人才队伍基本存在质量不佳、结构不合理、梯队不完整的通病，更遑论培育具有一定创新意识和战略眼光的高级人才。东北三省文化产业资金来源几乎完全仰赖政府投入，文化产业资本受制严重，无法实现社会资金等各种资源的市场化流动。而且产业项目和资金之间也很少能够有效地衔接，以致政府投入结束之后，文化产业发展资金大多难以为继，众多优秀项目也因缺乏资金的支持而最终流失。随着信息技术的发展，文化产业中的技术手段所表现出的"文化内容"逐渐成为发展的关键因素，而东北三省的文化产业还是过度依赖于传统方式，严重缺乏以科技为引领的核心竞争力。

（二）产业集聚生态较差

东北三省文化产业发展不够平衡，以文化产业园为例，东北三省大多数文化产业园区和基地主要聚集于沈阳、大连、长春、哈尔滨四大城市。但是这些文化产业园区尚未具有完整的产业链，缺少具有原创力的内容生产以及渠道建设的高端业态，表现出严重的同质化。文化产业园区的运营模式还处于初级阶段并且主体特色不明，作为文化产业园区往往仅能提供展览平台和培训教育服务，缺少盈利模式；获取经济和社会效益的能力不强，多数产业园区无法自我"造血"。文化产业园区中并无像长三角、珠三角等地拥有自主技术创新、高产业附加值、强市场竞争力的企业。同时文化产业园中的企业商家在发展的过程中孤军奋战的现象比比皆是，没有有效激活关联文化产业，产品的标准性、统一性不佳，往往只图眼前利益，导致文化产业集聚的生态环境较差。而此次新冠肺炎疫情的暴发会对本就集聚生态欠佳的东北三省文化产业园区、孵化器等在规模型、连锁化发展的主体形态上产生较大影响，有可能使其面临大量空置的危险。

（三）产业化程度欠缺

东北三省文化产业结构不合理，市场机制不够健全。近年来东北三省文化产业虽发展平稳，但与发达省份相比，东北三省文化产业的总产值和规模相对较小，文化产业增值速度不算太快。众所周知，资源不等于产品，更不能作为产业。东北三省丰富的文化资源尚未完全转化为与市场机制充分融合的产业资源。文化产业的发展缺乏创新以及系统整合，具体表现为文化产品存在大量雷同竞争以及恶性竞争的情况；规范化、规模化的文化产业体系尚未形成，各地文化企业无规律、分散性布局；文化产业发展不均衡，较大地依赖于文化旅游业，但又对其开发不够，受季节、气候等因素制约明显。这些情况造成了文化资源的浪费，并对文化企业的发展造成了困难。另外，东北三省还存在文化产品的供需矛盾，即生产出的文化产品缺乏良好的销售途径，几乎无法有效占领国内外文化市场。同时由于文化市场机制不够健全，没有统一、开放、有序的文化市场，不懂市场运作规律，不能较好地满足东北人民对文化产品及服务的更高需求。

（四）缺少行业知名品牌

时至今日，东北三省自身文化产业品牌知名度不高。其表现为各地文化产业对外形象模糊，缺少本地专属的魅力名片。东北三省的文化行业品牌在文化内涵描绘宣传上严重匮乏，因此受到地域的极大限制，缺少广受认知的文化产物，没有形成具有代表性的能够广泛占领国内外市场的文化行业品牌，在国内外市场上缺乏竞争力。这是因为东北三省文化行业品牌在内容的选用上缺乏指向性、相关性，忽视不同地域之间文化背景、文化认同以及文化理解方式的差异，难免导致文化传播功效不佳。这方面的不足也说明东北三省对文化"走出去"的重要性认识仍明显不足，缺乏主动性及内在动力。知名文化品牌能有效带动文化产业的发展与竞争。东北三省如果不能提升地方曲艺、标志产品、文化符号等一系列具有自身特色的文化资源内涵，便无法使文化产品知名度进一步得到提升，从而不能凝聚形成文化品牌效益。

三 东北三省文化产业发展的对策建议

（一）强化要素保障，加大产业支撑力度

除在制度领域政府应进一步加强顶层设计外，东北三省首先要在高校设立文化产业的相关专业，利用高校的教学资源进行相关专业知识教育和培训，同时确立高校与企业之间的联系，使学生在文化企业能迅速找到适合自己的岗位。其次，要逐步健全文化产业人才评价认定相关办法，支持文化产业人才培养基地建设，培养中高端人才，并为其提供相关的配套服务，为文化产业发展提供强有力的人才支撑。最后，应建立文化创意人才和专业技术人才重点数据库，凭借实际项目需要，依托行政力量，实现人员整合。在资金领域，应完善东北三省文化产业资本的进退机制，使其不受限制，尽量实现社会资金等各种资源的市场化流动。同时需确保项目资金的有序注入，着力引导文化产业有效性、合理化投资。在促进文化产业及相关产业发展时，需在供给方面有所考量，应努力在中高端产业中提高亮点。在此基础上，应广泛运用不断创新的信息技术，结合传统文化的魅力，进行东北三省特色文化传播和文化制作，并以网络为载体、融合5G等新型智能信息技术促进文化与相关行业间的转型升级。而此次新冠肺炎疫情也使东北三省文化产业主体更加认识到科技创新驱动对维持产品竞争优势的作用，例如公共文化场馆纷纷开放数字资源，将阅读文化、艺术培训搬到线上，让群众在网上就能观看并参与文化活动。因此，东北三省应以此为契机打造精品线上平台，以数字技术激发文化产业的内生动力，加快研发投入和模式创新。

（二）优化资源调配，培育优质竞争企业

东北三省文化产业虽一直稳态发展，但整体竞争力却长期处于全国中下游水平，这就对产业要素合理调配和文化资源合理布局提出更高要求。合理调配文化产业要素资源需要政府以及社会力量的共同配合，而缩小文化产业

的区域差距则是一个系统性的工程，要点在于形成具有自身特点的文化产业发展体制。首先，在各地区充分发挥自主能动性的基础上，各级政府部门政策应给予更多便利条件。对于如沈阳、大连、哈尔滨、长春等文化产业相对发达的地区或城市，当地政府应有切实可行的优惠政策并扩大政策覆盖范围，并且吸纳社会优质资源以 PPP 等模式参与文化产业投资。其次，应重点建设文化产业基地和园区。各文化产业示范基地和园区在符合文化产业自身发展规律的前提下整合上下游产业链，以达到以点带面的工作效果，充分发挥规模化的聚集效应，将自身打造成代表东北三省的未来文化发展方向。最后，还应结合东北三省文化产业发展实际，将重点置于内容创作生产、创意设计服务、文化传播渠道、文化娱乐休闲服务等领域进行文化产业布局。而在此次新冠肺炎疫情暴发后，东北三省部分优质文化企业可能会脱颖而出，通过兼并重组来扩大自身的竞争优势与市场份额。东北三省可以此推进文化产业供给侧结构性改革，为文化产业内部的市场化、法治化并购重组做好准备，打造属于自身的文化旗舰。

（三）加强产业链延伸，发挥产业联动优势

文化产业与其他众多产业息息相关，推进文化产业与农业、康养、旅游、餐饮、体育运动等多种产业融合，可极大地拓展相关产业领域的文化内涵。因此，扩大提高文化产业链附加值是东北三省文化产业发展的"终南捷径"。要达到这个目的，应该做好如下几点。首先，东北三省应整合各地优质文化资源，并且这些资源应与其他产业进行对标，明确文化产业与关联性产业的合作发展方向。其次，合理运用科技创新的引领手段，建设文化产业与关联产业的共性技术平台，以实现文化产业与关联产业的集群化发展。最后，挖掘东北三省各类文化元素，以创意设计理念、时尚前沿消费等方面的业态，塑造文化产业与关联性产业的高级新业态建设。除此之外，东北三省必须加大各个集群内部企业在文化产业链上的合作力度，通过市场规律和行政规划手段，实现文化产业与关联产业的共同进步，并将其作为提升自身竞争与发展经济的内生动力。

（四）打造优势文化品牌，提升项目竞争实力

东北三省有着悠久的历史和丰富的文化内涵，大多却尚未凝练成属于自身的文化品牌。而文化产品品牌化对文化产业的带动提升有示范性作用，不仅可以将文化资源优势转化为经济优势，还能促进社会文化环境改善。因此，东北三省应该加强树立文化企业的品牌形象意识，精心建设具有巨大影响力和传播力的特色优势化品牌。东北三省在树立具有"龙头"作用的强势文化品牌时，应选取在自然环境、地方文化、人力资源等方面具有一定辐射影响的文化资源和素材，逐步建立不同层次、多元化的文化精品系列，以此确立有竞争能力的优势文化项目，并通过项目尽可能全面有效地带动当地文化产业发展繁荣。换句话说，东北文化产业品牌健康发展取决于在良好的运营机制带动下政府和企业联动，不断突破原有的机制瓶颈，开发更具有文化竞争力的优势项目，并通过优势项目进一步完善东北三省文化品牌建构，从而形成一种可持续的良性循环。

参考文献

1. 《坚定制度自信　凝聚奋进力量》，《绥化日报》2020 年 7 月 23 日。
2. 《"云娱乐"或成为未来文娱传媒主战场》，《金融时报》2020 年 3 月 26 日。
3. 《创新推动力亟待提升》，《社会科学报》2020 年 6 月 18 日。
4. 《吉林省文旅产业推进大会在长春召开》，《中国文化报》2020 年 7 月 28 日。
5. 《文化企业应对疫情需要更多政策关爱》，《中国财经报》2020 年 4 月 9 日。

B.10
东北三省现代农业经营体系建设研究

于 凡*

摘 要： 建设现代农业经营体系是对农村基本经营制度的完善，是深
化农村改革的重要任务，亦是农业现代化的必然要求。目前
东北三省农业经营体系主体结构基本搭建，体系运行效果也
愈加显现。但总体上看，农业经营体系建设与现代农业的发
展要求相比仍存在较大差距，家庭农场总体质量有待提高，
农民合作社合作层次不高，工商企业与农户的利益联结机制
仍需完善，农业社会化服务体系尚未真正建立等问题仍然存
在。与现代农业发展要求相适应的现代农业经营体系的建设
作为一项系统性工程，应针对发展中存在的实际问题，逐步
完善东北三省现代农业经营体系。

关键词： 现代农业经营体系 农业现代化 农业经营主体 东北三省

现代农业经营体系是与农业现代化发展要求相适应，从事于农业生产、
加工、销售与农业服务的各类主体以及各主体相互间关系的总和，包括传统
型和新型主体。现代农业经营体系对农村经营制度加以必要完善，是发展农
业现代化的现实要求，也是目前农业农村改革深化的重要任务。东北三省是
我国重要的粮食生产输出省份，传统的农业生产经营模式面临一系列问题与

---

* 于凡，博士，吉林省社会科学院农村发展研究所助理研究员，研究方向为农业经济理论与
政策。

挑战，从业者老龄化、生产方式兼业化、农村社会空心化等问题愈加显现。建设完善现代农业经营体系，发展扶持农业经营新主体，推进农业生产规模化和农业服务社会化，有助于农业发展诸多问题的解决，加快农业现代化进程。

一 东北三省现代农业经营体系发展现状

（一）新型农业经营主体建设不断加强

农民合作社和家庭农场是"三农"发展的基础性主体。近年来，在东北三省建设现代农业经营体系，扶持发展新型农业经营主体一直是其中一项重要的工作任务和内容，对新型职业农民、家庭农场和农民专业合作社的培育扶持持续开展，农业农村经济社会不断得以发展和进步。

1. 新型职业农民规模持续扩大

2012 年一号文件提出应着力培育新型职业农民后，黑龙江省于 2015 年启动了第一批新型农民专业培育工程和农村实用人才的确定工作，并计划实施人才培养战略，提出了新型农民职业化培养工程，并在两年后开始推行农民从生产到生产管理的技能培训，大力培养农民的生产管理能力和自我发展能力，发展新型职业农民，引导农民尽快走上技能化发展道路，成为现代农业建设的主导力量。2020 年黑龙江省新型职业农民培育目标为经营主体带头人整体轮训和培养足够数量的现代青年农场主，并达到新型职业农民 10 万人的总体规模。吉林省 2013 年提出以提高从业者综合素质和农业生产经营水平为目标，培养新型职业农民，提高其主体功能。自 2014 年起正式启动新型职业农民的培训管理工作，全省范围内培育 2.7 万人次的新型职业农民，新型职业农民的培育工作逐年进展。2019 年，吉林省继续以每年培训 3 万人次的总量，培育各类新型职业农民，涵盖了农业生产经营、农业专业服务以及农业技术技能与创业创新四种类型。2020 年，随着吉林省"1231"新型职业农民培育工程的开展，以每年继续培养新型职业农民 3 万人次的整体规模持续进行。辽宁省自2014年起启动新型职业农民培育工程，并在2019年以乡村人才振兴为目标，广泛实施新型职业农民培育等人才工程项目，培育新型职业农民1.5万人。其中包括农村实用人才2500人，农村青年电商带头人400人，省级以上龙头企业管理人才200人。随着近年来新型职业农民培育工作的推进与积累，培育模式制度不断改进，职业农民的各项扶持政策与培训实践、认定管理相互结合，农业生产经营型与专业技能型和社会服务型相互协同。随着种田能手、专业农户等在数量上不断壮大和在素质上不断提升，新型职业农民在家庭农场、农民专业合作社以及农业龙头企业中逐渐担当起带头人重任。

2. 家庭农场发展速度较快

家庭农场作为深化"三农"发展的基础性主体，带动作用不断加强，在带领小农户对接现代农业、对接产业融合发展中地位愈加凸显。黑龙江省自国家出台文件确认家庭农场在农业现代化改革中的基础性地位以来，响应国家号召，鼓励更多不同类型的专业大户逐渐转变发展成为家庭农场。目前，黑龙江省家庭农场不只是以农业种植为主要形式的单纯性农业生产，而且向复合式农业生产经营模式转变发展，依据不同的自然资源特色发展不同形式的经营主体新模式在契合农业现代化发展进程中找到了农业发展特色和方向。如黑龙江省齐齐哈尔市泰来县江桥镇齐心村11个家庭农场承包经营水稻有机化种植园区，齐心村水稻有机化种植园区耕地面积9000亩，自2019年开始全部由11个家庭农场承包经营并获得了较好的收益。2020年在之前的基础上，经营模式更健全，技术集成更成熟，园区家庭农场亩均投入成本1200元，其中种植成本600元、租地600元，通过订单农业亩产水稻收入可达2000元，亩纯收益800元。吉林省政策上鼓励农民兴建家庭农场，推进农地资源流转工作稳妥有效。早在2013年，在一号文件开始对承包农地流转向家庭农场模式提出鼓励之时，这一做法在吉林省延边州等地就已经开始实践运行并取得了较好的效果。随后，家庭农场的数量、规模开始明显扩展，运营效率也不断得以提高。规模较大的，如吉林省长春市九台区的庆山种植业家庭农场，流转土地规模500公顷，技术依托于吉林农业大学团

队，免耕机、收割机等农用机械机具配备齐全，施行全程标准化农业生产模式，对周边农户起到较为明显的示范辐射作用。现阶段农业生产经营中，要实现土地的规模化集约化，家庭农场是一种较好的模式，在推动农村土地规模化集中的同时，对于促进农业劳动力有效转移，提高农民农业收入，以及推动城乡一体化进程等方面都起到了较为重要的作用。2020年，吉林省农业农村现代化"十大工程"提出，将达到一定标准的农业种植大户和养殖大户纳入实施家庭农场培育范围，提高其农业知识储备量，科学种植，高效生产。预计2025年家庭农场可达到总体4万家的数量规模，其中县级以上的示范型农场将达到4000家的数量规模。

3. 农民合作社带动能力有所提高

东北三省按照合作社创建发展"服务农民、进退自由、权利平等、管理民主"的总体目标原则，近年来农民合作社的数量规模不断扩大，合作类型逐渐扩展，入社农户和带动农户的总体数量显著增加。辽宁省农民专业合作社在农产品生产中涵盖种植业、畜牧业、林果业等各类产业，种植和养殖业逐渐向农产品加工等第二产业以及观光旅游等第三产业领域延伸拓展。辽宁省农委组织开展了种植业及农机类省级农民合作社示范社评选工作，确定了沈阳宝逸玉米专业合作社等33家农民合作社为省级示范社。2020年，为支持家庭农场、农民合作社等新型农业经营主体专心从事粮食生产，缓解生产过程中的资金短缺问题，辽宁省政府安排专项资金，从事粮食种植的农民合作社在开展与粮食生产相关的土地经营权流转价款支付、农用设备和物资购置、开展农田基础设施建设等方面需要流动资金贷款的，可以到县级农业农村部门申请享受贷款贴息政策，按照"先备案、后贷款、再贴息"的程序，对粮食类农民合作社经营主体实施贷款贴息。自2007年《专业合作社法》实施以来，吉林省农民专业合作社数量在较快增长的同时，在合作的深度水平上也已经由初期的单一、横向合作逐渐扩展深入，形成功能全面的较高层次的合作形式，推动了农业生产经营的专业化、标准化和规模化发展。农民专业合作社的参与和带动，使农产品附加值得以提高，有利于加快"一村一品"的形成，对农业产业结构调整具有较大促进作用。2018年吉林省认定榆树市惠丰种植专业合作社等 667 家农民合作社为省级农民合作社示范社，2020 年农业农村现代化"十大工程"提出针对农民合作社全面提质，推进创建示范社，国家、省、市、县四级联合，对农民合作社层次水平加以规范和提升，抓好双阳、九台等 5 个整县试点，以特色农产品为重点，推进"一特一联社"创建。

（二）新型农业经营模式不断完善

东北三省现代农业经营体系建设依托各新型农业经营主体发展壮大，直接促进了农村土地流转，有助于农业生产的规模化集约化，积极推动了农产品加工业和农业社会化服务业以及农村一二三产业的融合发展。

1. 农产品加工业带动农业全产业链发展

近年来东北三省农民土地流转呈现快速发展趋势，各级政府积极扶持引导，家庭农场、农民合作社等经营主体流转积极性不断提高，土地流转规模不断加大，推动了农业规模化和集约化发展，调整了人地关系，推进了农业发展方式的转变。黑龙江省作为农业大省，近年来整合绿色产业链条并围绕其推进示范试点，分别结合"互联网＋"着重打造别具一格的绿色、有机农产品，通过示范基地建设，以高标准推动经营主体对接加工和发展营销模式，为进一步推动农村合作社、中小企业、龙头企业按照产业链上下游分工合作，积极发展形成产业集群。辽宁省作为全国的粮食主产省，在保证稳定产量的同时，着力于农产品加工业来延伸产业链和提升附加值，缓解农产品加工能力与生产能力之间较为突出的不相匹配问题，对农产品精深加工业龙头企业加大扶持力度，促动农产品加工集聚区的形成发展。2019 年沈阳市通过供销社自建深加工项目、增加深加工环节、整合深加工企业等多种方式，在加大产业资源整合力度，构建农产品深加工体系的同时，对接县域资源，整合了法库辽育白牛、一木山楂、豆华天宝和康平恒生工厂化食用菌、辽中山桥米业、苏家屯信生牧业、沈北七星米业等多家全产业链的深加工企业，延长农产品产业链。吉林省农产品加工业也较早得到长足发展，丰富的农业初级产品既是其发展的资源优势，

也是现实需要。如吉林市由农品区向加工区提升，以大米、木耳、果蔬等产业为重点，创建省级现代农业产业园，加强品牌农业建设，全市农产品加工企业已发展到1200余户，市级以上重点龙头企业300余户。公主岭市依托黄金玉米带，发展出农嫂、德乐等一批农产品加工先进企业。农嫂公司以鲜食玉米为主体产业，基地覆盖东北三省16个县市，做大玉米种植面积，做强玉米加工产业，实现集研、种、产、销于一体的全产业链发展。

2. 农业社会化服务业提高农业效率

围绕农业生产的社会化服务业，有助于实现农业产前农资购买、产中农事作业、产后储运销售的有机融合。黑龙江省龙江县超越合作社致力于推广玉米专业化种植，以创新社会化服务载体为思路，围绕玉米种植的整个工业生产过程，针对耕种、植保、收储和销售的各个环节提供全面服务，探索"金融＋期货＋保险"价值保障工具，通过社会化服务破解小规模农户以家庭为单位的零散化农业生产的局限性，引导分散小农户融入现代农业生产模式。农民合作社在为小规模分散农户提供服务的同时得以发展壮大，服务辐射范围不断扩展，2019年全程托管的规模已达42万亩。吉林省公主岭市范家屯镇顺民合作社成立马铃薯种植收购一体化联合社，负责统一提供优质种子、肥料、农药以及全程专家指导，并负责马铃薯的统一销售，一年来为当地460户入社农户增收近400余万元，同时带动本地从业人员500余人，人均收入达到1万元以上。合作社规模的不断扩大和合作领域的逐渐拓宽，在提高种植收入的同时降低了种植成本，促进了农户收益逐年稳步增长，有利于农业种植结构较快调整。辽宁省综合考虑粮食产量、合作社和家庭农场数量等因素选定试点地区，农民可以把土地委托给专业公司来耕种，根据托管服务内容给付社会化服务组织费用。社会化服务组织可依托农机农技及标准化管理，稳定提升单位土地面积产出，吸引更多小农户托管土地。目前土地托管社会化服务已在辽宁省推广，托管服务组织已达1.1万个，为150万小农户提供服务。2020年辽宁省农业生产托管服务面积预计可达到950万亩，占全省粮食播种面积的近两成。

3. 农村一二三产业融合发展加快

新型农业经营主体结构的形成和农业全产业链的发展，使得农业三次产业之间相互融合的基础更加成熟。黑龙江省探索多类型的产业融合商业模式，通过"互联网＋农业"，产生农产品自身的品牌效应，品牌带动提升合作社产业，在农业内部融合的同时积极拓展农业功能，构建农业与第二、第三产业交叉融合的现代农业产业体系。吉林省实施的一批休闲农业、特色小镇、"互联网＋农业"等项目，这些实体与虚拟、线下与线上有机结合的新业态，作为推进农村产业融合发展的新载体，不断吸引社会资本加入，成为农村产业融合发展的新力量。全国农村一二三产业融合发展先导区创建名单中，包含有东北三省共 19 个先导区，其中黑龙江省 8 个，辽宁省 5 个，吉林省 6 个。这些先导区坚持农业产前产中产后有机衔接、一二三产业融合发展，形成了相对成熟成型的融合发展模式，积累了具有一定示范性的做法经验。结合实际支持鼓励农业产业化项目、新型经营主体以及"互联网＋农业"等三次产业的发展，在用地保障、财政扶持、金融服务、人才支撑、农民就地城镇化等方面明确支持政策，对融合发展中的重点项目、重点企业、重点经营主体和领头人加大资金扶持和奖励力度，具备基本公共服务条件，能够满足产城融合发展的基础；体制机制创新发展，有序推进集体资产清产核资、资源型资产确权登记等产权制度改革，探索成立有龙头企业、合作社和家庭农场加入其中的产业联合体，各个主体相互之间以交易联结、互助联结和资产融合等方式，相互间建立稳定的利益联结机制，同时尝试运用政府和社会资本合作模式，撬动社会资本积极参与；强化平台支撑，以省级开发区、工业集中区为载体，大力引进农副产品加工业等项目，建设农业产业融合示范园，推动农业产业化项目集聚。

二　东北三省建设现代农业经营体系存在的问题

东北三省现代农业经营体系建设无论是从经营主体还是从农业生产方式转变看都取得了较快较好的发展，但总体上看农业经营体系仍处于发展的初始阶段，与现代农业建设的发展要求相比仍存在较大差距和亟待解决的问题。

（一）家庭农场整体质量仍需提高

在家庭农场注册时，有些地方基于鼓励农民创办注册的前提，出台便民措施程序，工商部门以及各有关部门对注册手续加以简化，对于以农民身份的注册申请，必要资料齐全便可很快完成注册。注册程序的便捷有利于登记家庭农场的规模较快扩大，但同时手续简化也会导致质量上的参差不齐。此外，从已经注册的统计数据看，家庭农场登记的法定代表人多数存在年龄较大的问题，这一群体在经营中往往更依赖过往经验和社会关系，而在接受新知识新技能方面并不具备比较优势，容易出现发展放缓和后继力量不足等问题，对关乎家庭农场长远发展的基础设施和生产资料等长期持续投入热情不足，制约了家庭农场的规模化发展和集约化水平的提高。

（二）农民合作社合作层次仍需深入

近年来东北三省农民合作社在数量上增长较快，但发展起点较低、规模偏小和合作层次不高仍然是众多合作社发展的普遍问题。目前，多数合作社所涉及业务领域都仅停留在生产资料购买和初级农产品购销阶段，多以组织者或中介身份组织参与分散农户与农资供销厂商和加工企业之间的业务对接。真正参与带动农业市场的程度不高，与农户合作尚停留在较浅的层次，不足以满足小农户入社的综合性需求。目前，农民合作社的成员结构呈现多元化状态，入社成员中有很多是非农民身份，而且非农民成员在股权结构上较之一般农户更具明显优势，这一现状与《农民专业合作社法》中关于合作社成员本质明显存在差别。农民成员若在合作结构中处于弱势，则在股权构成上与以农民为真正主体、谋求共同利益的合作社建立发展的初衷有所偏离，不利于农民合作社的长远发展。

（三）工商企业与农户的利益机制仍需完善

农业生产经营中，由于工商企业的参与其中，较之传统的农户分散经营更有助于进行农业现代化生产方式和产生更高的生产效益，但同时也存在一些工商企业以简单的土地租赁形式介入的短期行为，有些对农业用地的简单直接租赁带来与农民争夺土地后果却并未给农业生产效率效益带来有益提升，在农业农村经济社会发展和农村基本经营制度的完善方面产生一定的负面冲击，也在农业未来稳定方面带来一定的隐患因素。此外，从农业产业化经营中工商企业与农户之间的关系看，龙头企业与合作农户之间缺乏健全明晰的利益分配共享机制，二者在市场上地位悬殊，性质上仍倾向于以龙头企业占主导地位的买卖关系或订单关系。一方面由于实力悬殊无法形成利益共同体；另一方面第三方机构参与实现利益共享，无法保障农民对于平均利润的获取。

（四）农业社会化服务体系仍需健全

农业社会化服务公益性主体机制仍然相对落后，仍然长期存在基础设施陈旧、公共服务经费短缺，以及从业者老龄化和学历偏低等问题，导致服务功能无法真正发挥作用，不能提供公益性服务公共产品职能。农业社会化服务商业性主体的多杂散乱现象也仍存在，很大部分县市中虽然现有农资供应等主体的数量规模较为庞大，但多数面对农户的服务业务范围仍局限于简单的农资供销，缺乏必要的技术指导等售后服务内容，即使有也难以保证服务质量。此外，农村金融服务作为参与整个农业生产过程的重要服务项目，但目前农业信贷需求依旧面临金融机构冷遇的局面，资本短缺仍然制约着农业经营主体的发展。

三 东北三省建设现代农业经营体系的对策建议

与现代农业发展要求相适应的现代农业经营体系的建设作为一项系统性工程，应针对发展中存在的实际问题，逐步完善东北三省现代农业经营体系。

（一）加强政策支持，改善家庭农场发展环境

应继续加大对家庭农场的政策支持力度，围绕主导产业加强行业指导，着力扶持发展规模化的示范农场，进一步辐射引导家庭农场普遍性发展。从

东北三省的实际出发，结合当下东北三省的土地种植以及家庭农场基本模式，出台各类可操作性强的鼓励家庭农场发展的政策，进一步完善补充家庭农场注册登记标准和注册登记管理规范，明确并细化家庭农场享受补助的范围和条件。例如以规模经营资金专项向规模化集约化经营提高生产能力的家庭农场予以补贴；以税收优惠政策向自产自销农产品的家庭农场予以补贴；在财政奖补和农业项目申报资金中适当向家庭农场给予政策倾斜和优先安排；充分发挥职业农民培训工程的职能，向家庭农场输入具备较高素质的从业人员和领头人；鼓励大学毕业生和外出务工人员返乡为培养家庭农场新生力量创造条件。

（二）规范农民合作社，充分满足农民的合作诉求

我国在《农民专业合作社法》中明确其成员"以农民为主体"，包括"具有民事行为能力的公民，以及从事与农民专业合作社业务直接有关的生产经营活动的企业、事业单位或者社会团体"，明确规定"农民至少应当占成员总数的百分之八十"。法律条文明确体现了农民在加入合作社中应有的主体地位。但在合作社的实际创建与运营中，对一些非农民身份入社的成员通过变通操作在实质上取得控股比例的股权和有利的经营管理地位，并未得以有效限制。需要细化落实相关规定以有力保障农民在合作社中的主体地位。同时，应引导提升农民合作社的合作层次，多方面帮助入社农户满足其生产经营中的各种需求。从长期角度看，限定于某一专业性质的农民合作社，对于农民面对的经济社会的多方面需求满足也有所局限。应鼓励在国家法律法规范围内且符合合作经济属性的综合性农民合作社的发展。

（三）保障农民主体地位，塑造产业化发展的利益共同体

应进一步完善土地流转的有关制度，以法律手段防止农地流入非农业身份主体，确保流转土地仍由农民所掌握，在法律层面从实质上保障农民既要掌握农地承包权，也要掌握农地经营权。在鼓励工商资本参与农业产业化经营的过程中，应注意区分经营领域，应鼓励工商企业积极从事农业产前农

资、产中服务以及产后加工经营等领域，而并不仅是直接简单地介入农地流转。应完善工商企业与农户之间科学合理的农业产业化运营管理机制，在制度层面使"利益共享，风险共担"得以有效保障，使农业产业化的平均利润真正惠及参与农户。应完善落实农业产业化发展政策，着重引导塑造农业产业化利益共同体，加大对农产品精深加工业和标准化生产等的扶持力度。

（四）完善农业服务体系，加强公共服务职能建设

推进公益性农业服务体系的改革创新，切实发挥公共服务部门应具备的公共服务主体功能；逐步优化商业性服务机构整体发展环境，在政策制度上引导其有序竞争，提供更能满足农业生产需求的优质化农业社会化服务，推进建立农用物资与农业服务质量的可监控和可追溯机制。逐步形成农业公共服务部门、社会化服务机构与农民合作组织三者相互促进，农业服务公益性、商业性与合作性相互融合，服务领域上专业与综合服务相互渗透的现代农业服务体系。明确农业服务的内容和范围，拓展农业服务的深度和广度。

参考文献

1. 姜长云：《关于构建新型农业经营体系的思考——如何实现中国农业产业链、价值链的转型升级》，《人民论坛·学术前沿》2014 年第 1 期。
2. 冀名峰：《学习习近平总书记重要论述　推进现代农业经营体系建设》，《农村经营管理》2019 年第 12 期。
3. 姜长云：《中国农业生产性服务业的形成发展及其趋势、模式》，《宏观经济研究》2020 年第 7 期。
4. 郭继潮：《构建农业三大体系　推进乡村振兴战略》，《基层农技推广》2019 年第 9 期。

B.11
东北三省绿色食品产业发展问题研究

李冬艳*

摘　要：　发展绿色食品产业，是历史赋予东北三省农业现代化建设的
使命。作为传统农区，2019 年东北三省绿色食品产业取得令
人鼓舞的业绩，"两品一标"认证走在全国前列，绿色食品
产业已经成为东北三省现代农业重要组成部分，但在发展过
程中仍然存在总体规模偏小、认证主体数量少、产品结构不
合理、品牌影响力不强、缺乏政策资金支持、发展不平衡，
尤其是消费认知不足等问题。东北三省将发挥优势，补齐短
板，明确发展目标，确定发展任务，实施顶层设计，强化组
织领导，迎接"逐步形成以国内大循环为主体、国内国际双
循环相互促进的新发展格局"，保障绿色食品产业健康、快
速、高标准发展。

关键词：　绿色食品　农产品品牌　生态农业　东北三省

绿色食品产业是绿色农业的重要组成部分，是新时代我国主要矛盾转变
后人们生活的必需品。东北三省作为我国粮食主产区，既肩负着我国粮食安
全的责任，又承担着满足广大人民群众对绿色食品日益增长的需求的重任。
本文旨在研究东北三省绿色食品产业发展现状，深入挖掘绿色食品产业发展
过程中存在的问题，着重探讨东北三省发展绿色食品产业的对策措施。

＊ 李冬艳，吉林省社会科学院农村发展研究所副研究员，研究方向为区域经济与农村发展。

一 东北三省绿色食品产业发展现状

绿色食品是指产自优良生态环境、按照绿色食品标准生产、实行全程质量控制并获得绿色食品标志使用权的安全、优质食用农产品及相关产品。在我国绿色食品产业包括绿色食品产业、有机食品产业和农产品地理标志产业（简称"两品一标"产业）。东北三省作为粮食主产区，所生产的绿色食品越来越受到人们的青睐。未来，绿色食品无论在国内还是国外，开发潜力都十分巨大。

（一）"两品一标"建设成效显著

2019 年，东北三省"两品一标"获证单位和产品数量分别为 2423 家和 6059 个①，分别占全国总数的 12.1% 和 13.9%。一是东北三省绿色食品获证单位及产品数量逐年增加。2019 年东北三省获证单位比 2018 年增加 719 家，获得认证产品数量增加 1535 个（见表 1），占全国 14699 个产品的 10.4%。其中：辽宁省、吉林省、黑龙江省绿色食品获证单位分别占东北三省的 25.7%、19.5%、54.8%，黑龙江省绿色食品获证单位占据东北三省半壁河山；辽宁省、吉林省、黑龙江省绿色食品获证产品数量分别占东北三省的 21.1%、21.4%、57.5%，黑龙江省绿色食品发展优势明显。

表 1　2018 年、2019 年东北三省新增绿色食品获证单位数及产品数

单位：家，个

地　区	单位数		产品数	
	2018 年	2019 年	2018 年	2019 年
辽　宁	204	185	423	324
吉　林	156	140	395	328
黑龙江	423	394	1096	883
合　计	783	719	1914	1535

资料来源：中国绿色食品发展中心：《2019 年绿色食品统计年报》。

---

① 中国绿色食品发展中心：《2019 年绿色食品统计年报》。

二是东北三省有效用标①绿色食品单位及产品数量逐年增加。2019年东北三省有效用标绿色食品单位1971家，占全国15984家的12.3%，比2018年增加129家；有效用标产品数量4731个，占全国36345个的13.0%，比2018年增加7个（见表2）。其中：辽宁省、吉林省、黑龙江省有效用标绿色食品单位分别占东北三省的23.8%、19.8%、56.4%；辽宁省、吉林省、黑龙江省有效用标绿色食品数量分别占东北三省的19.6%、22.3%、58.1%，黑龙江省一支独大。

表2　2018年、2019年东北三省有效用标绿色食品单位数及产品数

单位：家，个

地　区	单位数		产品数	
	2018年	2019年	2018年	2019年
辽　宁	480	470	1040	927
吉　林	337	391	984	1056
黑龙江	1025	1110	2700	2748
合　计	1842	1971	4724	4731

资料来源：中国绿色食品发展中心：《2019年绿色食品统计年报》。

三是东北三省有机食品产业发展良好，从认证单位数量、产品数量到认证面积均逐年增加。2019年东北三省新增有机食品认证单位194家，其中辽宁省、吉林省、黑龙江省分别占12.4%、17.5%、70.1%；东北三省有机食品认证数量1070个，辽宁省、吉林省、黑龙江省分别占9.4%、13.9%、76.6%；东北三省有机食品认证面积474.74万亩，辽宁省、吉林省、黑龙江省分别占9.3%、11.7%、79.0%。黑龙江省有机食品产业发展优势明显，几乎可以代表东北三省有机食品发展方向及发展趋势（见表3）。

四是东北三省农产品地理标志登记产品总数逐年增加。2019年东北三省新增农产品地理标志产品22个，辽宁省、吉林省、黑龙江省分别新增5

---

①　有效用标是指认证数与掉标数之差。

个、4个、13个。其中：辽宁省新增种植业地标产品2个，畜牧业地标产品2个，渔业地标产品1个；吉林省新增种植业地标产品4个；黑龙江省新增种植业地标产品7个，畜牧业地标产品3个，渔业地标产品3个（见表4）。

表3　2018年、2019年东北三省新增有机食品发展情况

地　区	单位数（家）		产品数（个）		认证面积（万亩）	
	2018年	2019年	2018年	2019年	2018年	2019年
辽　宁	28	24	111	101	51.80	43.97
吉　林	33	34	141	149	54.43	55.39
黑龙江	136	136	847	820	363.60	375.38
合　计	197	194	1099	1070	469.83	474.74

资料来源：中国绿色食品发展中心：《2019年绿色食品统计年报》。

表4　2018年、2019年东北三省新增农产品地理标志登记产品数

单位：个

地　区	产品合计		种植业		畜牧业		渔业	
	2018年	2019年	2018年	2019年	2018年	2019年	2018年	2019年
辽　宁	8	5	5	2	2	2	1	1
吉　林	4	4	4	4	0	0	0	0
黑龙江	7	13	6	7	1	3	0	3
合　计	19	22	15	13	3	5	1	4

资料来源：中国绿色食品发展中心：《2019年绿色食品统计年报》。

（二）全国绿色食品原料标准化生产基地建设全面布局

2019年基地创建和园区建设稳步开展。东北三省新增全国绿色食品原料基地181个，其中：辽宁省新增15个，占8.3%；吉林省新增20个，占11.0%；黑龙江省新增146个，占80.7%。东北三省新增全国绿色食品原料基地面积6619.3万亩，其中：辽宁省新增193.4万亩，占2.9%；吉林省新增382.7万亩，占5.8%；黑龙江省新增6043.2万亩，占91.3%（见表5）。黑龙江省无论是全国绿色食品原料基地数量还是面积均居全国第一位。

表5 2018年、2019年东北三省新增全国绿色食品原料标准化生产基地数与面积

单位：个，万亩

地 区	基地数		面积	
	2018 年	2019 年	2018 年	2019 年
辽 宁	19	15	350.4	193.4
吉 林	23	20	371.4	382.7
黑龙江	157	146	6357.1	6043.2
合 计	199	181	7078.9	6619.3

资料来源：中国绿色食品发展中心：《2019 年绿色食品统计年报》。

（三）新型农业经营主体绿色食品获证单位与产品数量不断增长

随着国家及各省对绿色食品产业政策支持力度的不断加大，新型农业经营主体参与绿色食品认证的积极性不断提高。2019 年东北三省国家级龙头企业获得绿色食品认证单位36 家，产品数量136 个，分别占全国的11.0%、10.8%；省级龙头企业获得绿色食品认证单位230 家，产品数量719 个，分别占全国的11.3%、11.9%；地市县级龙头企业获得绿色食品认证单位264家，产品数量779 个，分别占全国的7.8%、9.0%；农民专业合作社获得绿色食品认证单位608 家，产品数量1167 个，分别占全国的12.8%、13.0%（见表6）。

表6 2018年、2019年东北三省新型农业经营主体绿色食品获证单位数与产品数

单位：家，个

地区	国家级龙头企业				省级龙头企业				地市县级龙头企业				农民专业合作社			
	单位数		产品数		单位数		产品数		单位数		产品数		单位数		产品数	
	2018年	2019年	2018年	2019年	2018年	2019年	2018年	2019年	2018年	2019年	2018年	2019年	2018年	2019年	2018年	2019年
辽 宁	7	6	10	9	61	48	171	127	52	54	109	99	209	199	439	396
吉 林	10	9	45	40	68	65	240	211	52	52	141	147	94	117	285	279
黑龙江	29	21	118	87	118	117	454	381	159	158	516	533	256	292	458	492
三省合计	46	36	173	136	247	230	865	719	263	264	766	779	559	608	1182	1167
全 国	336	328	1282	1258	1871	2040	5740	6040	3091	3379	7823	8659	3950	4757	7601	8972

资料来源：中国绿色食品发展中心：《2019 年绿色食品统计年报》。

二 东北三省绿色食品产业发展存在的问题

（一）绿色食品存量规模偏小，产品结构不合理

绿色食品存量规模较小。2019 年东北三省绿色粮食播种面积不足粮食播种总面积的 5%，绿色粮食产量也只有粮食总产量的 6.0%，发展空间巨大。产品结构不尽合理，有机食品比例较低。原料产品及初加工产品较多，深加工产品较少。东北三省有机食品单位 194 家，占绿色食品单位 1971 家的 9.8%，有机产品数量 1070 个，占绿色食品数量 4731 个的 22.6%（见表 7）。

表 7　2019 年东北三省绿色及有机食品单位数及产品数

单位：家，个

地　区	单位数		产品数	
	有机	绿色	有机	绿色
辽　宁	24	470	101	927
吉　林	34	391	149	1056
黑龙江	136	1110	820	2748
合　计	194	1971	1070	4731

资料来源：中国绿色食品发展中心：《2019 年绿色食品统计年报》。

（二）新型农业经营主体带动作用不明显，缺乏品牌影响力

尽管新型农业经营主体参与绿色食品认证的单位逐年增加，但是新型农业经营主体参与绿色食品产业发展、产品认证的总体规模仍然偏小。由于绿色食品产业的龙头企业绝对数量和相对数量都较少，对绿色食品产业发展的带动力不强，作用不明显。参与绿色食品认证的各级龙头企业自身规模较小，产品技术含量低，抵御风险的能力差，加之缺乏先进的设备及管理人才，导致自身能力不足，竞争力不强，带头作用较弱。与此同时，东北三省普通绿色食品产品数量较多，具有高科技含量、高附加价值的特色产品

比较少，绿色知名品牌农产品较少，影响较小，缺乏具有产品优势、市场竞争力较强的知名品牌。目前，完达山乳业、北大荒集团、九三油脂、吉林大米、抚松人参、双阳梅花鹿、黄松甸黑木耳、灯塔葡萄、黑山地瓜、辽育白牛等优势企业、品牌逐渐得到市场认可，但多数绿色食品企业规模小、技术效率低、品牌杂乱无章、培育和宣传力度不够，导致品牌知名度低，产品影响力不足。

（三）绿色食品认证主体数量少、规模小

由于种种原因，无公害农产品认证工作已于 2019 年停止。国家级、省级农业产业化龙头企业近几年陆续加入绿色食品认证的行列。但是从全国情况来看，东北三省参与绿色食品认证的龙头企业及农民专业合作社数量较少，体量规模也较小。2019 年，东北三省各种新型农业经营主体参与绿色食品认证的主体基本上占全国的 10% 左右，其中，国家级龙头企业占10.9%，省级龙头企业占 11.3%，地市县级龙头企业占 7.8%，农民专业合作社占 12.8%（见表 8）。参与绿色食品认证的新型农业经营主体占本省各种新型农业经营主体的比重也是非常小。2019 年，吉林省参与绿色食品认证的国家级龙头企业仅占 16.7%，省级龙头企业占 11.3%，地市县级龙头企业占 0.9%，农民专业合作社占 0.14%。没有大规模的龙头企业参与，绿色食品产业发展壮大很困难。

表 8　2019 年东北三省新型农业经营主体绿色食品获证单位数及占比

单位：家，%

地　区	国家级龙头企业		省级龙头企业		地市县级龙头企业		农民专业合作社	
	单位数	占比	单位数	占比	单位数	占比	单位数	占比
辽　宁	6	1.8	48	2.4	54	1.6	199	4.2
吉　林	9	2.7	65	3.2	52	1.5	117	2.5
黑龙江	21	6.4	117	5.7	158	4.7	292	6.1
合　计	36	10.9	230	11.3	264	7.8	608	12.8
全　国	328	100	2040	100	3379	100	4757	100

资料来源：中国绿色食品发展中心：《2019 年绿色食品统计年报》。

（四）缺乏政策资金支持，发展不平衡

目前东北三省财政没有发展绿色食品产业固定预算，每年只能申请专项资金。例如，2019年吉林省级农业绿色发展专项资金安排300万元，对2018年度超计划完成指标符合补贴条件未获补贴企业进行补贴，再补贴新认证绿色、有机和地理标志农产品240个，新加入省级监测信息平台开展追溯生产主体300家；同时，国家给予专项资金200万元，对确定农产品地理标志实施地点为蛟河市、桦甸市、通化县、辉南县、临江市、靖宇县、敦化市、珲春市、安图县、东丰县10个县（市），资金按每个县（市）20万元分配。

由于各省对绿色食品产业发展的支持力度不同，东北三省绿色食品产业发展也不平衡。仅就农产品地理标志登记产品数量来看，黑龙江省最好，占东北三省总量的54.3%；辽宁省次之，占东北三省总量的36.8%；吉林省最少，占8.9%（见表9）。

表9　2008~2019年东北三省农产品地理标志登记产品总数

单位：个

地　区	产品合计	种植业	畜牧业	渔业
辽　宁	95	55	11	29
吉　林	23	22	1	0
黑龙江	140	104	12	24
三省合计	258	181	24	53
全　国	2778	2114	447	217

资料来源：中国绿色食品发展中心：《2019年绿色食品统计年报》。

（五）大众对绿色食品消费认知不足，缺乏发展动力

绿色食品开发与产业发展并不是完全由技术决定的，市场在其中占据着不可忽视的作用。如果市场对绿色食品的接受度不足，势必会限制绿色食品的正常开发。目前东北三省大众对绿色食品的认知还处于浅层阶段，甚至还

有许多消费者对绿色食品存有误解，认为绿色食品只是价格高，对人的饮食健康没有什么特别的好处，购买意愿不足，这直接导致市场对绿色食品的接受度难以有效提升。市场反应不佳，导致相应的厂商、科研机构甚至政府部门等对绿色食品的认证、开发与推广心存芥蒂，投入支持绿色食品认证、开发与推广的资金不足，严重阻碍绿色食品的开发与发展。例如，2019 年吉林省全国绿色粮食食品原料标准化生产基地面积 349.4 万亩，只占全省粮食播种面积的 4.6%，产量占全省粮食产量的 6.6%。其中：吉林省全国绿色食品原料标准化生产水稻基地面积 201.1 万亩，占全省水稻面积的 15.9%，产量占全省的 17.7%；吉林省全国绿色食品原料标准化生产玉米基地面积 148.3 万亩，占全省玉米面积的 2.3%，产量占全省的 4.2%（见表 10）。发展动力不足直接影响绿色食品产业健康快速发展。

表 10　2019 年吉林省全国绿色食品原料标准化生产基地与全省粮食生产情况对照情况

单位：万亩，万吨

类别	基地面积		产量	
	基地	全省	基地	全省
水稻	201.1	1260.6	116.2	657.2
玉米	148.3	6329.4	127.2	3045.3
合计	349.4	7590.0	243.4	3702.5

资料来源：吉林省绿色食品办公室及 2019 年《吉林省统计公报》。

三　东北三省绿色食品产业发展对策

农业绿色发展是一场深刻的变革，需要久久为功，有序推进。随着农业绿色发展战略的深入实施，农业农村现代化和农业高质量发展必将迈上一个新的台阶，农业更加可持续，农民更加富裕，农村更加美丽宜居。

（一）准确定位东北三省绿色食品产业发展方向

以满足人们对美好生活需求为统领，以加强"两品一标"绿色食品认证、扩大绿色食品产业规模、增加绿色食品有效供给为目标，探索一条绿色发展水平高、产品质量高、产业效益高和认证企业强的绿色食品产业"三高一强"的高质量发展道路，进而确定东北三省绿色食品产业发展方向。

一是把东北三省建成国家绿色食品供应基地。牢记习近平总书记关于"保障粮食安全是一个永恒的课题，任何时候都不能放松"的要求，在继续承担好国家商品粮基地的基础上，把东北三省建设成为国家绿色食品供应基地，在满足国家对商品粮需求的基础上，不断扩大绿色粮食基地面积，提高绿色粮食产量，最大限度地满足国家对绿色粮食的需求，提供更大量的绿色商品粮，让人民群众吃到健康的绿色食品。

二是把东北三省建成全国厨房绿色食品采购中心。随着我国社会主要矛盾的变化，我国社会经济持续稳定发展和全面小康社会的建成，人民生活水平不断提升，人民对于食品的需求已经由吃得饱向吃得好、吃得健康、吃得便捷转变。东北三省要顺应人们美好生活对绿色食品的需求，充分利用资源优势、生态优势，大力发展绿色食品加工业，把绿色食品加工企业建设成全国人民的厨房，让绿色优质食材变成全国人民需要的健康美食。东北三省要统筹规划，整合域内绿色食品资源，建设统一的对外交易平台，凭借绿色食品产业集约化、链条化、规模化形成的整体化优势，着力打造全国绿色食品产业采供中心，建设成为全国绿色食品消费供应基地。

三是建成国家绿色食品产业发展示范基地。通过推动绿色食品产业集约化、链条化、规模化发展，推进绿色食品产业资源整合，编织绿色食品产业链、价值链，实现东北三省优势互补、错位发展。以绿色食品产业发展新业态，通过大数据、云计算、人工智能、物联网、冷链物流等支撑，探索"种植养殖—加工—贸易—物流—消费"和"企业＋产品＋品牌＋基地＋终端"的绿色食品全产业链集群模式，扭转绿色食品产销小型化、扁平化的落后格局，大幅度提升绿色食品产业集聚度、质量和效率与效益。在东北三省把绿色食品产业打造成最具竞争力和最有发展潜力的现代农业产业，有效巩固和提升全国绿色食品产业基地的地位，逐步做大做强

东北三省绿色食品产业，成为能够立足国内、面向世界具有较强影响力和竞争力的绿色食品生产基地。

（二）发展绿色食品加工业，带动绿色食品产业融合发展

在东北三省确定率先实现农业现代化大的目标前提下，绿色食品加工业与农业产业化经营应该推进农村一二三产业融合发展。促进一二三产业交叉融合发展是建立现代农业产业体系、生产体系、经营体系的迫切要求，是实现工业化、信息化、城镇化、绿色化和农业现代化"五化同步"发展的重大举措，是城乡发展一体化的必然选择。通过绿色食品产业全产业链之间的融合渗透和交叉重组，以产业链延伸、产业范围拓展和产业功能转型为表征，以绿色食品产业发展和发展方式转变为结果，通过形成新技术、新业态、新商业模式，带动资源、要素、技术、市场需求在绿色食品产业发展过程中整合集成和优化重组。大力推进各类生产要素进行优化配置，促进绿色食品产业生产、加工、流通、休闲、科教以及其他服务业的有机融合，加快带动绿色食品产业融合发展。

（三）发挥国家现代农业示范区优势，率先实现绿色食品产业集群集聚发展

东北三省现有47个国家级各种现代农业示范区。① 示范区是各省农业产业化经营最活跃的区域，是农产品加工业最发达的区域。应充分发挥国家级现代农业示范区的优势，以率先实现农业现代化为目标，以改革创新为动力，主动适应经济发展新时代，立足当前强基础，着眼长远促改革，加快转变农业发展方式，绿色食品产业将在东北三省率先实现集群集聚发展，绿色食品产业与农业产业化经营都将跃上新台阶。示范区将建设成为我国绿色食品产业发展"排头兵"和绿色食品产业改革"试验田"，示范引领中国特色绿色食品产业建设。

---

① 作者调研统计结果。

（四）打造绿色食品品牌，建立精准品牌营销体系

东北三省有庞大的绿色食品市场，绿色食品消费群遍布全国各地，但缺少高端绿色食品的机制消费群体。"十四五"时期通过打造高端品牌，建立营销体系和营销传播体系，以保证绿色食品牌营销价值能够顺利传递传播。一是创建合适的 STP 定位体系。为保证目标人群的稳定性和营销的有效性，创建合适的 STP 定位体系。按照消费者所需要的产品将市场分为若干不同的购买者群体，并描述他们的轮廓，进行市场细分；选择一个或者几个准备进入的细分市场，进行市场目标化；建立并在市场上传播该绿色食品的关键特征与利益，进行市场定位。二是选择精准的营销渠道，保证各层次消费人群均能够得到自身需要的绿色食品。三是创建绿色食品生产主体的自建渠道。绿色食品各生产主体可自行创建或者利用已经创建的销售渠道，扩大自身产品销售规模。四是打造互联网营销渠道。采用网络平台，采取"互联网""物联网"营销模式，广泛传递传播绿色食品。五是建立绿色食品直接消费终端。通过餐饮酒店场所，让消费者直接品尝绿色食品，通过消费体验，满足不同消费者对绿色食品的需求。

（五）加大改革力度，实现创新融合发展

依托农业资源特色、现有产业及技术基础，有选择地培育和导入绿色食品产业全产业链上的断层缝合、空白填补和结构调整。鼓励外来资本、工商资本和民营资本投资兴建绿色食品加工项目。各省、各相关部门要明确职责分工，各司其职，密切协作，形成合力，共同推动绿色食品产业加快发展。大力发展各种形式的农民协会、农民专业合作社和农村经纪人组织，推动服务组织之间的联合和合作，为绿色食品产业提供服务保障。支持发展订单农业，推广示范文本，鼓励龙头企业通过保护价收购和合同订购等方式，与农民建立稳定的利益联结机制。整合资金，加大投入。全力推进涉农资金整合使用，稳步推进预算编制环境的整合，按照"统一规划、集中投入、渠道不乱、用途不变、各负其责、各记其功、形成合力"的原则，整合各类现

有涉及绿色食品产业的项目资金，按照相关规划的要求，统筹安排，集中投入，实现"规划一片、建设一片、建好一片、成功一片"。支持各地探索开展资金整合的有效途径。用好用足国家和省相继出台的扶持绿色食品种植养殖、加工业以及三次产业融合发展的相关政策。继续加大财政支农力度，持续增加财政对绿色食品产业发展支出，预算内基本建设投资向重大绿色食品加工业项目倾斜。引导社会资本投入绿色食品产业，鼓励和促进城市要素向绿色食品产业化经营配置。

参考文献

1. 吉林省绿色食品办公室：《吉林省"十三五"绿色食品专题研究报告》。
2. 吉林省绿色食品办公室：《2019 年地理标志农产品生产设施及品牌建设项目实施细则（试行）》。
3. 陈兆云：《绿色食品理论与实践》，中国农业科学技术出版社，2016。
4. 张国荣：《绿色食品工作指南》，中国农业出版社，2019。
5. 赵莉：《创新驱动背景下黑龙江省绿色食品产业发展路径探索》，《商业经济》2019 年第 1 期。
6. 马丽娜：《绿色食品经济发展问题及对策研究》，《科技经济导刊》2019 年第 8 期。

社会发展篇

Social Development Reports

B.12
东北三省服务业高质量发展研究

赵　勤*

摘　要：　　"十三五"时期东北三省服务业规模不断扩大，吸纳就业能
力增强，服务创新层出不穷，服务业发展质量明显提高。但
与高质量发展要求相比，仍存在产业规模小且结构不优、区
域城乡发展不均衡、市场主体竞争力不强、人力资源支撑不
足、标准化建设相对滞后等问题和挑战。在新冠肺炎疫情全
球暴发、世界百年未有之大变局对服务业产生重大冲击的背
景下，东北三省服务业高质量发展应选择数字化、融合化、
平台化、标准化和品牌化五大战略方向。要进一步优化空间
布局，推进区域城乡均衡发展；培育壮大市场主体，保护弘
扬企业家精神；吸引人力资源集聚，引领产业扩容增量；深

* 赵勤，黑龙江省社会科学院研究员，研究方向为农业经济理论与政策、服务经济。

化对内对外开放，提高有效监管与风险防控。

关键词：　服务业　服务创新　高质量发展　东北三省

作为经济发展的"稳定器"和"助推器"，服务业高质量发展是不断满足人民美好生活需求的重要保障，是深入推进产业转型升级的重要手段，也是建设新时代经济体系的重要内容。服务业高质量发展，是产业结构更加优化的发展，是区域城乡更趋均衡的发展，是增长动能更可持续的发展，是对内对外更加开放的发展。在中国全面建成小康社会、世界百年未有之大变局加剧、新冠肺炎疫情全球大流行的背景下，东北三省要实现全面振兴、全方位振兴，必须大力推进服务业高质量发展。

一　"十三五"时期东北三省服务业发展状况

2016年以来，东北三省服务业发展进入了全面提升的新阶段，产业规模、就业能力、发展质量都有比较明显的提高。

（一）产业规模不断扩大，主导地位逐步提升

根据第四次全国经济普查数据，东北三省服务业共有产业活动单位104.11万个，其中辽宁省53.97万个，吉林省18.84万个，黑龙江省31.30万个；个体经营户364.83万户，其中辽宁省200.68万户，吉林省73.85万户，黑龙江省90.30万户。2019年，东北三省实现服务业增加值26320.1亿元，其中，辽宁省13200.4亿元，同比增长5.6%；吉林省6304.7亿元，同比增长3.3%；黑龙江省6815.0亿元，同比增长5.9%。服务业增加值占地区生产总值的比重也由2015年的46.7%提高到2019年的52.4%，占据半壁江山。2020年初以来，受新冠肺炎疫情的冲击和错综复杂经济环境的影响，东北三省服务业出现负增长，但随着疫情防控和经济社会发展的统筹推

进，服务业逐步复苏，降幅呈现逐季收窄态势。2020 年前三季度，东北三省累计实现服务业增加值 19619.9 亿元，其中：辽宁省 9692.3 亿元，同比下降 2.2%，降幅比上半年收窄 2.4 个百分点；吉林省 4864.5 亿元，同比下降 1.1%，降幅收窄 0.9 个百分点；黑龙江省 5063.1 亿元，同比下降 3.0%，降幅收窄 2.6 个百分点（见图 1）。

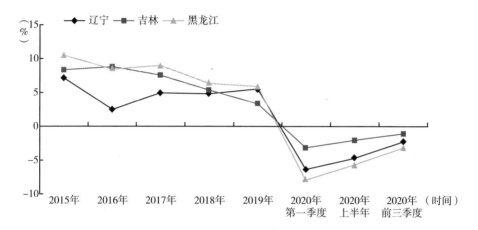

图1　"十三五"时期东北三省服务业增长情况

资料来源：2015～2019 年东北三省各省统计年鉴和 2020 年东北三省各省统计月报。

（二）服务创新层出不穷，内部行业分化加剧

"十三五"以来，随着技术渗透和产业融合，东北三省服务业技术创新、业态创新和商业模式创新不断加快。特别是受新冠肺炎疫情的影响，基于移动互联网、大数据、云计算、物联网的服务应用和创新日益活跃①，网上购物、线上教学、视频会议、远程医疗、智慧社区等加快普及，不但增加了服务新供给，刺激了服务新需求，而且也使服务业内部行业分化加剧。从服务业内部来看，2020 年以前，服务业内部各行业虽然仍保持增长态势，但旅游业、金融业、软件和信息服务业增长较明显，占服务业的比重也有所

①　张娜：《服务业对我国经济增长带动作用持续显现》，《中国经济时报》2018 年 8 月 2 日。

提升；批发和零售业、住宿和餐饮业、交通运输仓储邮政业、房地产业增速则有不同程度放缓，所占比重有所下降。2020年初以来，受疫情影响，房地产业、批发和零售业、住宿和餐饮业等传统服务行业负向增长，但"宅经济"也促进了邮政快递业、"直播带货"等网上零售业、线上教育、社区服务业等新行业新业态新模式的快速发展。2020年前三季度，辽宁省商品网上零售额同比增长23.9%，吉林省同比增长18.5%，黑龙江省同比增长23.0%。

（三）吸纳就业能力增强，就业主渠道作用明显

"十三五"以来，东北三省服务业吸纳就业的能力不断增强。根据第四次全国经济普查数据，东北三省服务业法人单位和个体经营户共有从业人员1733.65万人，占第二、第三产业从业人数的比重高达60.0%，服务业正在成为劳动就业的主渠道。2020年，受新冠肺炎疫情全球蔓延和东北经济下行压力加大的双重影响，东北三省服务业就业吸纳能力减弱，特别是旅游、餐饮、娱乐等受到疫情防控的限制。但从产业发展规律和劳动就业经验来看，服务业仍是未来最具就业潜力的产业。可以预见，未来东北三省服务业的就业贡献会进一步提升，其就业主渠道的地位将更加巩固。

（四）投资增速波动较大，服务消费比重提升

"十三五"以来，东北三省服务业固定资产投资额占全社会固定资产投资额的比重虽然总体上保持在50%以上，但服务业固定资产投资增速波动比较明显。辽宁省2016~2018年服务业固定资产投资均为负增长，2019年才由负转正。2020年第一季度，辽宁、吉林、黑龙江三省服务业固定资产投资分别下降16.9%、10.6%和2.4%；2020年上半年末辽宁、吉林两省服务业固定资产投资增长由负转正，分别为0.2%、9.8%，黑龙江省同比下降3.3%；前三季度，辽宁省、吉林省服务业投资分别增长1.1%、8.7%，黑龙江省仍为负增长，但降幅比上半年收窄2.1个百分点（见图2）。从投资领域看，房地产投资总体趋缓，而地铁、高速公路、国道等交通运输业、

休闲康养业和电信、广播电视和卫星传输服务业等固定投资增长较快，对服务业的拉动作用比较明显，成为稳投资的关键。与此同时，随着东北三省城乡居民可支配收入的增长和消费升级，以大众餐饮、文化娱乐、教育培训、休闲旅游、医疗保健、信息服务等为代表的服务消费成为东北三省消费热点。2019 年，在东北三省居民人均消费支出中，交通通信、教育文化娱乐、医疗保健三项服务消费支出占比就达 40% 左右。

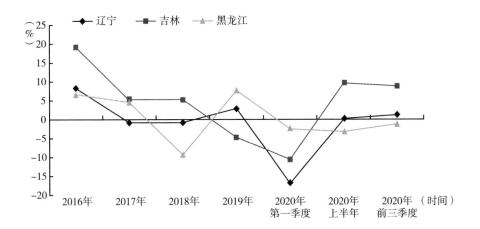

图 2 　"十三五"以来东北三省服务业固定资产投资增长情况

资料来源：2016～2019 年东北三省各省统计年鉴和 2020 年东北三省各省统计月报。

二　东北三省服务业高质量发展的主要问题

（一）产业规模小且结构不优

东北三省服务业发展总体上处于全国中下游水平。2019 年，辽宁、吉林、黑龙江三省服务业增加值分别为 13200.4 亿元、6304.7 亿元、6815.0 亿元，分别排在全国的第 14 位、第 26 位、第 25 位；服务业增加值占比分别为52.9%、53.8%、50.0%，分别排在全国的第 9 位、第 12 位、第 25 位。从服务业内部结构看，传统服务业产业发展较慢，但规模较大，新兴服务业增长

速度快，但总量规模较小；生活性服务业有效供给不足、质量水平不高，生产性服务业发展不充分，特别是中高端领域生产性服务业发展不充分。

（二）区域城乡发展不均衡

从区域服务业发展来看，受区位条件、经济发展水平、科技实力、人力资源、基础设施、信息化程度等因素影响，现代金融、软件及信息服务、文化娱乐、卫生保健等高度集中在沈阳、长春、哈尔滨、大连等中心城市，服务业发展水平较高，中小城市服务业规模小、发展不充分，且普遍存在特色不够突出、产业结构趋同等问题。从城乡服务业发展来看，城市人口集中、基础设施完备，服务业相对发达；乡村服务设施薄弱和服务供给不足，生产性服务业、生活性服务业发展不充分，专业化、社会化、产业化水平低，且主要集中在低水平的传统领域，特别是乡村医疗卫生、文化教育等服务行业与城市相比存在很大差距。

（三）市场主体竞争力不强

东北三省服务业企业数量众多，但大多数规模偏小、市场竞争力偏弱，同行业间业务内容雷同度较高，创新服务较少，在国内外市场上知名度低，竞争力不强。仅有吉林银行股份有限公司、长春欧亚集团、黑龙江倍丰农业生产资料集团等几家企业入围 2020 年中国服务业企业 500 强，且均排在第260 位以后。黑龙江倍丰集团在 500 强服务业企业中的位次逐年下降，由2015 年的第 208 位下滑至 2020 年的第 317 位。2020 年黑龙江省百强服务业企业的最低门槛为营业收入 6.70 亿元，仅相当于同期中国服务业企业 500强入围门槛的 12.22%。

（四）人力资源支撑不足

人口要素作为经济社会发展的基础，其规模、结构与空间分布影响东北三省服务消费和服务业发展。东北三省的人口自然增长率较低，且近年来人口外流严重，使得总人口持续下降。2019 年，东北三省常住人口为 10793.7

万人，比 2015 年末减少了 153.3 万人，且老龄人口占比超过 12%。同时，服务业又是劳动密集型和知识技术密集型的产业，其发展需要大量劳动力投入和专业人才支撑。近年来，全国各大城市间的人才争夺，特别是对年轻人的争夺日益激烈，省外城市"零门槛落户"、家属随迁、人才公寓、租房购房补贴、创业补贴、优惠贷款等政策，成为吸引服务业中高端人才外迁、高校毕业生东北就业意愿下降的重要因素。人口大量流失、人口老龄化、专业人才不足，正在削弱东北三省服务业发展优势，人力资源缺乏问题在三、四线城市表现得尤为明显。

（五）标准化建设相对滞后

"十三五"以来，东北三省共有 4 个项目入选国家标准化服务业试点单位，3 个市县获批成为首批国家基本公共服务标准化试点；东北三省还积极开展实施了省级服务业标准化试点，制定修订服务标准化规划、服务业地方标准等。但总体来看，东北三省服务业行业标准和行业规范建设相对滞后，特别是一些新兴服务行业和业态的地方标准规范制定工作尚处于起步阶段①，服务业相关标准化地方法规、规章数量少且覆盖面不足，还没有真正建立起适应服务业高质量发展要求的标准化体系。

三 东北三省服务业高质量发展的战略方向

当前，中国经济正处在世界百年未有之大变局、中华民族伟大复兴战略全局的时代背景中，东北振兴的环境条件发生了深刻变化。东北三省服务业发展在迎来一系列新机遇的同时，也面临着严峻的风险挑战。结合服务业发展趋势、服务业高质量发展内涵以及新冠肺炎疫情对服务业的深远影响，本研究将东北三省服务业高质量发展的战略方向归纳为数字化、融合化、平台化、标准化和品牌化。

---

① 来有为：《推动服务业高质量发展需解决几个关键问题》，《经济日报》2018 年 7 月 12 日。

（一）服务业数字化

数字技术的应用与发展，正在向生产生活领域和公共治理领域广泛渗透，"数字＋""互联网＋"不断大量涌现。特别是疫情催生了以无接触服务为代表的新业态、新模式，推动了服务业特别是生活性服务业线下场景线上化。服务业数字化转型，是推进东北三省服务业高质量发展的必要路径。一是推进服务贸易数字化，实施数字贸易优先发展战略。二是推进传统服务业数字化改造，不断提高服务业生产效率，降低服务交易成本。三是推进公共服务业数字化，强化基本公共服务业领域的数字化改造，缩小城乡基本公共服务差距。

（二）服务业融合化

随着科技的不断进步与广泛应用，不同产业间的边界日益模糊，融合发展成为现代产业发展的必然趋势和重要特征。加快东北三省服务业高质量发展，必须顺应产业融合的趋势和规律，推进服务产业融合化。一是深化制造业与服务业融合，加快制造业服务化转型，培育服务业的"智造"元素，大力发展服务型制造。二是深化现代农业与服务业融合，引导农业向生产服务一体化转型，推动农业"接二连三"。三是深化服务业内部融合，顺应消费升级和产业升级趋势，支持服务企业拓展经营领域，以技术创新、业态创新、商业模式创新为驱动力，重点推动"互联网＋""设计＋""旅游＋""养老＋""文化＋"等跨界融合发展，提升服务业信息化、市场化、社会化发展水平。

（三）服务业平台化

平台化可以将分散的服务供给与服务消费有机结合起来，有效降低服务交易成本，提高资源配置效率，是服务业发展的主要趋势之一。加快东北三省服务业高质量发展，需要大力推进服务产业平台化。一是打造生产性服务业发展平台。依托重点龙头企业、科研院所，围绕主导产业、战略性新兴产业、关键技术、要素市场、专业服务等，加快建设一批研发创新平台、科研孵化平台、数据服务平台、公共信息服务平台等，提高研发、制造、服务等环节的协同与集成发展能力。二是推进生活性服务业平台建设。有效利用互联网、大数据、云计算等信息技术，加快共享性的生产性服务业平台建设，将众多分散经营的中小规模服务主体纳入共享平台，实现供给与需求的有效对接，推进"平台＋产业链"模式发展，加快生活性服务业数字化转型。

（四）服务业标准化

由于服务产品的无形、异质特性，长期以来服务业很难像制造业一样标准化，因此服务业规模化扩展也较难实施。但随着科学技术的进步和商业模式的创新，越来越多的服务行为可以制定供应者和消费者遵循的标准或准则。[1] 服务业标准化不但降低了大规模服务交易的成本，提高了服务业生产率，而且也成为服务业发展的重要趋势之一。东北三省要满足服务业高质量发展要求，大力推行服务业标准化试点建设，严格实施服务业相关国家标准，建立健全地方服务标准体系，加强服务业标准化培训。

（五）服务业品牌化

品牌化是产业发展的主要趋势之一。品牌化的过程就是通过创建和发展差异化的品牌，使产品或服务品牌形象获得消费者识别和认可，为利益相关主体带来品牌效应的过程。服务产业品牌化可以让品牌使用者获得一定的经济效益和社会影响。加快东北三省服务业高质量发展，需要大力推进服务产业品牌化。一是培育壮大品牌经营主体，鼓励服务业龙头企业利用品牌资源进行扩张和延伸。二是要做好品牌创建与维护工作。

---

[1] 夏杰长：《迈向"十四五"的中国服务业：趋势预判、关键突破与政策思路》，《北京工商大学学报》（社会科学版）2020 年第 4 期。

四 东北三省服务业高质量发展的对策建议

（一）优化空间布局，推进区域城乡均衡发展

一是以四大城市群为中心，加快促进现代服务业的极化和网络化发展。城市群是东北三省服务业高质量发展的重要依托。目前，东北三省已经形成以沈阳为中心的抚顺、辽阳、本溪、鞍山、铁岭、阜新城市群；以大连为中心的营口和丹东城市群；以长春为中心的吉林市、松原、辽源和四平城市群；以哈尔滨为中心向西北延伸到大庆和齐齐哈尔，向东南延伸到牡丹江，向东北延伸到佳木斯的城市群。① 围绕四大城市群的生产力布局和城市空间格局，因地制宜构建区域化、差异化、规模化的现代服务业区域新格局。二是把握"十四五"时期全面推进乡村振兴，加快推进乡村服务业发展。以提高乡村服务业与资源环境匹配度为基准，综合考虑各地资源禀赋、区位条件、发展基础、生态环境，选准乡村服务业发展的方向，通过功能开发、链条延伸、业态融合等方式，推进乡村文旅、休闲观光、健康养生、农事体验、电子商务等服务业新行业新业态加快发展。同时，加快补齐乡村基础设施和公共服务设施短板，加大建设的投入力度，促进城乡基础设施互联互通；加快补齐乡村基本公共服务短板，加大文化教育、医疗卫生、社会保障等公共服务向乡村倾斜的力度，促进城乡公共服务均等化。

（二）培育壮大市场主体，保护弘扬企业家精神

习近平总书记指出，"市场主体是我国经济活动的主要参与者、就业机会的主要提供者、技术进步的主要推动者"②。推进东北三省服务业高质量

---

① 孙思柱：《东北资源型城市转型条件和选择：城市群是重要依托》，《经济观察报》2020 年 1 月 4 日。
② 《习近平：激发市场主体活力弘扬企业家精神推动企业发挥更大作用实现更大发展》，新华网，http://www.xinhuanet.com/politics/2020-07/21/c_1126267539.htm。

发展，必须激发服务业市场主体创业创新活力，充分发挥企业家的积极性、主动性和创造性。一是培育壮大服务市场主体。鼓励东北各省对营业收入超过5000万元的服务企业给予政策支持，助其进一步做大规模，完善产品结构，拓展客户资源，加快向价值链高端延伸；通过推进服务业重点项目建设、鼓励制造业企业剥离非核心业务、加快生产经营性事业单位改制，加快培育新企业和改造传统企业；积极开展国内外招商推介，重点引进一批国内外知名服务领军企业，发挥领军企业的示范带动效应；为中小型服务企业提供信息咨询、技术支持、市场开拓、融资担保等服务，激发中小企业的创新活力。二是激发保护企业家精神。依法保护企业家的财产权益、创新权益，稳定企业家的投资预期；推进政府职能转变，优化服务改革，全面实施服务市场准入负面清单制度，保护企业家自主经营权；鼓励企业家通过股权融资获取创新资金、分散风险；鼓励创新公司治理模式，建立有效的激励约束机制，提高企业家创新成功率。

（三）吸引人力资源集聚，引领产业扩容增量

人是最活跃、最持续、最有效的发展要素，推进服务业高质量发展关键在人。坚持引育并重，强化服务业发展的人力资源支撑。一是把留住人特别是留住年轻人放在优先位置。针对东北三省人口流失严重的问题，全面落实各项人口政策和人才政策，放低门槛接纳普通劳动者，推进农民工市民化进程；加大对服务业相关专业高校毕业生在东北就业创业创新的扶持力度，吸引高素质的青年服务人才。二是加大中高层次人才引进力度。不断优化发展环境，通过制定高层次创新人才引进计划，设立创新型人才引进专项基金，实施人才柔性引进管理办法，畅通各界人士回归东北的渠道，围绕服务业发展的重点领域，面向国内外引进一批中高端创新型服务人才。三是创新人才培育机制。鼓励普通高等学校、职业院校增设服务业相关专业，支持企业和社会力量兴办职业教育，对接线上线下教育资源，重点围绕生产性服务领域、民生服务领域需求，开展分级分类精细化培训，提升服务业从业人员职业技能，增强服务供需对接能力。

（四）深化对内对外开放，提高有效监管与风险防控

经济服务化和服务全球化是世界经济发展的主要趋势，服务业的对外开放，在一定程度上影响区域经济发展水平和国际竞争力的提升。推进东北三省服务业高质量发展，必须深化服务业的对外开放。按照构建国内国际双循环相互促进新发展格局的要求，东北三省服务业的开放要统筹考虑对内开放和对外开放。

一是扩大服务业对外开放，改善服务业供给结构。关注服务业发展所需生产要素的外循环，加快服务贸易国际化进程，发展高端生产性服务外包，鼓励跨境电子商务发展，引导出口企业向生产服务型转变，推动与国际产能合作相关的金融、保险、物流、信息、研发设计等服务出口；扩大健康养老、文化娱乐、教育医疗等领域对外开放，简化境外投资审批程序，提高服务业境外投资的便利化程度。

二是扩大服务业对内开放，放宽服务市场准入。要进一步打破服务业领域的市场垄断与行政垄断，除少数关系国家安全和国计民生的重点服务业外，其他服务行业可实施"非禁即入"的准入制度，向非国有资本、非本地要素开放，鼓励公平竞争，在对内开放竞争中提高服务业发展质量。

三是依托重点开放平台加大服务业开放力度。充分利用自贸试验区、服务外包基地城市、服务贸易创新发展试点城市服务产业发展基础较好、制度创新空间较大的开放平台功能，大胆尝试、勇于创新，创造更加开放的投资经营环境，加强放宽外资股比限制，接轨国际服务标准，互认执业资格等关键性制度创新，完善口岸、跨境运输等开放基础设施建设。

四是强化服务业风险监管及风险应对。服务业涉及电信、金融、网络安全等重要敏感领域，因此，东北三省还要适应服务业开放和数字经济发展的要求，加强对服务业的有效监管和风险防控。以安全与公平为导向，完善外商投资审查制度，将外资纳入国内服务产业体系的框架统一管理；提高服务业监管信息化水平，建立全产业链、全流程监管体系，推进智能监管模式，加强事中事后监管；完善对跨境电商、保税物流、保税维修等新兴服务行业法律法规建设。

参考文献

1. 夏杰长：《迈向"十四五"的中国服务业：趋势预判、关键突破与政策思路》，《北京工商大学学报》（社会科学版）2020 年第 4 期。
2. 姜长云：《新时代推动服务业高质量发展》，《中国西部》2019 年第 6 期。
3. 姜长云：《服务业高质量发展的内涵界定与推进策略》，《改革》2019 年第 6 期。
4. 王成金等：《新时代下东北地区高质量发展的战略路径研究》，《中国科学院院刊》2020 年第 7 期。
5. 潘莉：《服务业高质量发展指数研究与实证分析》，《统计科学与实践》2019 年第 3 期。

B.13
东北三省旅游业高质量发展对策研究

徐卓顺　田振兴*

摘　要： 东北三省的旅游产业已经成为农业、工业、文创等行业发展的平台与纽带，在东北振兴中的作用日益凸显。东北三省的旅游产业仍存在较大的上升空间，目前，东北三省旅游业仍存在旅游资源利用率低、旅游业产品形态单一、区域旅游发展不平衡、区域旅游资源整合不足、智能与创新运用不充分等问题。东北三省应顺应新趋势，充分利用旅游发展的黄金增长期，尽快释放旅游产业发展的空间与潜力，大力发展"绿色经济"和"白色经济"，促进东北三省旅游产业高质量发展。

关键词： 冰雪旅游　休闲旅游　高质量发展　东北三省

旅游业作为"幸福产业"，是提升人民物质文化生活需求的标志和"刚需"。为适应社会基本矛盾的变化，要注重将旅游业打造成为提升人民幸福感的"幸福产业"，着力推进旅游产业提质扩容，不断丰富旅游产品，提高旅游品质。因此，发展高质量旅游业，是实现人民"美好生活需要"的"抓手"，是实现东北振兴、解决发展不平衡不充分、实现区域协调发展的"抓手"。

---

* 徐卓顺，吉林省社会科学院软科学开发研究所副所长，研究员，研究方向为数量经济和宏观经济；田振兴，吉林省社会科学院软科学开发研究所研究实习员，研究方向为消费经济、产业经济。

一 东北三省旅游业发展现状

（一）旅游业逐渐扩张，在 GDP 中比重显著提升

旅游人次有突破。2019 年，东北三省接待游客总人数突破 10 亿人次，达到 110667.91 万人次，同比增长 14.27%。其中，黑龙江省共接待游客 21665.2 万人次，比上年增长 19.0%；吉林省共接待游客 24833.01 万人次，比上年增长 12.08%；辽宁省共接待游客 64169.7 万人次，比上年增长 13.60%。旅游总收入大幅增长。东北三省实现旅游总收入 13826.98 亿元，同比增长 16.94%。国内旅游收入 13620.79 亿元，旅游创汇 29.87 亿美元，下降 2.32%。其中，黑龙江省实现旅游业总收入 2683.8 亿元，增长 19.60%。国内旅游收入 2640.2 亿元，增长 19.60%；旅游外汇收入 6.32 亿美元，与上年持平。吉林省实现旅游总收入 4920.38 亿元，增长 16.85%。国内旅游收入 4877.89 亿元人民币，增长 17.10%；旅游外汇收入 6.15 亿美元，下降 10.34%。辽宁省旅游总收入 6222.8 亿元，比上年增长 15.90%。国内旅游收入 6102.7 亿元，增长 16.10%；旅游外汇收入 17.4 亿美元，与上年基本持平（见表 1）。旅游业增加值占 GDP 比重有所提升。2019 年，东北三省旅游业增加值占 GDP 的比重由 2018 年的 24.4% 提升为 27.5%，为东北经济发展作出了突出贡献。旅游业加快复苏步伐。2020 年初疫情的暴发，对以冰雪旅游为主的东北地区造成了很大的影响，第一季度各省的旅游业收入均出现了负增长。随后，东北三省认真学习贯彻落实习近平总书记关于错峰、限量、预约、有序和人数不超瞬时最大承载量 30% 的重要指示精神，一手抓旅游市场复苏，一手抓疫情防控，旅游市场复苏加快。五一和端午小长假期间吉林和辽宁两省旅游收入分别达到 40.99 亿元和 37.60 亿元，分居所公布数据的 24 个省份中的第 15 位和第 16 位。国庆期间，东北三省一手促消费，一手保安全，文旅需求旺盛，复苏强劲，市场平稳祥和，东北三省旅游消费在十一长假期间开启了快速复苏通道，游客人数和消费较五一

和端午小长假有大幅度提升。旅游人次达到 8307.7 万人，较 2019 年同期恢复 95.26%；旅游总收入达到 520.66 亿元，较 2019 年同期恢复 98.55%。其中，辽宁省共接待游客 5044 万人次，恢复到上年同期的 93.96%；旅游总收入 305.13 亿元，恢复到上年同期的 91.82%。吉林省共接待游客 1626.3 万人次，恢复到上年同期的 89.65%；实现旅游总收入 107.53 亿元，恢复到上年同期的 80.04%。黑龙江省共接待游客 1637.4 万人次，恢复到上年同期的 106.41%；实现旅游总收入 108 亿元，恢复到上年同期的 175.04%（见表 2）。

表 1 2019 年东北三省旅游人次、旅游收入和增长率

省份	国内外游客（万人次）	增长率（%）	国内游客（万人次）	增长率（%）	入境游客（万人次）	增长率（%）
吉林省	24833.01	12.08	24696.43	12.19	136.58	-4.99
辽宁省	64169.7	13.60	63875.6	13.60	294.1	2.20
黑龙江	21665.2	19.00	21554.5	19.10	110.7	1.40
合计	110667.91	14.27	110126.53	14.31	541.38	0.13

省份	旅游总收入（亿元）	增长率（%）	国内旅游收入（亿元）	增长率（%）	旅游外汇收入（亿美元）	增长率（%）
吉林省	4920.38	16.85	4877.89	17.10	6.15	-10.34
辽宁省	6222.8	15.90	6102.7	16.10	17.4	0
黑龙江	2683.8	19.60	2640.2	19.60	6.32	0
合计	13826.98	16.94	13620.79	17.12	29.87	-2.32

资料来源：2019 年东北三省各省国民经济和社会发展统计公报、东北三省各省文化和旅游厅。

表 2 2020 年东北三省十一长假旅游人次和旅游收入及其恢复情况

省 份	旅游人次（万人）		恢复比例（%）	旅游总收入（亿元）		恢复比例（%）
	2020 年	2019 年		2020 年	2019 年	
吉林省	1626.3	1814.11	89.65	107.53	134.34	80.04
辽宁省	5044	5368	93.96	305.13	332.3	91.82
黑龙江	1637.4	1538.8	106.41	108	61.7	175.04
合 计	8307.7	8720.91	95.26	520.66	528.34	98.55

资料来源：东北三省各省文化和旅游厅。

（二）发展机制成熟，发展环境逐步完善

东北三省各省省委省政府坚持把旅游业定位为国民经济的战略性支柱产业和人民群众更加满意的现代服务业，推进旅游强省建设，培育振兴发展新动能，明确把旅游业作为转变经济发展方式、调整经济结构、拉动国内需求的重要内容。坚持"政府主导、部门联动、社会参与"的大旅游发展战略，初步形成了上下合心、部门协力、多级联动的良好局面。东北三省强化了旅游发展委员会的领导职能，出台了鼓励和促进旅游产业发展的专项政策。辽宁省下发《关于进一步加快旅游业发展的实施意见》，吉林省下发《促进旅游业改革发展的实施意见》《吉林省推进旅游业攻坚发展实施方案》《吉林省乡村旅游发展三年行动指导意见》，黑龙江省下发《加快冰雪旅游产业发展的实施意见》《旅游市场信用体系建设实施意见》《关于推进避暑休闲产业创新发展的实施意见》等文件。辽宁省统筹推进"五位一体"总体布局和协调推进"四个全面"战略布局，加快推进"一带五基地"建设，深入实施"五大区域发展战略"，打造"世界知名生态休闲旅游目的地"，培育壮大旅游经济。吉林省构建冰雪产业格局，形成东部冰雪体验之旅、西部渔猎文化之旅、南部康体养生之旅，构建长吉都市冰雪运动与休闲度假和大长白山冰雪生态度假两个产业集聚区。构建"七位一体"的避暑休闲核心产业体系，健全"绿色"产品体系，加大生态休闲、健康养老等产品开发力度，打造吉林夏季旅居胜地。同时，探索成立吉林省旅游协会乡村旅游分会，提升乡村旅游发展水平。黑龙江省建设"一区四带"，打造哈尔滨都市时尚冰雪旅游区、滑雪旅游度假带、冷热矿泉冰雪旅游带、森林冰雪旅游带、极寒冰雪旅游带，培育旅游精品线路。

（三）配套设施日趋完备，服务水平逐步提升

2019年，东北三省共有旅行社3325家，星级以上饭店681家，其中五星级宾馆38家。其中，黑龙江省有旅行社837家，星级以上饭店186家，其中五星级宾馆6家；吉林省有旅行社967家，星级以上饭店98家，其中

五星级宾馆 5 家；辽宁省有旅行社 1521 家，星级以上饭店 397 家，其中五星级宾馆 27 家。新增加星级以上饭店数量是 2018 年的 1.03 倍，新增加的五星级宾馆数量是 2018 年的 1.09 倍。东北三省还拥有图书馆 306 个，博物馆 366 个，文化馆、艺术馆 354 个，全国重点文物保护单位 246 个，不可移动文物 4.4 万件。其中，黑龙江省共有图书馆 110 个，博物馆 194 个，文化馆、艺术馆 150 个，全国重点文物保护单位 57 处，不可移动文物近 1.1 万件；辽宁省有图书馆 130 个，博物馆 65 个，文化馆、艺术馆 125 个，全国重点文物保护单位 94 个，不可移动文物近 2.4 万处；吉林省共有图书馆 66 个，博物馆 107 个，文化馆、艺术馆 79 个，全国重点文物保护单位 95 个，不可移动文物 0.9 万件（见表 3）。此外，东北三省近年来不断加强基础设施建设，改善旅游出行体验。如"京沈高铁"建成通车，伊开、集通、长吉（改扩建）、榆松高速公路相继建成通车。规划建设绥满高速、京哈高速，沈白客运专线、哈尔滨至绥化至铁力客运专线。辽宁省规划布局 28 个通用机场；吉林省新建、扩建机场项目 4 个；黑龙江省新开工哈尔滨机场二期扩建工程，新建绥芬河机场，改扩建伊春、大庆支线机场等 4 个项目，新建木兰、嘉荫通用机场等 4 个项目，完善东北地区机场群。此外，东北三省纷纷启动了"智慧旅游"系统建设，围绕基于游客的智能服务和基于政府的智能管理两条主线，充分运用物联网、云计算、下一代通信网络等现代信息技术，开展旅游在线服务、网络营销、网络预订和网上支付，极大地方便了游客。

表 3　2019 年东北三省旅游业配套设施分布情况

省份	旅行社（家）	星级以上饭店（家）	五星级宾馆（家）	图书馆（个）	博物馆（个）	文化馆、艺术馆（个）	全国重点文物保护单位（个）	不可移动文物（万件）
吉林省	967	98	5	66	107	79	95	0.9
辽宁省	1521	397	27	130	65	125	94	2.4
黑龙江省	837	186	6	110	194	150	57	1.1
合计	3325	681	38	306	366	354	246	4.4

资料来源：2019 年东北三省各省统计公报，中商情报网《2019 年全国各省市星级酒店数量排行榜》，文化和旅游部《2019 年第四季度全国各地星级饭店统计报告》，中国旅游饭店业协会《2019 年最新中国五星级酒店完整名录》。

(四)科学规划引领成效显著，旅游业转型步伐加快

坚持以高起点、高标准的旅游规划指导旅游开发和发展。吉林省下发了《旅游业发展"十三五"规划》《吉林冰雪旅游产业发展总体规划》，吉林省委省政府出台《关于进一步优化区域协调发展空间布局的意见》，提出《长通白延吉长避暑冰雪生态旅游大环线发展规划》和《长松大白通长河湖草原湿地旅游大环线发展规划》；辽宁省政府下发《辽宁省旅游发展总体规划》《辽宁省旅游业发展"十三五"规划》《辽宁省关于全域旅游总体规划》《辽宁省滨海休闲旅游度假带规划》；黑龙江省下发《黑龙江省旅游业"十三五"发展规划》《黑龙江省全域旅游发展总体规划（2020~2030年)》《黑龙江省冰雪旅游产业发展规划（2020~2030年)》《黑龙江省生态旅游专项规划（2017~2025)》，构建了一个覆盖东北三省的旅游规划体系，为扎实推进东北三省旅游科学发展、转型发展、提速发展指明了方向。按照规划，在丰富完善观光旅游产品的同时，重点开发冰雪旅游、休闲度假和体验性旅游产品。2019年，吉林省通化市高句丽文物古迹旅游景区、黑龙江省虎林市虎头旅游景区、辽宁省盘锦市红海滩风景廊道景区创成国家5A级景区。吉林省的梅河口海龙湖景区、长白山野山参生态园，黑龙江省大庆赛车小镇旅游区、哈尔滨融创乐园、鸡西市兴凯湖新开流景区、哈尔滨波塞冬旅游景区、哈尔滨美丽岛温泉水乐园和同江市街津口赫哲旅游度假区，辽宁省盘锦北旅田园景区、盘锦广厦艺术街、盘锦中尧七彩庄园、盘锦特产博物馆群创成国家4A级景区。

(五)人才队伍逐步壮大，整体素质显著提升

东北三省充分发挥现有旅游院校和旅游培训机构的作用，有计划地定向培养各类旅游专业人才，突出小语种导游、复合型导游、技师等人才培养。东北三省依法规范导游注册，分别出台了《辽宁省导游人员管理办法》《吉林省旅游管理办法》《黑龙江省旅游管理条例》，并建立培训基地，开展旅游从业人员在线教育培训。启动导游队伍素质提升工程，全面提高旅游行业

从业人员服务水平和综合素质。辽宁省举办导游大赛，推出导游公益大讲堂活动；吉林省举办红色旅游（红色教育）人才培训班；黑龙江省召开"哈亚雪"线路导游员会议，组织导游继续教育培训班，举办导游大赛，提高东北三省导游员服务能力和综合素质，激励导游员不断加强导游技能和专业知识学习，提升东北三省导游队伍的良好形象和精神风貌，培训爱岗敬业、诚实守信、业务精湛、服务规范、执业文明的优秀导游人才，为东北三省旅游业高质量发展赢得了良好的市场和服务口碑。

（六）实施文旅宣传推广工程，规范文旅市场秩序

2019年东北三省各省文旅厅依托东北文化与旅游融合的有利条件，按照"创新手段、突出重点、有效推介、务求实效"的思路，全面加大文旅推广营销力度，辽宁、吉林、黑龙江三省分别推广"发现辽宁之美，感受辽宁之好，我在辽宁等你""神奇黑土地，生态新吉林""北国好风光，尽在黑龙江"，提升整体旅游形象，宣传推介东北三省冰雪、森林、边境、湿地、避暑、康养等特色旅游产品，加大东北三省旅游市场推广营销力度，围绕三省核心景区建设打造精品线路，加大演艺、非遗等文化产品与旅游产品融合推广力度。2019年，黑龙江省成功举办了第十届中俄文化大集，并同步在牡丹江、佳木斯、鹤岗等地对俄沿边县（市）开展了丰富多彩的文旅交流活动，"1+10"沿边城市文旅交流走廊建设呈现新局面。黑龙江省还举办了第二届民俗文化旅游大集，宣传推广非物质文化遗产、民间民俗、传统文化旅游食品、文化旅游创意、舞台文艺等民俗文化。辽宁省举办"嬉冰雪·泡温泉·到辽宁·过大年"辽宁冬季旅游暨关东民俗雪乡冰雪节，整合文化、体育、商贸、美食等多领域资源，举行百家社区主任为辽宁冰雪旅游代言献言、北国冰雪诗歌节、龙港新春灯会、关东大集、葫芦岛非遗类节目展演、冰上冬捕、雪雕展、鄂伦春族驯鹿雪地巡游、雪地广场舞大赛等活动。辽宁省还举办夏季旅游主题系列活动暨锦州海洋文化旅游节，推出笔架山、东方欢乐王国、龙海广场、帆船帆板活动基地、海滨浴场、世博园、东方华地城"七点一线"124公里海岸线滨海旅游带新布局。同时，以此次启动仪式

为契机，锦州市将拉开打造"海洋＋文化＋体育＋娱乐＋美食"文旅体融合、深度体验的旅游盛宴，叫响"发现辽宁之美，感受辽宁之好""山海福地，锦绣之州"旅游城市形象品牌。吉林省举办"助力冬奥全民上冰雪大学生滑雪节""松原查干湖冬捕节""延边民俗节"，并以"第三届中国·吉林国际冰雪旅游产业博览会暨第二十二届中国长春冰雪旅游节"为契机，陆续推出610项冰雪活动。各地、各旅游景区组织开展了系列文化氛围浓郁、特色鲜明、年味十足的旅游节事活动，满足游客各类出游需求。2020年，为应对疫情影响，各地纷纷启动文旅宣传云直播活动。如4月吉林市委宣传部、吉林市文化广播电视和旅游局主办的"下一站·吉林市"云推广活动在今日头条直播平台正式启动；10月，"买遍中国·助力美好生活"全国巡回带货直播第八站"云游辽宁"启动。与此同时，东北三省实施了旅游服务质量提升行动计划，在多个城市（地、州）设立了旅游诚信基金，并将各地旅游投诉举报电话整合并入12345市长热线，全面实行涉旅投诉先行赔付制度，为游客搭建了简明快捷的维权通道。东北三省智慧旅游平台上线运行，已对接重点景区视频及闸机，省、市、县一体化智慧旅游监管服务模式初步构建。

二　东北三省旅游业高质量发展存在的问题

（一）旅游资源利用效率低，旅游业竞争力不足

2019年末，辽宁省有国家A级旅游景区514家，其中5A级旅游景区6家；吉林省有国家A级旅游景区231家，其中5A级旅游景区7家；黑龙江省有国家A级旅游景区387家，其中5A级旅游景区5家。可以看出，东北三省优质旅游资源丰富，拥有发展高质量旅游业的良好基础，但和国内一线旅游城市进行横向比较，东北三省旅游业竞争力明显不足，规模仍然偏小。驴妈妈旅游所发布的2019年《端午出游总结报告》数据显示，在全国前十位的热门周边游和长线游目的地中，东北三省没有一个城市入榜。选择江苏、四川、山东、浙江、北京、上海、福建7个旅游业发展较好的省

（市），选择江西、河北、安徽、山西、内蒙古5个经济发展水平与东北三省接近的省（自治区），与东北三省的旅游收入进行比较，发现2019年东北三省旅游收入在所选的15个省、自治区、直辖市中排名靠后。其中，三省中旅游收入最高的辽宁省也仅居于第11位，吉林省居于第13位，黑龙江省居于末位。辽宁、吉林、黑龙江三省旅游收入分别相当于排名第一位的江苏省的43.5%、34.4%和18.7%（见表4）。2020年中秋、国庆双节假期辽宁、黑龙江、吉林三省的旅游收入分别居于全国31个省（自治区、直辖市）第14位、第21位和第22位（见表5）。从这些数据可以看出，东北三省的国际国内的旅游城市知名度仍不高，竞争力不足。旅游地位相对较低，这与东北地区丰富的旅游资源不相符，表明东北三省旅游资源利用率低。

表4 2019年部分省（区、市）旅游总收入及增速

单位：亿元，%

排序	省（区、市）	旅游总收入	增速
1	江 苏	14321.6	8.1
2	四 川	11594.32	14.7
3	山 东	11087.3	12.1
4	浙 江	10911	9
5	江 西	9656.73	18.5
6	河 北	9313.36	22
7	安 徽	8525.6	17.7
8	福 建	8101.21	22.1
9	山 西	8026.92	19.29
10	北 京	6224.6	6.39
11	辽 宁	6222.8	15.9
12	上 海	5733.73	12.5
13	吉 林	4920.38	16.85
14	内蒙古	4651.49	12.01
15	黑龙江	2683.8	19.6

资料来源：相关各省份2019年国民经济和社会发展统计公报。

表5　2020年中秋、国庆双节各省（区、市）旅游总收入排序

单位：亿元

排序	省　份	收入	排序	省份	收入
1	江　苏	512.55	17	重　庆	197
2	浙　江	490.4	18	云　南	192
3	山　东	449.3	19	上　海	135
4	湖　南	421.2	20	北　京	115
5	江　西	398.81	21	黑龙江	108
6	贵　州	367.21	22	吉　林	107.53
7	河　南	360.71	23	甘　肃	92.6
8	广　东	356.7	24	新　疆	84.13
9	湖　北	348.29	25	海　南	66.2
10	福　建	340.88	26	天　津	58.73
11	山　西	316.38	27	内蒙古	57.33
12	安　徽	313.4	28	宁　夏	19.66
13	河　北	307.8	29	青　海	19
14	辽　宁	305.13	30	西　藏	9.79
15	陕　西	25406	31	四　川	3.13
16	广　西	224.9			

资料来源：各省份文旅厅（局），其中四川省数据为A级景区的门票收入，河北省数据为2018年的同期收入数据。

（二）旅游业产品形态单一，抗风险能力差

东北三省具有丰富的冬季游资源，"北国风光，千里冰封，万里雪飘"给东北带来别样风光。吉林省地处世界滑雪黄金纬度带，"千里冰封，万里雪飘"的冬季是一年之中最富魅力的季节。白雪皑皑的白山松水，晶莹剔透的雾凇奇观，热气缭绕的养生温泉，冰湖腾鱼的查干湖，冰雪、雾凇、温泉、民俗"四大宝藏"为游客提供了不一样的感受。辽宁省持续围绕"嬉冰雪，泡温泉，到辽宁，过大年"主题，突出"乐游辽宁，不虚此行"品牌，整合全省冬季旅游资源，创新开发了一系列旅游特色产品及线路。黑龙江省发挥全省整体生态化和冬季冰雪游"两大优势"，坚持"精化产品供给、细化产品营销、优化服务质量、强化市场监管"四轮齐动的总体思路，

创新推出全方位、立体化、多维度的旅游营销模式，推出全新旅游品牌"畅爽龙江"。近年来，东北三省充分利用冰雪资源优势，打造惠及当地经济社会发展和人民生活的幸福产业。冬季冰雪游收入甚至占据了东北三省旅游收入的半壁江山。但2020年初暴发的新冠肺炎疫情，对于以冬季冰雪旅游为主的东北地区旅游业影响较大。根据吉林省文旅厅发布的数据预测，2020年第一季度全省旅游业总收入将损失1200亿元。据辽宁省文化和旅游厅不完全统计，此次疫情，全省文旅企业受损共计143.1亿元，其中文化企业1193家，约占全省文化企业总数的46%，直接经济损失额约17.6亿元；旅游企业838家，约占全省旅游企业总数的32%，直接经济损失125.5亿元。

（三）区域旅游发展不平衡，制约旅游业整体发展

东北三省旅游受各省内资源分布、区域位置、管理水平等多种因素影响，各省旅游发展呈现明显的不平衡。辽宁省在三省中旅游业发展得最好，2019年旅游收入分别较吉林省和黑龙江省高出1302.42亿元和3539亿元，但两省的旅游收入增速较辽宁省分别高出0.95个和3.7个百分点。辽宁省年接待游客总量较吉林、黑龙江两省分别多出39336.69万人次和42504.5万人次，其中，辽宁省接待国内旅客分别高出其他两省39179.17万人次和42321.1万人次，入境游客数量较其他两省多出157.52万人次和183.4万人次。与此同时，各地区旅游发展呈现明显的不平衡。如辽宁省的沈阳、大连、盘锦、本溪，吉林省的长春、吉林、通化、延边，黑龙江省的哈尔滨、漠河、五大连池等城市，无论是在接待人数和旅游创收方面都占有绝对优势，而其他如辽宁省的阜新、朝阳，吉林省的白城、四平，黑龙江省的鸡西、鹤岗、绥化等中小城市旅游业发展则严重滞后。

（四）智能与创新运用不充分，融合发展不充足

当前，"数字吉林""数字辽宁""智慧黑龙江"逐步发展，随着东北智慧城市建设步伐的加快，智慧驱动、创新发展和旅游业的关系越发紧密，消费者对于旅游体验的要求也在逐步提高。虽然东北三省旅游业智慧平台建

设在加快，但由于受宣传不够深入、普及不足、旅游信息化资金投入不足等
因素影响，消费者对其缺乏深入的了解和认识，智慧旅游发展普及仍有空
间。此外，东北三省虽然整合了文化和旅游部门，成立文化旅游厅，但是东
北三省文化产业竞争力不足，具有国内外影响力的文化企业并不多，具有知
名度的会展项目较少，知名的文艺演出产品不多，加之文化和旅游融合深度
不够，融合渠道单一，导致文化旅游融合效果并不好，旅游资源内在价值挖
掘不足，大部分旅游资源仍停留在静态解说展示上，旅游产品转化为文化产
品的能力有限，缺乏具有竞争力的具有地方特色文化的融合产品。

三 推动东北三省旅游业高质量发展的对策建议

（一）建设优质旅游度假区

优质的旅游度假区是推动旅游业高质量发展的重要载体。东北三省要坚
持集聚旅游空间资源、放大"旅游＋"的叠加效应、整体推进旅游发展的
原则，发挥政府规划引导、业务指导作用，引导各级旅游度假区突出自身特
色、错位发展，引进优质项目资源，集中优势资源打造优质旅游度假区和集
聚区。参照2020年《国家级旅游度假区管理办法》，制定实施省级旅游度
假区管理办法，重点推进有条件、有基础的旅游度假区申报各级别度假区，
建立国家级、省级、市级旅游度假区产品体系。

（二）大力开发特色休闲旅游产品

东北三省要加大力度促进"旅游＋"文化、农业、工业等产业，娱乐、
体育、商业、康养等行业的融合发展。做大做强现有滑冰滑雪、温泉度假、
高尔夫休闲等高端休闲产品，加快千山嘉年华等新型业态旅游项目建设，放
大大众汽车冰雪拉力赛等赛事的示范效应，提升现有通化山葡萄酒工业旅
游、大城山农业旅游、星级乡村旅游等示范点的知名度，培育休闲度假消费
新热点。要依托现代服务业集聚区建设，以吉林省筑石创业小镇、长东北石

材产业园、摆渡创新工场，辽宁省沈抚新城电子商务集聚区、望花区东北网贸港电子商务园区，黑龙江省松北金融聚集区、群力王府井等项目为重点，打造一批特色休闲街区和城市休闲商务旅游区。

（三）深度谋划高端商务旅游

商务旅游作为复合型旅游的热点，正在全球范围内大幅度增长，国内游客、入境游客中的商务游客数量在全部游客中所占比重不断增大。2019 年，全球共举办 13254 场国际社团会议，是目前有数据统计以来最高的一次，相比 2018 年增加了 317 场。在亚洲市场，中国是举办国际会议最多的国家，2019 年共举办 539 场国际会议，比 2018 年增加了 37 场。其中，举办国际会议数量超过 10 场的国内目的地城市有 13 个，北京以 91 场国际会议居于第一位，上海以 87 场紧随其后；大连市共举办 12 场国际会议，比 2018 年增加 6 场，全国排名也从 2018 年的第 15 位提升到第 11 位，国内外参会人数突破 2.4 万人。因此，要利用东北三省各城市的优势，做好商务旅游配套工作。各承担商务会议的企业和酒店要做好地方旅游文化、饮食文化、特色商品的宣传和推广，让参会人员成为潜在的旅游人群。

（四）发展全域智慧旅游

2020 年初暴发的新冠肺炎疫情对传统旅游业造成了很大的冲击，推动文旅企业推出全景虚拟旅游文化项目，通过新媒体和虚拟现实等途径，将线下旅游转化为线上旅游。东北三省要利用此契机，围绕服务旅游产业、服务社会公众两大主题，编制各省"智慧旅游发展规划"，推动旅游产业管理模式、营销模式及旅游信息传播模式的创新。东北三省要依托"吉旅网""辽宁旅游网""黑龙江旅游网"，建设涵盖东北三省旅游行业的综合信息数据库，积极与携程、同程、驴妈妈等旅游知名网站合作，推广物联网、云计算、移动互联网等技术在旅游体验、产业发展、行政管理等方面的应用，使旅游物理资源和信息资源得到高度系统化整合和深度开发激活，活跃和壮大东北三省旅游市场。

（五）加快旅游人才队伍建设

大力培养建设高层次旅游人才队伍。进一步加强与省内外高校和知名旅游企业的合作交流，全面发挥专家学者对旅游业发展的智力支持和示范引领作用。开展多层次的旅游教育培训，培养更多的旅游专业人才，全面提升旅游业发展水平。引进各类急需旅游人才。进一步加大引进急需人才力度，重点引进旅游管理、旅游营销和市场开发、会展策划、旅游规划、旅游教育、旅游电子商务等方面的高层次、高素质、复合型人才。加快乡村旅游人才队伍建设。重点培养乡村旅游项目建设、主题旅游小镇运营、农家乐经营、民俗特色餐饮服务、乡村工艺品和土特产品开发等方面的实用人才。鼓励支持有关单位和个人开展乡村旅游结对帮扶、挂职锻炼、创业就业、咨询指导。加强红色旅游人才队伍建设。优化红色旅游景区管理层人才结构，吸收、培养一批熟悉规划设计、善于经营管理的专门人才。加大旅游新业态人才队伍建设。适应"旅游＋"融合发展需要，加紧培养自驾车旅居车旅游、工业旅游、农业旅游、文化创意旅游、健康医疗旅游、研学旅游以及乡村田园综合体旅游等各类专门人才，加强与相关产业部门合作，推进"旅游＋"复合型人才开发。

B.14
东北三省农村互助养老发展研究

韩佳均*

摘　要： 农村互助养老在政府的大力支持下，在东北三省得到快速发展，探索出符合地区实际的互助养老模式，农村互助养老逐渐走向广泛化、市场化、制度化和多元化。但在发展过程中，农村互助养老发展依旧面临资金可持续性差，服务能力和服务水平难以实现高质量发展，在组织形式上仍存在模糊属性，市场和社会力量对参与农村互助养老积极性不高等问题。在应对农村老龄化过程中，互助养老模式将与制度化养老保障体系一起形成农村养老福利体系。进一步推动农村互助养老模式的发展，需要明晰农村互助养老服务发展的体制机制，以互助服务为重点，扩大互助内容和范围，依托农村集体发展，合作共治推进农村互助养老，推进互助养老与集中养老共建共享，互联互通。

关键词： 人口老龄化　农村互助养老　东北三省

农村互助养老是具有中国特色的社会养老的发展形式，是对农村传统家庭养老的重要补充。从互助养老的概念上来看，互助养老强调的是多种养老形态的融合，是一个不断丰富的过程，是在正式制度和非正式制度交汇作用下形成的养老机制。从积极应对人口老龄化战略视角来看，农村互助养老是

---

* 韩佳均，吉林省社会科学院社会学所助理研究员，研究方向为社会政策、社会保障。

低成本发展农村社会养老的中国经验和中国模式。从乡村振兴战略视角来看，是新时代老龄社会治理的实践探索及可行的模式，是实现乡村振兴的重要组成部分。发展农村互助养老，对解决农村社会迅速变迁、经济不发达，国家保障水平较低，绝大部分老年人精神孤独且缺乏足够的资金购买市场化的养老服务等问题具有重要的现实意义。①

一 东北三省农村互助养老发展现状

2012 年国务院明确提出开始在农村探索新的养老模式，东北三省各地从推进农村养老大院和村级福利机构建设出发，积极探索新形势下互助养老的形式，在实践中逐渐形成"养老服务大院＋老年协会"的管理运营模式、"大院＋协会＋志愿者服务"模式、邻里结对互助模式、农村居家养老服务大院模式等。农村互助养老逐步从家庭互助、邻里互助向养老成本低、服务品质高，福利化、公益化和市场化有机结合的组织化养老模式迈进。探索出结伴养老、邻里守望、劳养结合、医养结合、社会参与等多种实现路径，为农村养老服务的发展提供了宝贵的经验。

（一）由典型试点向普遍推广转变

自河北省邯郸市肥乡区农村互助幸福院的模式被广泛地宣传和推广以来，东北三省开始积极落实农村互助养老的地区试点。辽宁省自 2008 年开展农村"一场五室"建设，利用农家院等场所建立托老所。2019 年辽宁省积极新建和改扩建农村社区养老服务设施，现有农村社区（村）养老服务照料站（含农村互助幸福院）4135 所，拥有床位 2.5 万张。②吉林省自 2008 年开始在延边、白城等地开展"农村养老服务大院"试点

---

① 刘妮娜：《农村互助型社会养老：中国特色与发展路径》，《华南农业大学学报》（社会科学版）2019 年第 1 期。

② 本刊编辑部：《辽宁：凝智聚力补短板 开创农村养老服务体系建设新局面》，《社会福利》2019 年第 5 期。

工作，在实践中不断发展和总结，近年来广泛推广松原市等地农村居家养老服务大院模式，2019年支持40个村建设托养所。2010年，黑龙江省确立了5个农村养老服务体系试点，将农村养老服务设施纳入农村公共服务设施统一规划，预计到2020年底，实现60%的农村社区建有养老公共服务设施。

（二）由自发组织向制度性安排转变

早期的农村互助养老是在农村空心化、老龄化双重困境下，养老压力日益增大的作用下产生的。在东北三省早期的农村互助养老主要存在的形式是抱团养老，主要由村民自发组织互相扶持养老。政府在其中承担提供养老场所，给予力所能及的优惠政策，初步形成了村民自治和政府参与的"合作—互助"雏形。随着这一模式在农村被广泛地认同和认可，东北三省各省省委省政府均高度重视农村老龄事业的发展，在"十三五"老龄事业发展和养老体系建设规划中，均将提升农村养老服务能力和水平列入发展规划，鼓励各地区建设农村幸福院等自助式、互助式养老服务设施，在制度保障、资金保障、场所设施保障和人员保障上给予大力支持。2020年辽宁省出台《关于推进养老服务发展的实施意见》明确补齐农村养老服务短板，创新服务模式，举办农村幸福院和养老大院，广泛发展互助式养老服务。2018年吉林省出台《关于加强农村留守老年人关爱服务工作的实施意见》《关于推动幸福养老工程建设十二项措施》，加快推进农村互助养老服务，探索更加灵活的互助养老形式，满足不同类型老年人服务需求。2017年黑龙江省出台《关于制定和实施老年人照顾服务项目的实施意见》，2019年出台《关于推进养老服务发展的实施意见》，有效拓展农村养老服务。将提升特困人员供养服务设施（敬老院）建设标准纳入乡村振兴战略，积极探索和发展农村互助养老服务，实现可持续发展。

（三）由无偿向有偿与低偿相结合转变

起初的农村互助养老，除村集体提供无偿的住所外，其他的所有物资基本由村民自行解决。随着政府大力支持，农村互助养老得到快速发展，东北三省大力推进农村养老服务大院和幸福院的建设，充分利用撤并学校、农村福利中心、集体房产等闲置资源，多渠道解决基础设施不足问题。农村互助养老惠及的村民也由小群体向广泛参与过渡。在服务供给上，由村民无偿的自发互助向政府支持下的有偿和低偿服务供给转变，从单纯保障农村特困老年人向为全体农村老年人提供养老服务转变，根据老年人的不同经济状况和身体状况，提供无偿、低偿和有偿的服务，这一转变保证了互助养老模式发展的可持续性，为这一养老模式制度化、模式化和固定化建立基础。

辽宁省盘锦市通过建立全市统一的由"12349"养老服务热线、智慧养老 App、养老网站和社区智能一体机等载体支撑的多元化、智能化的互联共享智慧养老服务平台，将有偿、低偿、无偿服务相结合，链接 293 个农村互助幸福院，逐步扩展智慧养老服务项目，让智慧养老更智慧。吉林省长春市将建档立卡的 60 周岁以上失能失智、孤寡失独、高龄特困老人列为结对服务对象，由政府按照每人每月 200 元的标准为其购买养老服务。[①] 黑龙江省泰来县养老"互助服务队"根据服务对象实际需求，确定了饮食服务、居住服务、庭院管理服务、健康服务、代办服务 5 大项 37 个小项的基础服务内容，同时确定了有偿低偿的 14 个服务项目，内容紧贴农村实际，包含渍酸菜、腌咸菜、打理小园、扫雪等项目。[②]

（四）由单一服务向多元服务供给转变

最初的农村互助养老能够提供的服务仅限于吃住等初级服务项目，随着农村互助养老的发展，为老年人提供服务的供给方不断拓展，参与为农村互助养老提供服务的队伍也不断扩大，老年协会、志愿服务、互助服务队等新型模式不断涌现。在政府支持下，农村互助养老的运营方式已经由最初的村

---

① 乔恒：《吉林省：因地制宜全面提升农村养老服务能力》，《中国民政》2018 年第 1 期。

② 《村里来了"互助服务队"——齐齐哈尔市打造农村养老新模式》，《中国社会报》2018 年8 月 17 日。

民自治自我管理转变为委托管理、合作经营等方式,实施社会化改革。政府通过购买养老服务保障特困人员入住农村社会福利服务中心。也通过公开招投标,将农村社会福利服务中心委托给民办医疗机构管理,实现了公建民营与医养结合,既减轻了政府投入的财政压力,也保障了农村互助养老的持续性发展。

辽宁省探索全面建立了高龄老年人津贴、经济困难高龄老年人养老服务补贴、经济困难失能老年人护理补贴制度。[①] 在全国率先建立农村困难家庭常年病人托管制度,从 2010 年起在全省全面实施农村困难家庭常年病人托管工程,并连续三年将这项工作列入省政府重点民生工程。经过近十年的运营,全省 60 所农村困难家庭常年病人托管服务中心共服务农村困难家庭常年病人 2.1 万次,极大地减轻了农村困难家庭负担。在抚顺县探索"村级主办、互助服务、群众参与、政府支持"的农村社会养老模式,坚持"自治、自愿、自保、自助"的原则进行互助养老院的管理。

吉林省探索多渠道的农村互助养老模式,一是探索"村老年协会 + 政府 + 村委会"的形式,以结对互助的形式开展邻里养老互助。二是探索"志愿服务 + 老年协会 + 政府购买"的形式,通过政府购买服务和志愿服务相结合的方式,为老年人提供家政服务、生活照料、精神关爱等服务,年累计服务量达到近 1 万人次。三是设立养老互助站,改造村集体闲置或村民自有住宅成为托老所,政府给予一定支持,解决老年人洗澡、联系子女、冬季取暖等实际困难,安装了洗浴、无线网络、电取暖等设施,并委派专门的服务人员值班。[②]

黑龙江省通过"互助服务队"打造农村互助式养老新模式。依托村集体成立村级助老服务队,引导社会组织和专业社工开展农村居家养老服务试点,在县、乡、村三级分别成立领导小组,村妇女主任主抓互助养老工作,

---

① 本刊编辑部:《辽宁:凝智聚力补短板 开创农村养老服务体系建设新局面》,《社会福利》2019 年第 5 期。

② 祖维晨:《为农村老年人幸福加码——吉林省农村养老服务观察》,《吉林日报》2019 年 11 月 8 日。

并为全体服务队员办理人身意外伤害保险。其中泰来县建立专职农村服务队90 支，队员达到 596 人，其中 521 人依托服务队实现脱贫，农村互助养老覆盖村屯比例达到 95%，累计提供服务 10 万余次，老年人满意度达到100%，形成农村互助养老的"泰来模式"。

二　东北三省农村互助养老发展中存在的问题

随着农村养老服务在农村的普遍开展，互助养老机构建设范围的拓展，受益人群的增多，服务供给主体增加，农村互助养老在发展过程中一些问题也逐步显现。

（一）农村互助养老服务发展可持续性面临挑战

当前农村互助式养老基于乡村互惠道义的很少，更多地体现政府主导与村民他助的有机融合，具有明显的"动员式参与"的特点，由最初的村民自助转变为村集体自助，到目前的政府动员群众参与的支持性自助。政府自上而下所推广形成的互助作为政府干预下的新兴事物，面临政策保障和资金支持的可持续性、运行监管等问题。

政府在支持过程中，更多是前端支持，通常在设施建设上给予重点投入，但是在后续运营中，对于组织的培育、服务的提升和文化的推广力度较为薄弱。主要体现在政策引导、一次性建设投入的支持、土地/场所支持等，在政策强力推动下，农村互助养老服务模式得以迅速在各级村镇发展。但是在互助养老运营过程中，政府参与较少。互助养老机构的资金来源有限，仅依靠政府的护理补贴、福利彩票投入和少部分收取的费用。但在支出方面，刚性支出较多，包括冬季取暖支出、水电燃气费用等。在日常维护方面，养老房屋维护、修缮、改造，水电改造，设备更换、维修等方面没有专项资金支持，需要单独申请、专款专用，行政效率较低。新建的村级养老服务照料中心多数为刚刚成立，投入运营时间较短，入住定价偏低，后期可持续运营面临挑战。

（二）互助服务局限较多，难以实现高质量发展

从实践来看，农村互助养老模式的存在与发展需要依托一定的现实环境和条件，如政府政策、社会认同及家庭支持、村集体在运作与服务提供上的支持等，多数互助养老群体主要是自理的老人，难以解决生活不能自理群体的养老问题。而低龄老人服务高龄老人的模式难以长期持续，东北农村地区的老龄化、少子化和空心化问题凸显，农村青壮劳动力越来越少，传统的邻里关系纽带也趋于薄弱，服务老年人也面临后继无人的尴尬。一些地区有针对困难、高龄、独居老年人的结对帮扶、过节慰问，多以志愿服务为主，外来社会组织的效果并不好，很多村落路途遥远，结对帮扶的服务人员同村中老年人在感情基础上缺乏，责任感不强，加之老年人普遍存在不信任感，多数帮扶流于形式，反馈一般。从调研中看，大多数的老年餐桌处于亏损状态，主要依靠政府和村集体补贴维持或通过扶贫帮扶维持，大多数老年人希望能够得到价低质优的服务和饮食，且有很强的个性化需求，如果价格和饭菜不能与个人需求相匹配，就不会到餐桌就餐，老年餐桌难以实现规模化效应，受农村基础条件影响也难以实现个性化定制服务。

（三）农村互助养老机构的组织形式依旧不明晰

近年来农村互助养老的组织化趋势渐显，或村庄代管，或协会监管，或引进能人治理。这些组织的生存需要在通过市场开拓实现可持续发展与更多依靠政府支持维持运营之间做出策略性抉择。绝大多数互助组织倾向于模糊自身的属性定位和身份，倾向于同时享受政府补助并走部分市场化道路，这样的选择导致营利性与共济性的冲突挥之不去。

调研中我们发现，一些新涌现的互助养老形式亟须给予定位和扶持。村庄中的互助养老服务机构在注册上存在问题，如果在民政部注册为非营利性养老机构，单纯依靠民政补贴，农民支付能力有限，村庄积累有限，村庄组织发育有限，以村集体经济保证的公益性不可持续。以集体经济入股的形式参与互助养老，主要是以集体土地的形式入股，那么村民如何参与集体经济的收益分配，如果仅用于养老则成为少数人参与的公益，其合法性存在问题。过分强调公益性，社会组织难以在互助养老中发挥作用。如果在工商部门注册成为法人单位，法定代表人必须具体到个人，后期是否会由于村委会变更而造成集体资产的流失，所有的收益是否以法人单位的形式经营并形成固定的财务制度，定期缴纳固定税费，这些都是依靠村集体、村民自身难以解决的复杂问题，最终导致村集体的互助养老机构演变为组织形式不清晰的"不明建筑物体"。

（四）市场和社会力量参与农村互助养老的积极性不高

农村互助养老的关键要素在于公众的参与和社会支持，仅依靠政府力量支持农村互助养老的发展有很大的局限性。近年来，各地也在不断探索引导社会力量参与农村互助养老服务建设，但总体上看，市场和社会力量参与的积极性并不高。调研中我们发现，参与公建民营的养老服务中心，普遍表示难以实现盈利和规模扩展，尤其在村这一级别，仅能够维持日常正常运营。由于村落分散，规模较小，交通并不十分便利，大多数社会服务机构难以平衡长期收支，并不愿意在村级养老服务中心投入更多的人力和物力。同时，有支付能力的老年人会选择到居住条件或医疗条件更好的镇里或市里养老。在广大农村依旧存在这样的观念：只有五保户或者年轻时好吃懒做的人才会入住养老服务中心，多数能够自理的老年人宁愿保持独立的生活空间直至无法自理，而无法自理的老年人在村级养老服务中心也难以实现照料。在村这一层级，如何提高社会的参与程度，社会支持从哪里来，对于所需设施、人员、社会组织和技术要素等如何形成统一规划，如何将这些碎片化的利好因素整合为促进体系建设，如何在农村基层组织机构改革的新背景下融通各方以形成合力，是农村互助养老在未来养老服务体系建设中面临的一个新挑战。

三 进一步发展东北三省农村互助养老的建议

乡村振兴战略为农村养老服务体系的发展提供了机遇，未来农村养老服务体系是在为老年人赋权增能基础上的"一核多元"的养老服务框架，在

这一框架体系中，互助养老现有的部分功能可能会被社会养老服务体系所替代，但互助养老还会继续存在，以新形式继续发挥它的功能，与制度化养老保障体系一起形成农村养老福利体系。

（一）进一步明晰农村互助养老服务发展机制

深入推进农村互助养老的发展，需要进一步在顶层设计层面明确农村互助养老的机制，明晰在"十四五"以及未来发展中农村互助养老保障要如何发展、发展到什么程度，紧密结合乡村老龄化和乡村振兴的目标和愿景制定指导思想，通过加大政府支持、扶持、补贴和购买服务的力度，引导市场力量、社会组织、协会等基层组织的有效参与，在政府、村集体和村民间形成互动合作，并最终实现农村老年人养老的自助和互助。在政府层面，要尽快明确农村互助养老的组织形式和制度规范，并由地方政府出台具体可操作的实施细则和扶持政策。在法治的前提下，充分尊重乡村关于互助养老的探索实践，在互助养老服务深度推进和互动的过程中，对于社会的大胆尝试，政府应采取支持的态度，允许社会做充分的尝试。增强政府支持的政策性与包容性，对乡村的探索给予及时的指导和支持。

对各级资金资源进行合理配置，有效利用现有的硬件条件和设施，不盲目扩张建设，将补贴资金用于提供服务和补助老年人。建立稳定的资金筹措机制，一方面借助乡村振兴的机遇，发展乡村经济，增加村集体和老年人的收入，提高老年人的福利水平；另一方面充分利用现有的乡村资源，探索互联网、物联网的融合，农业合作社与养老合作社的合作，实现多种经济的互助和保障。同时，加大乡村与城市的对接力度，形成城乡一体、城市群的内部协作和对口支援机制，成立互助型照护保障基金，为进一步服务不能自理的老年人提供保障。

（二）以互助服务为重点，扩大互助内容和范围

农村互助养老的目的是通过村民间的互助满足老年人生活照料和精神慰

藉的需求。① 在东北三省已经初步具有政府购买邻里互助服务的雏形，正在探索通过社会工作者、互助服务队、手机客户端等实现一对一的入户服务，不仅满足老年人生活照料方面的需求，也缓解老年人精神孤独问题。在进一步发展的过程中，互助养老还应当继续以互助服务为重点，适度增加互助服务的内容，扩大互助服务的范围，挖掘农村现有的人力资源，组建由妇女、低龄老人等有意从事养老服务的人员，通过提供服务补贴的形式，组建乡村懂业务的养老服务队伍，可以是某个村或几个村联合组建，服务内容可以是有偿和无偿服务。联合村部卫生所建立健康档案，提供日常巡防、医疗保健等常规照料服务，为独居、失能老人提供上门照料服务。加强邻近村落的联系与合作，成立本土化的文化娱乐队伍，在活跃乡村文化的基础上，丰富老年人精神文化生活。选择经营较好的老年餐桌实行规模化经营，辐射周边村落，提供点餐、送餐服务，并探索向社会公众开放。

（三）依托农村集体发展，合作共治推进农村互助养老

农村互助养老的创新在于自治和自助，通过村庄和老人自身的力量实现互助共济。在互助养老服务不断发展的过程中，政府在行政力量上的支持在某种程度上削弱了其自治性。政府应当进一步明确其职责范围，避免对互助养老过度干预，更多在顶层设计和政策上促使其合法化，担负起引导者和监督者的角色。充分尊重村民的自我组织和自我服务的能力，确定村民在农村互助养老中的主体地位。同时，充分发挥农村社会组织的作用，加大对老年协会、社会工作服务队等社会组织的培育和支持力度，使之成为支持互助养老发展的第三方力量。在城乡融合发展的背景下，吸引成熟的养老服务企业或组织促进农村养老服务的发展。充分挖掘农村健康养老产业的发展机遇，吸引城镇老年人旅居养老，同时带动本土本乡的组织和企业发展。通过政府、社会、家庭以及个人的共同努力，充分调动老年人参与的积极性，构建

---

① 刘妮娜：《农村互助型社会养老：中国特色与发展路径》，《华南农业大学学报》（社会科学版）2019 年第 1 期。

多元的合作共建机制，形成合力，推进农村互助养老乃至整体养老服务体系的发展。

（四）推进互助养老与集中养老互联互通

互助养老作为低成本、低消耗、低价格的养老服务模式，有其特有的优越性。农村养老服务体系的进一步发展，可以推动互助机制介入集中养老，充分发挥互助养老机制的优越性，实现集中养老与互助养老互联互通，养老事业与产业互利互补。一方面，可以探索在养老机构内建立有偿/无偿的互助活动，建立起服务计费、抵偿、评估机制，低龄老人在能力范围内服务高龄、不能自理老人或其他日常性事物，可以抵付在养老机构的居住费用或换取其他服务；另一方面，可以与其他养老机构、志愿服务组织建立互助机制，建立共享分担机制，可以共享服务人员、活动场地等。同时，可以进一步深化公建民营，在接管五保户并预留足够床位外，可以向社会老年人开放，全面利用机构资源和社会力量，吸引周边或城市老年人入住，与村庄建设融为一体，融入村民生产生活中，满足老年人社会参与的需求。对老年人自发的抱团养老和居家互助养老给予定期巡检、上门服务等支持，鼓励和重视自发性互助养老形式，出台详细的政策落实减免优惠、补贴优惠、一事一议，避免责任纠纷。

参考文献

1. 贺雪峰：《如何应对农村老龄化——关于建立农村互助养老的设想》，《中国农业大学学报》（社会科学版）2019 年第 3 期。

2. 张云英、张紫薇：《农村互助养老模式的历史嬗变与现实审思》，《湘潭大学学报》（哲学社会科学版）2017 年第 4 期。

3. 杜鹏、安瑞霞：《政府治理与村民自治下的中国农村互助养老》，《中国农业大学学报》（社会科学版）2019 年第 3 期。

4. 杜鹏、王永梅：《乡村振兴战略背景下农村养老服务体系建设的机遇、挑战及应对》，《河北学刊》2019 年第 4 期。

5. 干咏昕：《中国民间互助养老的福利传统回溯及其现代意义》，《今日中国论坛》2013 年第 7 期。

6. 刘妮娜：《中国农村互助型社会养老的类型与运行机制探析》，《人口研究》2019 年第 2 期。

7. 袁同成：《"义庄"：创建现代农村家族邻里互助养老模式的重要参鉴——基于社会资本的视角》，《理论导刊》2009 年第 4 期。

8. 赵志强：《农村互助养老模式的发展困境与策略》，《河北大学学报》（哲学社会科学版）2015 年第 1 期。

9. 刘景琦：《动员式参与：老旧小区互助式养老模式的运作机制》，《兰州学刊》2020 年第 3 期。

10. 闵学勤：《行动者的逻辑——公众参与的阶层化与结构化研究》，《江苏社会科学》2013 年第 4 期。

B.15
东北三省法律援助机制完善对策研究

刘星显*

摘　要： 近年来，东北三省法律援助机制在国家法的框架之下逐步形成了具有地方特色的法律援助法律体系，使法律援助工作走上了法治化的发展道路，法律援助法律体系不断建构完善，法律援助经费保障水平稳步提升。应持续推进东北三省法律援助机制改革，扩大法律援助服务覆盖面，拓展多元化供给途径：加快转变政府职能，健全法律援助服务购买机制；提高法律援助供给水平，主动对接民营企业法律需求；着力解决监护缺失问题，完善弱势群体法律援助机制；发挥区域法治合作优势，建构区域法律援助协调机制；根据法治建设实际需要，建构法律援助机制评估体系。

关键词： 法律援助　法律体系　经费保障　区域法治合作

党的十九大以来，在依法治国方面我国各级政府根据法治建设的实际情况陆续出台、实施了一系列新的举措与办法。相关统计报告显示，目前覆盖东北三省的法律援助组织机构体系基本建成，具体表现在以政府财政拨款为主的法律援助经费保障机制基本稳定，法律援助专业人才队伍建设日趋完善，法律援助的覆盖面不断扩大，这同时是经济社会的法治化发展从整体上迈向新的发展阶段的一个重要表征。与此同时，随着广大人民群众法治思

---

* 刘星显，法学博士，吉林省社会科学院法学研究所副研究员，研究方向为区域及地方法治。

维、法律意识和法律素养的逐步提高，遇事找法、解决问题用法的观念深入人心，这导致对法律援助的数量和质量上的需求逐年攀升，法律援助供不应求的问题也日益凸显。近年来，东北三省法律援助机制逐步形成了具有地方特色的法律援助法律体系，使法律援助工作走上了法治化的发展道路，但在取得显著成绩的同时也存在一些制约性因素。东北三省应持续推进法律援助机制改革，完善法律援助相关机制建设，补足短板弱项，不断提高人民群众在法律援助领域的获得感、幸福感和安全感。

一 东北三省法律援助机制建设发展亮点

（一）东北三省法律援助法律法规体系不断建构完善

从国家法层面看，2003 年国务院颁布的《法律援助条例》标志着中国特色法律援助机制建设正式迈上法治化发展道路，在数十年的实施过程中其在维护经济困难的公民和特殊案件当事人的合法权益、维护法律正确实施、维护社会公平正义等方面均发挥了积极作用。不过，随着近年来我国经济社会的快速发展，法律援助工作的开展面临着新形势、新任务和新挑战，该条例的不适应性愈发明显，法律援助实施体系的不完备短板亟待解决。在此背景下，对制定国家法律援助法的呼声日益强烈。党的十九大所做出的新的战略部署及十九届二中、三中、四中全会精神，特别是十九届四中全会所提出的纲领性改革思想，对作为国家治理体系的重要组成部分的法律援助体系建设提出了更准确、更具体的发展定位与要求，在国家立法层面"法律援助法"目前已被列入立法规划重点立法项目。

在地方法层面，法律援助体系建设特别是法律援助法律体系建设多年来一直是东北三省相关部门工作的重点内容，在制度建设方面进行了诸多探索，近年来东北三省各地市陆续出台了一系列法规及规范性文件，逐步构建了以地方法律援助条例为核心的法律援助地方性法律框架，并初步形成了法律援助地方性法律体系。这些地方性立法的陆续出台，一方面结合地方的具

体实际发展问题，将国家法的相关规定予以细化，增强了法律援助的针对性
与可操作性；另一方面，也起到了在国家缺位或模糊的情况下按照法治原则
的要求创制相关法律的作用。

　　于 2020 年 1 月 1 日起正式实施的《吉林省法律援助条例》（以下简称
《条例》）作为一部地方法律援助法律体系的核心规范从近一年的实践来看，
其在维护司法人权、保障和改善民生等方面发挥了重要作用。《条例》共 7
章 51 条，涵盖法律援助范围和形式、法律援助申请和受理、法律援助实施、
法律援助人员、受援人的权利义务、法律责任等方面，可以说《条例》既
体现了新时代的要求，又折射出便民利民的智慧。《条例》有两大亮点值得
关注。第一个亮点是将法律援助的标准进一步降低，表现出法律援助的普遍
性、公益性特征，《条例》将法律援助经济困难审查标准放宽到当地最低工
资标准，这使得法律援助的获益群体进一步扩大，适应了人民群众不断增长
的法律援助需求。针对特殊群体、弱势群体、困难群体，基于人道关怀和高
效原则考虑，《条例》将经济困难标准放宽到当地最低工资标准的 1.5 倍，
这一规定进一步降低了法律援助的门槛，将法律援助经济困难标准放宽至低
收入群体。第二个亮点是将法律援助事项的范围进一步扩大，确认、新增了
与公民基本生活紧密相关的、与农业生产息息相关的事项以及行政复议等事
项，体现了"应援尽援、能援多援"的法律援助精神，引导、促进各有关
部门在法律援助工作中不断提升为群众服务的水平。同时，《条例》还对法
律援助申请、受理程序等做了比较具体翔实的规定与规范，在程序层面对法
律援助目标的达成给予进一步的保障，还明确了各级政府及相关部门、组织
的职责和责任。① 值得注意的是，《条例》在起草的过程中重视调研、注重
吸纳社会及广大人民群众的意见，充分反映了各地各部门、社会各界和广大
干部群众对法律援助事业发展的关注，也体现了重大决策的科学化、民主
化。可以说，《条例》的颁布实施填补了吉林省地方法律援助立法的空白，

---

① 参见《吉林：法律援助放宽到最低工资标准》，新华网，http://www.xinhuanet.com/local/
2019 - 12/16/c_ 1125352397.htm。

对有效提升吉林省法律援助工作的服务水平，对更好地维护群众的合法权益起到了积极作用，也为法律援助发展提供了有力的法治保障。

辽宁省建立了以《辽宁省法律援助条例》为核心的地方法规规章体系，在立法实践中注重与相关法律的协调与衔接，将立法的普遍性与地方的差异性做了较好的调适与融合，形成了较为系统的地方法律援助法律规范体系。针对法律援助的专项事项，辽宁省及时发布相关地方规范性文件，如《关于做好农民工返城复工法律援助工作的通知》等，对积极发挥司法行政职能作用，切实维护相关利益群体的合法权益起到了重要作用。

黑龙江省以《黑龙江省法律援助办法》为地方法律援助法律法规体系的核心近年来也颁布出台了一系列规范性文件，在扩大法律援助覆盖范围、完善服务管理机制、强化法律援助保障机制等方面持续推进改革，有效提高了地方法律援助工作的规范化、制度化和法治化水平。[①] 从整体上看，东北三省基本形成了各自的地方法律援助法律法规体系并为进而形成区域性地方法律援助法律法规体系创造了良好条件。

（二）东北三省法律援助经费保障水平稳步提升

国家通过中央转移支付等方式持续加大对东北三省的法律援助经费投入，在一定程度上缓解了法律援助经费不足的问题。为解决法律援助经费保障的基本矛盾，从发展趋向上来看，法律援助的经费保障正在经历一个转型或者说演变的过程，总体上正逐步由纯粹的依赖财政投入转向多元化、市场化、社会化的保障方式，针对法律援助经费保障需求的多元化态势，相应地建立多样化的经费保障模式，最终形成以财政投入为主的多元化法律援助经费保障制度或格局。近年来，在国家层面陆续探索建立了中央补助地方法律援助办案专款与中央专项彩票公益金法律援助项目资金，在一定程度上缓解了法律援助经费不足的困境。自 2009 年财政部、司法部联合颁布的《中央专项彩票公益金法律援助项目实施与管理暂行办法》实施以来，国家从中

---

① 参见刘星显《东北三省法律援助制度建设问题研究》，《黑龙江社会科学》2019 年第 1 期。

央专项彩票公益金中安排法律援助项目专项资金，致力于法律援助服务的均衡发展，有效地维护了弱势群体、困难群体及特殊群体的合法权益。2020年又颁布出台了《中央专项彩票公益金法律援助项目特约检查员聘用办法》等部门规范性文件，在一定程度上满足了新形势下对法律援助工作的新要求。彩票公益金法律援助项目作为法律援助的重要组成部分，其创设在一定程度上解决了法律援助经费保障的矛盾与难题。2020年中央专项彩票公益金法律援助项目评估显示，目前基本形成了以"保障法律援助质量"为目标的运行管理模式，从案件的办理结果看，项目执行成果突出，法律援助资金利用效率较高，投入与回报比平均为1∶34，当事人满意度较高，受援对象对援助案件的满意结果为98%，① 获得了显著的社会效益。

（三）面对突发疫情，积极创新各项法律援助举措

为落实习近平总书记提出的"强化疫情防控法律服务，加强疫情期间矛盾纠纷化解，为困难群众提供有效法律援助"的指示要求，东北三省各相关部门积极协调行动，确保在疫情期间正常开展法律援助工作，发挥法律援助维护司法人权、保障和改善民生、维护社会稳定的职能作用，对助力各级党委、政府打好疫情防控攻坚战起到了关键作用。比如，吉林省法律援助中心为做好疫情防控期间法律援助工作及时制定了《关于疫情防控期间有关工作的安排意见》，成立疫情防控小组，工作人员按照岗位责任制各司其职、分工合作，在疫情期间创新工作方式，调整工作机制，充分利用电话热线等办理方式开展法律咨询、法律援助，在疫情期间对群众提供及时、有效的法律援助，化解了各种矛盾纠纷，做好各项咨询解答、政策解读和情绪疏导工作，对推动全社会形成不信谣不传谣、依法科学有序防疫的良好氛围起到了积极作用。又如，辽宁省开通涉疫情防控"绿色通道"，设立专门接待室，在保障法律援助工作正常开展的同时，有效降低疫情传播风险。为减小

---

① 参见《中央专项彩票公益金法律援助项目第三方评估报告发布会举行》，司法部政府网，http：//www. moj. gov. cn/news/content/2020 - 09/10/bnyw_ 3255863. html。

疫情对企业生产经营的影响，保障开工复工企业及劳动者合法权益，法律援助中心发挥公共法律服务热线全时空、广覆盖、免接触的技术优势，开辟企业复工复产法律服务团专栏，为企业、职工提供免费法律咨询；增设法律查询智能机器人，及时解答婚姻家事、员工纠纷、交通事故、企业人事、民间借贷、公司财税、房产纠纷、消费维权和刑事犯罪等多种法律问题，群众足不出户就能获得及时、高效、免费的公共法律服务。再如，黑龙江省适时扩充法律援助事项，将疫情所引发的有关事项纠纷纳入法律援助事项范围，对疫情防控一线的各种人员所提出的法律援助申请开通绿色通道，免予审查经济困难状况。[①] 黑龙江省还不断创新法律援助服务方式，大力推广法律援助预约办、线上办、网上办、掌上办，发挥法律服务网、公共法律服务热线的作用，为困难群众提供法律咨询和申请法律援助服务，逐步实现法律援助案件网上全流程办理，完善便民服务举措，简化法律援助受理审查程序，做到"应援尽援、应援优援"，建立健全法律援助异地协作机制，降低困难群众异地维权成本，加强法律援助机构的协助配合。

二 东北三省法律援助机制发展面临的主要问题

（一）法律援助经费投入低，供需矛盾大

当前，东北三省法律援助经费依然主要来源于财政拨款，财政拨款是解决困难群体、弱势群体、特殊群体法律援助经费不足的主要方式，不过法律援助经费严重不足、经费紧张常态化，在很大程度上制约了法律援助工作的顺利开展。由于法律援助经费不足，案件调查取证等工作无法全面完成，办案的质量受到很大影响，这也进一步影响了法律的权威性。相关统计数据显示，目前我国每年拨付的法律援助经费平均水平低于其他发展中

---

① 参见《黑龙江省司法厅：创新法律援助举措 深化便民利民惠民措施》，人民网，http://hlj.people.com.cn/n2/2020/0522/c220024-34035875.html。

国家，东北三省的法律援助经费尤其短缺。特别是近年来受经济发展下滑等诸多因素影响，从总体上看法律援助经费的投入增长率开始放缓，人均法律援助经费始终在较低水平徘徊。在新常态下，东北三省整体财政收入增速放缓，法律援助经费保障面临的压力也逐渐加大，加之受援标准不断降低，受援群体不断扩大，授权事项不断拓展，援助需求持续加大，这使得法律援助的经费保障压力日趋加大。与此同时，有限的法律援助资源与大量的法律援助需求之间的矛盾凸显，社会转型时期各种社会利益关系呈现复杂局面，导致各种利益群体对法律援助的需求显著增加，加剧了法律援助供需之间的矛盾。

（二）区域法律援助协调机制有待建构

随着跨区域劳动力流动不断增强，劳务合作规模持续扩大，有关异地维权的法律问题日益凸显，特别是外出务工农民工群体的异地维权难题亟待解决。农民工群体属城市流动人口，对农民工法律援助案件往往需要异地实行，这对法律援助工作提出了新的要求和挑战。在现有的法律框架内，务工者异地维权的成本相对过高，往往使劳务弱势群体无力承受，不仅会影响案件进程，也使其合法权益难以得到有效保障。在国家法与地方法之间的区域法律援助协调机制尚处于空白状态，这导致相关的法律援助协调工作无章可循，难以有效开展，政府之间缺少相应的配合，法律援助机构异地实施面临援助成本高、程序复杂、沟通不便等诸多困难。

（三）弱势群体法律援助机制保障力度不足

由于存在信息不对称、机制碎片化、部门联动梗塞、责任分散监督问责难等问题，对弱势群体的法律援助机制保障力度相对不足。例如，未成年人法律援助保护救助机制缺乏整体布局的问题比较突出，未成年人保护相关部门未形成联动防范和帮助监护缺失困境未成年人的救助机制。在社区承担防控任务的工作量极度饱和的情况下，在疫情期间无法全面落实对困难儿童家庭定期走访、风险排查及紧急响应机制，这反映了社区对困境儿童及家庭的关注和支持不够，对未成年人权益全面专业的保障力度不足，相关社会组织形式多样却非专业化也使未成年人权益保障缺乏高效、畅通的反映渠道和及时有效系统的求助机制。

三 进一步完善东北三省法律援助机制的对策建议

（一）加快转变政府职能，健全法律援助服务购买机制

2020年3月起正式实施的《政府购买服务管理办法》对政府购买服务的主体、对象、内容、程序、预算管理、绩效和监督管理等事项在制度层面进行了明确规定，使政府购买服务进一步规范化、科学化与法治化，也进一步促进了政府购买公共服务的常态化发展。在社会治理领域，法律援助服务一直属于政府的重点购买项目，政府购买服务作为转变政府职能、改善公共服务效能的重大举措，应持续鼓励、引导社会力量进入法律援助领域。在东北三省经济社会转型的背景下，以《政府购买服务管理办法》的实施为契机，法律援助作为专业性要求较高的公共法律服务需要制定有关法律援助政府购买服务的具体规范，进一步健全法律援助服务的政府购买机制，尽快形成新型的法律援助服务的供给方式。东北三省相关部门应结合地方实际，尽快制定购买法律援助服务的相关标准及实施细则，通过法规顶层设计制定出可操作性的规定，完善政府购买法律援助服务的地方性法规。可以说，社会组织参与作为法律援助的必要补充和有效延伸，也是建构由政府主导的多元化主体参与的法律援助新型管理模式的重要组成部分。

（二）提高法律援助供给水平，主动对接民营企业法律需求

首先，司法行政部门应进一步强化服务意识，积极为本地政府出谋划策，在劳动用工、工资支付、合同管理、金融支持、仲裁诉讼等方面给予明确的法律指导，特别是针对疫情导致工期延误、财产损失以及设备租赁费用承担等问题应及时出台相应的法律政策，依法保障企业生产合法合规、高效

安全，主动为企业提供法律咨询和意见。

其次，要提升对民营企业法律服务的整体效能，整合法律人才资源，搭建法律综合服务平台，建立包括司法局、发改委、工商联、工会、人社等部门的协调机制，及时掌握企业和劳动者法律服务需求，切实把公共法律服务送到企业和劳动者身边，进一步发挥商事纠纷人民调解委员会的作用，及时介入调解疏导，防止矛盾纠纷交织叠加、激化升级，积极引导当事人通过非诉讼方式化解矛盾纠纷。

最后，应及时组建法律顾问团，加强公共法律服务体系建设，整合律师、公证、司法鉴定、法律援助等线上线下法律服务资源，对民营企业开展咨询服务，设计法律服务方案，提供法律帮助，加大法律服务供给力度，主动对接企业需求，靠前服务企业，为企业提供合规的风险指引，指导帮助企业制定有针对性的法律风险防范措施和预案，提升法律服务的整体效能。

（三）着力解决监护缺失问题，完善弱势群体法律援助机制

在弱势群体案件中，可以考虑提前指定辩护时间，尽早让律师介入侦查，以便为嫌疑人提供法律帮助，如果因为家庭生活困难无力聘请律师，国家要为其提供法律援助，为他们及时指定法律援助辩护律师。一方面，应建立法律援助机构和公检法之间的衔接、协作机制，做到信息互通，确保司法机关与援助人员就援助工作能有效衔接，从而正确处理未成年人保护及法律援助相关的问题；另一方面，要建立法律援助工作的督导制约机制，严肃制约不履行或迟延履行法律援助义务的行为，以未成年人为例，依照《未成年人保护法》，公共场所发生突发事件时应当优先救护未成年人，应及时建立未成年人监护相关机制。疫情防控期间，江苏出台了首个疫情期间保护独居未成年人的意见，将"临时留守儿童"纳入全面保护范围，设立"儿童督导员"等，这些为地方立法工作提供了经验，值得借鉴。要及时发现监护缺失的未成年人，协调解决问题或报告反映困难，应由民政部门会同有关部门对困境和留守未成年人实施相应的救助，各地司法行政机关接到未成年人监护缺失案件，要及时解答法律咨询，提供法律援助。未成年人生理和心理发育都未成熟，社会经验更为欠缺，相对于成年人更需要具有法律专业知识和技能的律师为其提供法律帮助，维护其合法权益。

（四）发挥区域法治合作优势，建构区域法律援助协调机制

从区域法治发展的角度来看，基于地缘传统、文化、历史及社会的同一性特征，东北三省有关法律援助的立法及相关法治建设工程也应统筹规划、同步推进，缩小东北三省各地方有关法律援助相关法规政策的落差。就立法而言，区域立法位于国家法与地方性法规之间，具有承上启下的独特功能，有利于国家法与地方性法规之间的有效衔接，合力推进相关立法，提升立法效率，减少立法成本，也有助于在一定程度上突破地域、地方及部门的利益壁垒。在这方面，东北三省立法部门有着很好的合作基础，以《东北三省政府立法协作框架协议》的出台为重要标志，东北三省区域立法合作机制在数十年的运行过程中不断提升、完善，区域立法合作逐步由松散型向紧密型、从事务性合作到制度性合作过渡。从立法实务来看，《吉林省法律援助条例》于 2020 年正式实施，辽宁、黑龙江的相关立法在更新与修订上应在立法合作的框架之下及时跟进。针对一些跨省域的法律援助问题，东北三省应建立更紧密有效的模式，改变传统属地申请等限制，打破"各自为政、条块割裂"的行政壁垒，深化法律援助"最多跑一次"改革，在法律的框架内，以区域法治建设的高度，进行法律援助工作的实践创新。对此，东北三省各地方政府之间应研究建立法律援助协调长效机制，以区域性法律或规范性文件的形式予以确认与固定，通过区域法律援助相关立法，开辟区域法律援助通道，通畅法律援助机构与异地司法机关衔接，建立区域法律援助协调机构，对区域法律援助案件进行审查办理，统一协调，并切实保障区域法律援助协作的经费及相关补贴。

（五）根据法治建设实际需要，建构法律援助机制评估体系

通过构建科学的评估指标体系，可将法律援助机制建设这一宏观性目标分解成若干可量化的具体项目，把抽象的规划目标转化成直观而明确、易操

作、可落地的具体任务，也可使相关部门及领导机构根据本地法治及法律援助的发展实际和需求，对法律援助机制建设的重点和路径做出具有针对性的指导与规划。目前，在现有的法治框架内以法治指标体系来衡量和评价地方法治的运行状况进行了诸多有益的探索，一些专项的法治评估也陆续实践，不过法律援助相关评估仍付之阙如。近年来，一些地方开始探索法律援助案件质量（同行）评估，在实践中对加强和规范法律援助案件质量的监督和管理，改进和提高法律援助案件的办理水平起到了积极作用。应在围绕法律援助案件评估的基础上，探索建构具有综合性质的法律援助机制评估体系，包括导向指标、供给指标、行为及结果指标，涵盖法律援助机制的宏观与微观方面。法律援助制度指标评估体系的构建与实施，将有利于进一步推动东北三省法律援助机制法治化建设，为法律援助工作的开展提供系统性的量化运作模式，其所具有的测量、评价、引导等功能，也有利于相关部门及社会公众对法律援助工作的监督与督促，寻找在法律援助工作开展的过程中出现的问题，推进法律援助机制评估更容易被利益相关方接受，进而有益于推进法律援助机制法治化的良性发展。

参考文献

1. 樊崇义、施汉生主编《中国法律援助制度发展报告 No. 1 （2019）》，社会科学文献出版社，2019。
2. 刘星显：《东北三省法律援助制度建设问题研究》，《黑龙江社会科学》2019 年第 1 期。
3. 苏丽、阎惠英：《法律援助可及性评价指标体系的比较与建设》，《浙江工业大学学报》（社会科学版）2020 年第 2 期。
4. 巩晓丽：《区域法律援助与协调机制的法律问题研究》，《第十三届"环渤海区域法治论坛"论文集》，2018。
5. 杨晓光、王爱芹：《我国社会组织参与法律援助研究》，《河北法学》2020 年第 7 期。
6. 吴宏耀、余鹏文：《构建多元化的法律援助服务提供模式》，《中国司法》2020 年第 6 期。

东北三省完善城市社区重大传染性疾病防控机制研究

王浩翼*

摘　要： 城市社区作为基层社会的基本单元，既是居民生活的主要场所，也是各种公共危机爆发后最先受到冲击的主要目标。作为传染病防控的第一道防线，东北三省的城市社区近年来在传染病防控工作方面的总体表现是值得肯定的，尤其是在实战中经受住了新冠肺炎疫情的冲击与考验，彰显社区基本公共卫生服务体系建设的斐然成绩。本文旨在对东北三省城市社区传染病防控工作进行梳理，在此基础上结合存在的部分问题，提出相应的对策建议：加大对社区公共卫生服务的投入力度，建立多元主体协同参与机制，完善社区应急保障机制，推动社区应急文化建设。

关键词： 城市社区　传染病防控　社区治理　东北三省

自 2003 年"非典"发生以来，东北三省城市社区围绕应对突发传染性疾病不断探索实践，最终建立起一套相对完备的传染病防控机制，十余年间成功应对了包括甲型 H1N1 流感、H7N9 禽流感在内的多起重大传染性疾病，整个东北三省的甲乙类法定报告传染病发病率和死亡率在全国也

---

* 王浩翼，吉林省社会科学院社会学所助理研究员，研究方向为基层社会治理。

处于一个相对较低的水平。经济社会越发展，面对的风险因素就越复杂，我国目前已经进入突发公共卫生事件的高发期，对于东北三省的基层社区而言，需要在巩固好前期防控成果的基础上，系统总结此次危机中的宝贵经验与教训，进一步健全和完善应对重大传染性疾病防控机制，以实际行动回应习近平总书记提出的"把人民群众生命安全和身体健康放在第一位"的指导意见。

一 东北三省城市社区传染病防控体系建设基本情况

（一）传染病监测预警能力不断提升

2000 年以来，随着我国经济社会发展取得长足进步，东北三省的卫生健康事业也取得一定成就，有效控制了"非典"、甲型 H1N1 流感这类严重威胁人民群众健康的传染病。随着当下全球化的不断深入，人员交流日益频繁，各种突发、新发和输入性传染病也不断涌现，东北三省围绕建立健全传染病监测体系与防控预警机制也做出了诸多努力。黑龙江省建立并完善了省、市、县三级疾控机构实验室监测网络，设立 20 个流感、132 个手足口病、10 个出血热、3 个布病、3 个感染性腹泻共计 168 个传染病国家级监测点，将传染病平均报告时间由直报前的 5 天缩短为 2.8 小时，把重大传染病和突发公卫事件的危害降到了最低。吉林省从 2012 年开始探索建立传染病综合监测体系，目前已建成覆盖全省，涵盖全部法定传染病在内的监测预警系统，其中长春市、吉林市、四平市疾病预防控制中心加入中国细菌性传染病实验室分子分型监测网络（Pulse Net China），进一步提升了吉林省细菌性传染病监测、溯源识别和暴发疫情处置能力。辽宁省经过多年发展，在 2017 年建成省、市、县三级疾病预防控制网络体系，将全省疾病预防控制机构增加到 117 家，检测能力涵盖 11 大类 1188 项疾病，传染病平均报告时间仅为 4 小时。

（二）预防接种管理更加规范

预防接种是保护易感人群免受传染病侵袭的最有效措施，同时也是防控传染病最为经济的手段之一。吉林省 2006 年出台《预防接种单位（门诊、点）标准》与《预防接种单位和人员考核办法》，将全省预防接种门诊建设标准进行了统一规范。自 2012 年起在部分县市开展预防接种门诊规范化建设的试点工作，并在总结试点经验的基础上制定印发了新的预防接种标准。除此之外，吉林省还将预防接种门诊规范化建设纳入省政府民生实事，从 2014 年到 2015 年，省级财政按每个预防接种门诊 10 万元的标准，在乡镇卫生院和社区卫生服务中心建设完成 968 个规范化预防接种门诊，累计投入近亿元，进一步完善了接种服务流程，改善了接种服务环境，将接种过程中的疾病传播风险降到最低，有效保证了安全接种和规范接种。将预检室、候诊室、接种室和留观室的接种门诊比例从建设前的 68.8%、61.9%、93.8% 和 68% 分别提高到 96.2%、96.7%、99.5% 和 98.0%。[1] 辽宁省 2017 年启动全民健康干预服务项目，开展预防接种精准化服务，在全省所有县（市、区）建立数字化预防接种门诊，进一步提升预防接种服务质量。通过"健康辽宁"微信平台实现预防接种服务"指尖化"，在提升疫苗接种服务的同时，实现疫苗管理的规范化、程序化、自动化。黑龙江省在全国第一批启用"智慧化预防接种门诊"，利用"免疫接种系统"取代传统的排队叫号、手工填单、人工取苗方式，进一步满足了居民的预防接种需求。

（三）公共卫生服务水平显著提高

作为实现"人人享有基本卫生保健"目标的基础环节，社区卫生服务机构一直承担着基层疾病预防等公共卫生服务和一般常见病、多发病的基本医疗服务。随着人民群众生活水平的提高，对于基本医疗卫生服务的需求日

---

[1] 《吉林省疾控谱写预防接种服务能力提升"四部曲"》，中国吉林网，http：//news. cnjiwang. com/dyxw_ kx/201905/2889082. html。

益增加，东北三省近年来积极开展社区卫生服务站标准化建设，并取得了一定成效。吉林省依托社区卫生服务中心，从 2011 年到 2013 年，累计投入资金 4400 万元建成 220 家"健康小屋"，投入国家及省级资金 1.14 亿元，建成 850 个中医综合服务区（中医馆）。此外在基层人才队伍建设方面，吉林省 2019 年印发《关于改革完善基层医疗机构卫生专业机构技术人员职称评审和岗位管理制度的实施意见》，建立起完善的人才评价机制，优化基层医疗资源分布，鼓励人才向基层流动。同时依托国家基层卫生人才能力提升培训项目，组织开展基层医务人员培训，2019 年累计培训 5466 人，其中骨干全科医生 66 人，骨干乡村医生 114 人，村卫生室人员 3052 人，各乡镇卫生院院长和社区卫生服务中心主任 981 人。2015 年以来，吉林省共有 20 家社区卫生服务中心被评选为"全国优质示范社区卫生服务中心"，5 家乡镇卫生院被评为"全国百佳乡镇卫生院"，3 家社区卫生服务中心被评为"全国百强社区卫生服务中心"。黑龙江省近几年在提升城乡社区卫生服务能力方面制定实施了《黑龙江省支持基层提升医疗卫生服务能力的若干措施》《城市社区卫生能力建设和重点工作的项目实施方案》等一系列具体措施，深入推动医联体建设，通过医疗托管、实质整合等方式，带动提升基层医疗卫生机构服务能力。2019 年 3 月，黑龙江省成为东北三省首个开展社区医院建设试点工作的省份，标志着黑龙江省在全国城市社区医院建设中率先迈出了第一步。辽宁省近几年围绕推进基层卫生信息化建设开展多项工作，先在中央预算投资支持下统一开发实施了集基本医疗、公共卫生、医疗保障、基本药物、综合管理"五位一体"的基层卫生信息化建设项目，并在 2017 年实现全省 696 个社区卫生服务站和 5072 个村卫生室上线运行，将基层卫生信息化程度向前推进了一步，大大加快了统筹城乡公共卫生服务均等化的进程。

（四）信息技术支撑初见成效

相较于 2003 年的"非典"，东北三省在社区传染病防控实战中采取了数字化与信息化的管理手段，完成了从"人防"到"云防"的质变。为了让传染病防控更加高效、精准，各省政府结合基层实际需要，充分运用 5G、大数据、物联网等信息技术,先后推出了"吉事办""黑龙江全省事""辽事通"等具有地方特色的政务服务 App,同时结合社区传染病防控现状,开发了具有追踪系统功能的"吉祥码"、"龙江健康码"和"辽事通健康码",为社区控制外部病例的输入,确定高危人群的行动轨迹提供了精准的技术支撑,实现了将"静态"的全面防控转向针对辖区内不同人群的"动态"精准防控,明确了防范重点,为阻止传染病在社区内传播提供了有力抓手。此外,在社区服务方面,各省社区工作人员借助微信公众号、钉钉、QQ、手机 App 等各类"云上"信息平台建立起了与隔离居民点对点、无接触性的定向服务工作机制,一方面完成信息核查,记录体温,减少重复劳动;另一方面更好地为社区居民提供无接触式的社区服务,将常态化的民生保障工作融入传染病防控工作之中,用最简单的信息牢牢把握住传染病防控的主动权,大大提高了社区居民的参与度。

二 东北三省城市社区传染病防控存在的主要问题

(一)社区医疗卫生服务整体实力依然偏弱

2003 年"非典"发生之后,东北三省逐步在城乡建立起了三级医疗卫生服务体系,经过十多年的发展,各省的社区卫生服务体系在健康教育、保健、康复与改善城市居民健康状况方面发挥了重要的作用。但通过此次新冠肺炎疫情,我们发现当前城市社区的公共卫生服务体系的整体发展依然存在不平衡不充分问题,主要表现在以下几个方面。一是社区卫生服务中心规模有所下降。近几年来,东北三省除辽宁省外,黑龙江省与吉林省的社区卫生服务中心和站点数量均有所下降,其中吉林省社区卫生服务中心数量从 2015 年的 425 个下降到 2018 年的 376 个,黑龙江省则从 702 个下降到 614 个,整体下降幅度过大。二是基本防疫条件尚不具备。目前东北三省除省会城市与个别较大城市外,大部分中小城市的社区卫生服务中心规模普遍偏小,且设施老旧,大多由于条件限制,仅有治疗常见及已知疾病的条件,整

体院感控制基础薄弱，不具备重大传染病应急隔离留观能力。三是专业医护人员学历水平不高、职称结构不合理。以吉林省为例，截至2018年，仅有23.48%的社区卫生工作人员学历在本科以上，其中研究生学历以上的工作人员比重仅有1.08%。而从专业资格水平来看，具有副高职称以上的社区卫生工作人员仅占8.64%，正高职称占比尚不足1%，专业技术资格明显偏弱。此外，人员队伍后备力量不足，人员平均年龄偏大等问题都制约了社区卫生服务的整体效能。

（二）基层防控力量严重不足

作为联防联控的行政末梢和治理枢纽，基层社区在传染病防控中发挥着组织、宣传、管控、服务四大功能。根据民政部的数据，我国平均每6个社区干部负责1个社区，平均每名社区干部至少要面对350名群众。而东北三省的情况则更为突出，其中吉林省1.05万名社区工作人员，平均每人需要对应服务650户社区居民。[①] 一旦出现传染病疫情，单纯依靠社区工作者的力量根本无法完成整个社区的防控与流调工作。另外，从年龄与学历结构来看，东北三省社区工作人员的平均年龄普遍在40岁左右，拥有大专以上学历的社区工作人员仅占六成，不善于利用网络、手机App等科技手段的社区工作者大有人在，加之社区应急培训体系尚未完全建立，社区工作人员对于基本的传染病防控常识与应急处理流程缺乏了解，面对突发状况既不会处置，也不敢处置，严重影响了传染病防控工作的开展。

（三）社区应急保障能力仍有欠缺

一是社区公共卫生专项经费保障力度不够。我国社区的工作经费来源主要是由上级政府统一划拨，社区每年能够获得的经费额度相对较少，在保障社区正常运行之外能够投入公共卫生方面的经费非常有限，导致在应对重大

---

① 乔恒：《新冠肺炎疫情防控危机下城乡社区治理能力的调研思考》，《中国民政》2020年第10期。

突发公共卫生事件时难以在短期内调动大量经费开展工作，很容易错过最佳防控时机。

二是传染病防控物资供给严重不足。从此次新冠肺炎疫情防控效果来看，东北三省城市社区在医疗防疫重点物资储备方面存在较大的问题，主要体现在社区防疫物资种类不齐全，数量缺口大，防护服、医用口罩、消杀用品长期供不应求，社区在防疫物资调度方面难以做到及时、准确。除防疫物资外，疫情初期社区在应急队伍装备支撑方面也捉襟见肘，值班工作人员必要的保暖设备得不到及时解决，足见社区应急物资保障体系尚未完全建立，对应急物资的统筹管理仍不到位，这也是社区传染病防控的最大短板。

（四）社区居民防范意识亟待提升

一是对传染病缺乏正确的认识。部分社区居民对传染病的防控措施存在畏惧心理，不能理解和支持，害怕防疫隔离影响自己的正常生活，或担心遭到周围邻居的歧视，即使发现患病也不及时就诊，而选择继续隐瞒病情，在延误治疗时机的同时又成为新的传染源，无形之中给传染病的防控带来一定困难，甚至引发社区聚集性感染。

二是对于传染病防控知识缺乏深入了解。一些社区居民平时忽视社区开展的传染病知识教育，对常见传染病的传播途径、具体症状与预防措施知之甚少，容易受到一些道听途说、捕风捉影的谣言影响，引起恐慌、哄抢、囤积大量防疫物品，造成短期医疗资源供应紧张。

三是不清楚传染病防控的相关法律规定，尤其是对突发公共卫生事件 I 级响应的具体内容、个人的权利和义务缺乏了解，导致极个别居民拒绝配合防疫人员的工作，甚至以暴力、威胁相抗拒，扰乱了社区传染病防控大局。

三 完善社区传染病防控机制的具体对策建议

近十年来，急性传染病在全世界范围内的流行呈现越来越频繁的趋势，"非典"、H7N9 禽流感、甲型 H1N1 流感、埃博拉、新冠肺炎疫情，几乎每

3~5年就会出现一种新型传染性疾病，而且传染速度越来越快，致病性越来越强，致死率越来越高。此次的新冠肺炎疫情仅是众多公共卫生事件中的一种，未来也可能暴发其他的情况，因此，必须根据各省形成的经验和暴露的问题，进一步完善社区重大传染性疾病的防控机制，随时做好应对重大突发事件的准备。

（一）加大对社区公共卫生服务的投入力度

医疗机构特别是社区卫生服务中心是突发公共卫生事件信息沟通网络的神经末梢，是突发公共卫生事件有效预警的最前沿。[1] 构建重大传染病社区防治体系，最重要的是要完善社区卫生服务平台。[2] 此次新冠肺炎疫情是对我国公共卫生体系长期以来"重医疗、轻预防"观念的沉痛教训，如何让预防体系在下次新型传染病来临时发挥积极作用应当是眼下优先解决的重要问题。在具体方向上，应充分发挥基层社区卫生服务中心在医疗体系中的补充作用，从软硬件两方面出发，健全完善社区卫生服务中心功能，加强公共卫生应急能力建设。在硬件方面，应着重对社区卫生服务中心的基础设施进行系统升级，成立应对突发公共卫生事件的专门应急科室，配备应急专用医疗设施与完善的传染病隔离诊疗环境，使其具备为传染病患者提供隔离留观病房的基础能力，推动常态医疗与突发应急传染性疾病诊疗分开，同时建立传染病患者对接通道，将社区无法医治与留观的感染者迅速转运至对应的高层级医院。在软件上，建立起一支专业化的社区医务人才队伍，以医疗效率、品质为依归，同时加强对社区卫生服务机构人员的管控防护训练，提升从业人员的文化专业素质和实践技能，形成敏感的神经末梢，推动形成以个人为中心、以家庭为单位、以社区为外延的医疗网络，提升社区医疗水平，减轻大型医院负担，提高医疗卫生资源利用率。

---

[1] 武秀昆：《有关突发公共事件的预警问题》，《中国医院管理》2010年第2期。
[2] 李兰娟：《重大传染病社区综合防治研究》，《第二届传染病诊治高峰论坛暨2009年浙江省感染病、肝病学术年会论文汇编》，2009。

（二）建立多元主体协同参与机制

针对社区传染病的预防控制是一个持续的动态过程，尤其在未来很长一段时间里，对传染病的常态化防控必将是社区治理的一项重要工作，需要注意的是，防范突发事件不能仅仅依靠政府单方面投入，更需要协调社会力量参与协作。因此各省需进一步对政府、市场与社会力量加以整合，构建社区多主体协同治理体系，提升应急管理效能。具体而言，一是要重新定位物业公司功能。物业公司在此次新冠肺炎疫情防控中发挥了重要作用，彰显了其在参与社区治理中的巨大潜力。因此，各省应充分肯定物业公司在参与社区应急管理中的必要性，将物业公司作为应急管理的核心力量对待，并建立常规性政府购买服务制度，避免物业公司被动承担治理成本，同时加快完善物业管理体制，理顺物业公司与其他多元主体的关系与协作方式。二是拓宽多元主体参与渠道，下一步社区应主动淡化治理中的行政化色彩，打破传统政府主导型的应急管理协作机制，加快整合社会资源，增加社区应急管理方面的项目投入，构建扁平化、弹性化的应急管理机制，鼓励与引导社区居民、社会组织、企事业单位等主体通过制度化渠道与社区合作，实现有序参与和分工参与，提升社区应急管理水平。三是推进社区志愿者参与机制建设。充分调动社区企事业单位、社区居民的主动性与积极性，发展以社区工作者为中坚力量，以社区居民、专业社工、基层党员干部和企事业单位员工为有力补充的高素质社区志愿者服务队伍，并与卫生健康部门建立密切联系，深化志愿者队伍的公共卫生知识与技能培训，定期组织演练与评估，提高其专业化程度与实战能力。

（三）完善社区应急保障机制

一是加大社区应急资金保障力度。完善社区应急管理机制自然离不开资金的投入支持，针对应急资金不足的问题，各省有必要在社区层面设立重大公共卫生事件专项资金，明确资金使用范围，简化使用程序，并建立应急支付机制，确保"专款专用"。二是要根据社区居民人口数量、分布情况与具体需求，按照规模适当、种类齐全、供应充足的基本原则，尽快建立多个社

区应急物资储备点，迅速提升应急物资储备数量。此外，要适当考虑采用市场化方式，与辖区内的超市、药店、企事业单位签订物资储备与供应合同，建立应急物资动态储备体系，保障"战时"物资供应。三是考虑到一些重大突发事件的规模与影响范围可能较大，对于应急物资的需求量很可能远远超过单一社区、街区的物资储备量，因而有必要在多个社区、街区间建立应急物资联动保障机制，以最短时间调配大量应急防控物资对高风险社区实施饱和式支援，尽最大可能减缓冲击、降低损失。

（四）推动社区应急文化建设

居民是社区组成的基本要素，提升社区处理应急事件能力的关键在于树立社区居民的主人翁意识。在这场前所未有的疫情面前，我们看到广大的社区居民自觉服从疫情防控需要，以实际行动配合社区工作人员打赢这场疫情攻坚战。一是要充分发扬了邻里守望、互帮互助的社区精神，在当前共建共治共享社会治理新格局的现实语境中，基层社区应当抓住这个有利契机。二是通过加大宣传教育活动力度，向社区居民传递传染病防控知识，提升居民应急意识与自救互救技能。三是加大力度培养社区居民对社区公共事务的参与意识，帮助社区居民打破"门禁"隔阂，重塑邻里文化，培育社区内部凝聚力，善用活动来温暖人心，塑造有温度、有凝聚力的现代社区，做到藏力于民。

参考文献

1. 张明妍、丁晓燕、高运生：《我国社区卫生服务机构服务能力现状、问题及对策》，《中国卫生事业管理》2016 年第 9 期。
2. 李兰娟：《重大传染病社区综合防治研究》，《第二届传染病诊治高峰论坛暨 2009 年浙江省感染病、肝病学术年会论文汇编》，2009。
3. 武秀昆：《有关突发公共事件的预警问题》，《中国医院管理》2010 年第 2 期。
4. 乔恒：《新冠肺炎疫情防控危机下城乡社区治理能力的调研思考》，《中国民政》2020 年第 10 期。

改革开放篇

Reform and Opening-up Reports

B.17

东北地区与韩国经济合作研究

谭红梅 *

摘　要： 东北地区与韩国是重要的经济合作伙伴。近年来，东北地区与韩国的双边经济受诸多因素的影响有所下降，但韩国近年来实施"新北方政策"，将东北作为重要的合作对象。同时，作为东北亚国家战略对接地，东北地区随着自身优势和潜力的释放，与韩国经济合作仍具有很大的上升空间。诚然，东北地区与韩国通过"新北方政策"进行经济合作仍存在一些局限，但应采取相应措施，在原有经济合作的基础上寻找新的经济增长点，拓展与韩国的经济合作，使双方可持续发展成为现实。

关键词： 经济合作　"新北方政策"　东北地区　韩国

---

* 谭红梅，吉林省社会科学院朝韩所所长，研究员，研究方向为朝鲜半岛问题。

东北地区东南接壤朝鲜，西邻蒙古，北连俄罗斯，与日、韩两国隔海相望，位居东北亚区域地理核心地带，是中国"一带一路"北方节点。由于与韩国地理位置接近，语言文化相似，中韩建交初期双方贸易投资活跃。之后，韩国投资逐渐向沿海地区转移。① 目前从整体上看，东北地区与韩国经济合作相对于中韩两国之间并没有显示出应有的活跃。② 尽管如此，东北地区作为有着丰富的自然资源、发达的制造业和交通基础设施、日益扩大的消费市场、积极引进外资的政策以及对朝贸易中心，仍然是一个充满机遇的地区。③ 韩国"新北方政策"将东北作为重要的合作对象。2018 年 2 月，中韩经济部长会议上，双方就韩国"新北方政策"和中国"一带一路"倡议对接将在东北地区实现达成共识。这为东北地区与韩国的经济合作带来了新的机遇，有望共同积极探讨新的经济合作方式。

一 东北与韩国经济合作现状

东北地区和韩国的贸易从 2005 年的 66.4 亿美元增加到 2018 年的 122.6 亿美元，增长了 85%，年均增长 4.8%。但是，同期中韩贸易额由 1120 亿美元增至 3132 亿美元，增长了 180%，年均增长 8.2%。可见，韩国和东北地区贸易增长率相对较低，在中韩贸易总额中所占比重从同期的 6.6% 下降至 4.6%。2020 年 1～9 月，辽宁对韩国进出口 43.2 亿美元，同比下降 33.4%。④ 2020 年上半年，吉林省对韩国进出口 32.3 亿元，同比下降

① 随着中国改革开放的推进，在中韩贸易中，东部沿海地区所占的比重逐渐加大，东北三省与韩国的进出口额在中韩进出口总额中所占比重则从 1998 年的 10.7% 逐渐减少到 2008 年的 5.4%。
② 宋龙镐：《中国东北三省与韩国之间贸易关系的特点分析》，《东北财经大学学报》2010 年第 3 期。
③ 이현태『13·5 규획 시기 한국의 중국 동북지역 경제협력 과제와 전략』，대외경제정책연구원，2017. 17 쪽。
④ 《2020 年 9 月辽宁省进出口国家和地区 USD》，中华人民共和国沈阳海关，www. customs. cn/shenyang_ customs/zfxxgk4391/fdzdgknr57/bgtj98/3420901/3345801/index. html。

2.8%。① 东北地区同韩国主要进口产品包括汽车零部件、有机化合物、钢铁等，出口产品包括铁合金、纤维、谷物等。不难看出，东北地区从韩国进口的主要是与化学工业相关的零部件和原料，向韩国出口则主要是原材料和谷物等。换言之，东北从韩国进口产品的附加值较高，对韩国出口产品的附加值较低这样一种贸易结构②仍未改变③。这表明东北地区与韩国仍然是垂直型产业分工下的贸易结构。

韩国对东北地区直接投资，从 2010 年的 6.17 亿美元大幅减少至 2018 年的 0.86 亿美元，投资骤减导致东北地区在韩国对华投资比重④从 16.8% 降至 1.8%。总体上看，韩国对东北三省投资特点体现为两方面。一是制造业远超服务业。2012～2018 年，韩国对东北地区制造业投资比重平均为 83.1%，对制造业投资主要为汽车、机械装备、运输装备、食品饮料等，对服务业投资则主要在金融、房地产、批发零售、饮食业等。二是投资主要集中于辽宁省和吉林省，辽宁省韩国投资企业主要是现代 LCD、LG 产电、万都等，吉林省则为 POSCO、农心、双菱等。

东北地区与韩国贸易和投资停滞，其中原因之一是近年来东北地区经济下滑⑤，对外贸易和投资流入困难。贸易、投资规模通常与地区生产总值（GRDP）成正比。占据东北地区对外交流较大比重的辽宁省，其地区生产总值增长率在 2010 年下降至 -2.5% 后，一直持续到 2016 年。受新冠肺炎疫情影响，2019 年，辽宁与韩国进出口贸易额为 587.5 亿美元，同比下降

---

① 《上半年吉林省货物贸易进出口情况通报新闻发布会》，中华人民共和国长春海关，http：//www. customs. gov. cn/changchun_ customs/465843/2405078/3209367/index. html。
② 其不利于提高经济效率，造成资源的过度开发，不利于社会进步、经济发展。
③ 即东北三省相对于东部沿海地区，产业结构升级缓慢，与韩国的产业结构仍然保持垂直分工形态。
④ 从 2012 年开始，其比重年均只有 4.0%。
⑤ 最近几年，东北地区经济增长速度在全国省级行政区中居于后几位，一些老工业基地城市出现负增长。2018 年，吉林、辽宁与黑龙江三省的 GDP 增长率均低于全国平均增长率 6.3%，在全国省级行政区中分别排第 28 位、第 29 位与第 30 位。

8.1%。① 由于经济进入新常态、中美矛盾长期化等因素，东北地区被认为经济增长有可能进一步放缓，贸易投资也会进一步减少。英国经济预测机构（EIU）表示，东北地区经济增长率 2014 年为 6.0%，2018 年为 5.0%，2020 年为 4.8%。受地区劳动力成本上升及对外资优惠缩减等传统因素影响，韩国对东北投资可能会进一步减少。

综上可见，东北地区和韩国经济交流情况不容乐观。东北经济增长乏力，与韩国之间的贸易投资明显收缩。尽管如此，应该看到中韩两国正进一步扩大在东北地区进行经济合作的共识，并建立了政策协议框架和基础。加之东北地区后发优势，均将助力释放东北与韩国经济合作的潜力。

二 东北与韩国经济合作机遇与挑战

（一）东北与韩国经济合作机遇

1. 韩国"新北方政策"实施

2017 年 9 月，韩国总统文在寅在第三届东方经济论坛上提出扩大与北方国家经济合作。韩国希望通过与包括俄罗斯、中国、中亚地区在内的欧亚国家的多方合作，创造出各国政策②对接协同效果，取得实质性合作成果。最终目标是形成以地区和平保障经济合作、经济合作发展促和平的良性循环结构。

韩国"新北方政策"合作对象包括 14 个国家和地区，其中，东北地区是唯一被列为合作对象的地区。2017 年 8 月，韩国成立北方经济合作委员会，并于同年 12 月举行第一次会议，确定了五个推进方向。以 2018 年 6 月"形成和平与繁荣的北方经济共同体"为目标，包含 4 大目标领域和 14 个重点课题的"新北方政策发展蓝图"正式启动。

---

① 《2019 年 12 月辽宁省进出口国家和地区 USD》，中华人民共和国沈阳海关，http://
   www. customs. gov. cn/shenyang_ customs/zfxxgk4391/fdzdgknr57/bgtj98/3420901/2851541/index. html。
② 具体包括俄罗斯新东方政策、中国"一带一路"倡议、蒙古国"草原之路"等。

"新北方政策"具体推进与东北地区的合作。韩国北方经济合作委员会与吉林省就中韩国际合作示范区及企业优惠等问题进行沟通，达成联合研究和T/F运营协议；与辽宁省达成了关于沈抚新区、苏家屯区产业园区招商引资和促进人员交流合作的方案。2018年2月，在中韩经济部长会议上，双方就中国"一带一路"与韩国"新北方政策"在东北地区相结合的方案达成共识，负责这一工作的两国政府机构分别是韩国北方经济合作委员会以及中国国家发展和改革委员会的东北振兴司。此后，北方经济合作委员会继续与东北振兴司、东北三省地方政府探索具体合作方案，并多次举行领导人互访和工作组会议。2019年2月，第一次中韩东北经济合作对话在北京举行，就通过共同研究挖掘项目等达成协议。同年5月和8月，北方经济合作委员会委员长先后访问东北地区，并一直保持着频繁交流。同年11月，中韩双方确立了到2025年大幅扩大与东北贸易规模和人员交流的目标，并设定了4大重点推进课题、14个细节课题，以及今后推进的实质和具体合作计划。实现贸易规模、人员交流目标分别从2018年的122亿美元、255万人增长至2025年的180亿美元、350万人，年均增长分别为5.7%和4.6%。

四大重点课题具体包括，一是推进与东北地区开发政策相互联系的交流合作。合作推进吉林省"中韩（长春）国际合作示范区"、辽宁省"中韩产业园"及黑龙江省"韩国产业园"建设。二是为促进持续和稳定经济合作构建与东北地区间交流合作的框架和制度基础，新设与地方自治团体等东北地区实务协商会，为支持进军东北地区韩国企业建立并激活韩国贸易馆及AT事务所等新合作渠道，并为搞活贸易和投资持续提供贸易及投资金融等支持。三是实现贸易领域多样化，以应对第四次产业革命的未来新产业（技术）、环保、风险创业领域合作多样化。打造美容、健身、生活用品等优质消费品，发掘汽车零部件、农产业等希望产业项目和进口商，加强营销、医疗、生物制药、文化产品等服务领域与创业、技术、环境领域合作。四是扩大促进交流合作共识，活跃电视剧等文化交流及留学生等人员交流，持续推进中学生、留学生、公务员交流，探讨举办文化活动及加强旅游合

作，通过双方协商推进扩大航班及渡轮运航。

总体而言，韩国"新北方政策"为东北地区与韩国之间的经济合作奠定了政策协议基础。事实上，关于东北地区和韩国的经济合作，在朴槿惠政府时期已就"欧亚倡议"和"一带一路"倡议对接过程形成了一定共识，签署了《谅解备忘录》。相较而言，"新北方政策"进入了实质性政策协商阶段。中国国家发改委东北振兴司，东北地区省会长春、沈阳、哈尔滨等地政府频繁与韩国北方经济合作委员会进行政策协商，构建了相互间的实务协商框架。"新北方政策"成为东北地区与韩国经济合作达成共识的契机。

2. 东北地区自身优势与潜力

东北作为与朝鲜接壤地区，与韩国经济合作仍具有很大的上升空间。东北地区是东北亚国家战略对接地。东北地区是与朝鲜、俄罗斯、蒙古国接壤的重要边境地区，是经由蒙古国、俄罗斯去往欧洲地区的亚欧大陆桥通道的东端起始点，是包括中国、俄罗斯、日本、韩国等国在内的环日本海地区经由北极航线去往欧洲、北美大陆的先导区。基于这一地理位置，东北地区将最大可能发挥对接中国"一带一路"倡议、韩国"新北方政策"和"朝鲜半岛新经济地图"、俄罗斯"新东方政策"，共同开展国际合作的作用。

近年来，东北各地方政府正积极实施对外合作政策。东北地区积极推进与包括韩国在内的周边国家的合作，通过对外开放合作为经济发展注入动力。辽宁省2017年4月成立沈阳、大连、营口自由贸易试验区，"与东北亚国家推进全方位合作""建立国家间双向投资促进合作的新机制""建设连接欧亚大陆的陆海空大通道""建设现代物流系统和国际海运中心"等。吉林省申请设立中韩（长春）国际合作示范区，搭建中韩合作新平台，并积极推进示范区内形成通关、检疫、认证、流通、R&D、人力交流、生产加工等全面中韩价值链（value chain）。2020年4月27日中韩（长春）国际合作示范区获批，使示范区建设前景愈加明朗。

东北是巨大的消费市场和多种可能的投资场所。东北地区有近1亿人口的消费市场、丰富的天然资源、积极的外资引进政策等。而且，作为欠发达

212

地区，东北今后将有较大增长潜力，具有新市场投资目的地的价值。2018年，东北地区与韩国的贸易和投资，在韩国"新北方政策"主要合作对象中，分别占第 2 位和第 3 位。东北地区与韩国贸易规模，相当于除俄罗斯以外的"新北方政策"全部合作对象贸易规模的 3 倍。东北是现代化工业基地及广阔的谷仓地带①，未来在农业领域的合作机会将增大。如果近期中韩 FTA 贸易和投资进入门槛降低，韩国有可能对东北地区具有比较优势的生物、医药、文化及旅游等领域进行投资。同时，中国缩小外国人投资限制行业②，通过简化行政程序、扩充基础设施等为全面改善企业环境而努力。据世界银行公布的营商环境评估报告，中国企业环境评价排名持续上升，整体投资环境也在改善。③

应看到，东北地区可起到不断扩大中国和欧亚市场试点作用。中国从过去以出口加工为中心的工业园区模式转变为以广阔的国内市场为基础、以内需为主。东北地区可作为外资进入中国内地和欧亚大陆的桥头堡（test-bed）。中国政府先后设立了辽宁省自由贸易试验区、吉林省中韩（长春）国际合作示范区等合作平台。在东北地区打造中韩经济合作平台时，重要的是通过韩国北方经济合作委员会、中国国家发展和改革委员会东北振兴司及东北地方政府渠道，加强双方沟通，了解彼此需求。此外，随着沈阳—北京高速铁路连接（2019）、哈尔滨、长春机场扩建（2018）、中蒙俄经济走廊建设等交通物流条件持续改善，中国国内及欧亚市场将更加靠近。

此外，东北地区有实施"九桥战略"（9 - Bridge）④ 的空间。"九桥战略"在东北地区可以提升至韩国—中国—朝鲜—俄罗斯等多边合作。从东北地区产业结构看，"九桥战略"中提及的铁路、风力发电、农业、水产业等项目是可以共同合作的领域。这里可以形成多条跨国铁路联运线路：一是

---

① 现代化工业基地主要是指石油化学（大庆）、汽车（一汽）、钢铁（鞍山）等，广阔的谷仓地带主要是指玉米等的生产。
② 具体由 1995 年的 107 个缩减至 2017 的年 35 个。
③ 具体由 2017 年的第 78 位上升至 2020 年的第 31 位。
④ "九桥战略"（9 - Bridge）是韩国"新北方政策"下韩俄远东合作的核心，涵盖天然气、铁路、港湾、电力、北极航线、造船、就业、农业、水产九大领域。

从朝鲜半岛向西经规划中的"中蒙国际大通道"，由内蒙古阿尔山口岸进入蒙古国，再连通俄罗斯西伯利亚大铁路；二是从半岛铁路向西连通沈阳—长春—哈尔滨—齐齐哈尔—满洲里—俄罗斯西伯利亚大铁路；三是半岛铁路—中国东北铁路网—呼和浩特—二连浩特—蒙古国乌兰巴托—俄罗斯西伯利亚大铁路；四是半岛东海线铁路—朝鲜罗先—俄罗斯波谢特—扎鲁比诺—符拉迪沃斯托克—俄罗斯西部地区—欧洲。此外，东北地区是中国最大粮仓，有可供2亿多人食用的玉米、大米、大豆等，农业在东北地区产业中占很大比重，农产品加工业、种子改良产业、化肥生产、农作物培养技术等相关产业比重较高，因此存在与韩国农业合作的机会。东北地区北面的大草原是以多风著称的辽阔地区，可与韩国在风力和太阳能发电领域开展国际合作。无疑，中韩在东北合作成功，可为日后实现中朝韩合作、中朝俄合作、中俄朝韩等三边或四边合作，提供示范作用。

（二）东北与韩国经济合作的挑战

东北地区与韩国通过"新北方政策"进行经济合作的局限也依然存在。具体而言，有以下几点。

一是随着东北地区和韩国经济低迷，尚未发展到取得实质性经济合作成果的阶段。近两年稍有回暖的东北投资增长仍难以大幅拉动经济增长。2018年，东北三省生产总值增速分别为5%、4.5%和5.7%，仍低于全国平均水平。2019年上半年，东北三省中情况较好的辽宁省经济增速5.8%，仍低于全国平均值。2020年，受疫情因素影响，东北三省GDP均出现不同程度下降。另外，韩国经济状况堪忧。据韩国央行数据，2019年韩国经济增长率仅为2%，是2008年金融危机以来的最低水平。2020年第二季度，韩国国内生产总值（GDP）环比下降3.3%[1]，连续两个季度负增长。韩国企业进入东北地区数量也在减少。[2] 因此，在两国政府努力下虽形成了合作的基本

---

[1] 韩国央行2020年7月23日发布的数据。
[2] 据韩国新北方经济委员会统计数据，从2016年的4500家降到2018年的1745家，减少2755家。

框架，但在企业和市场层面并未取得实质性进展。

二是"新北方政策"相对处于政策推进后位①。韩国文在寅政府一直把国政目标置于通过同朝鲜经济合作实现和平经济并推进相关政策上。但由于围绕朝鲜半岛的国际形势等因素，尚未取得可视性成果。与之相对，东南亚地区成为韩国企业进军的新市场，以该地区为合作对象推进经济合作的新南方政策正在加快步伐。2020 年初，韩国北方经济合作委员会承诺，2020 年将成为"新北方合作年"，力争取得实质性成果。尽管能否取得所期望的成果目前还无法确定，但可见文在寅政府进一步推进互利共赢的东北经济合作的决心。

三是韩国对东北地区人员外流的关注与顾虑。作为经济欠发达地区，随着北京、上海、深圳等发达地区人才更加集中，东北地区人口外流现象仍在持续。② 2018 年，东三省人口净流出 30 多万人，劳动年龄人口减少约 100万人。③ 近年来的数据显示东北区域的员工和居民收入增长有所放缓，居民收入增长放缓导致大量人口流失。④ 一方面，东北地区人员外流导致劳动力不足；另一方面，人口的外流导致部分行业出现人才断层，尤其是创新研发人员和技术人员外流，对东北地区依靠创新驱动发展以实现"大众创业，万众创新"局面带来一定影响。作为中外老工业基地存在的突出问题，人才外流现象备受外资关注，成为东北地区与韩国经济合作的一个不容忽视的负面影响因素。

---

① 主要是相较文在寅政府的朝鲜半岛新经济地图、新南方政策。
② 以 2014 年为节点，此间东北地区总人口呈先升后降的变化规律，2014 年东北地区人口增加值为零，此后呈负增长状态，而同期的全国人口依然每年增加。再看东北地方经济，2014年恰是东北地区经济增长整体跌落至全国"后进"行列的一年，2014 年以后，东北三省经济增速基本处于全国的后五位。人口总量与经济增速同时、同步下跌，可见人口因素对经济增长的重要作用。
③ 《三个着力：国务院对转型关键期的东北经济开新药方》，中国政府网，http：//www. gov. cn/zhengce/2019－06/07/content_ 5398215. htm。
④ 陈昭彦：《新冠疫情后东北区域经济振兴与重构机遇与思路》，《中国商论》2020 年第11 期。

三　东北地区与韩国经济合作的建议

面对新的发展契机，东北地区应采取相应措施，在原有经济合作基础上寻找新的经济增长点，拓展与韩国的经济合作，使双方可持续发展成为现实。

（一）树立新的指导思想和经营理念

对外贸易可持续发展是国民经济可持续发展的一个有机组成部分。国民经济增长方式的转变和可持续发展战略，为对外贸易可持续发展奠定了坚实的基础。为此，我们应树立全新的指导思想和经营理念，制定全方位对韩开放战略，深层次开发韩国市场，尤其要树立"以质取胜"的经营理念，认识到产品质量是制造名牌的基础，名牌产品要靠高质量的产品、高质量的服务在广大用户中建立起信誉。同时，企业必须以市场为导向、以科技为手段来适应市场的变化，要引导消费，不断开拓新产品，最大限度满足消费者，使企业在竞争中立于不败之地。

（二）制定吸引韩国投资可持续发展战略

以可持续发展为中心，进一步调整外商投资领域的产业与地区导向，作为对韩开放的重要组成部分，制定吸引外资与可持续发展良性循环的发展战略；制定东北地区深层次吸引韩国跨国公司投资的发展战略。同时，利用地缘优势，"走出去"寻找更多东北与韩国可持续发展的切入点。东北应继续充分发挥与韩国毗邻的地缘优势及东北亚发展的政策契机，实施"走出去"战略。

（三）构筑以"差异优势"为核心的战略

在全球生产过剩的大环境下，东北地区赖以推动出口增长的"资源优势"和"比较成本优势"已越来越不明显，对韩经济合作能否持续发展，将在很大程度上取决于能否在东北各省支柱产业上、在工业制成品和深加工产品上建立起"差异优势"。也就是说，将东北地区自身的优势转化为"差异优势"产品、创新出口产品。立足"差异优势"推动贸易增长并不只能是发达国家、省份才有条件采取的外贸发展战略。事实上，建立"差异优势"所需要的核心条件只有两条：一是及时了解市场需求，就是韩国市场需要什么，东北企业就出什么，以需定品种、以销定产量；二是勇于并善于创新。

（四）优化对韩出口商品结构

要抓住"一带一路"建设、东北老工业基地振兴机遇，推进东北三省支柱产业和优势产业技术创新，不断提高工业企业的外向型发展水平，将优势产品转化为高附加值产品。同时，致力于培育对韩出口的新型支柱产品，优化对韩出口商品结构，提高出口产品质量，创造有竞争力的出口商品品牌，增加出口产品科技含量，提升东北产品在韩国市场的竞争力，在巩固现有韩国市场的同时开拓新市场领域。

（五）打造面向韩国的信息服务平台

当前，世界经济的发展正处于全球化、信息化高度发展的时代，信息手段在经济合作与交往中的作用愈发突出。企业要融入经济全球化和参与市场竞争，迫切地需要政策、法律和商品、客户、价格等市场需求信息。政府作为信息的拥有者和管理者，本身占有和控制着大量的信息。而信息的流动性越强，越能支持企业扩大商品出口。为适应东北三省与韩国经贸发展的新形势，达到可持续发展的目的，及时捕捉韩国经济、贸易、市场的行情和信息，应构建出口信息服务体系，在现有网络的基础上，打造经贸信息服务平台。可发挥东北地区各城市的跨境电子商务优势，构筑面向韩国的信息和跨境合作平台。

（六）形成人才高地重构区域创新活力

经济发展的主要驱动力和灵魂是创新，创新的根本是人才。在东北高质

量发展推进的过程中，必须直面仍在持续的人员外流现象。韩国与东北三省经济合作所需的人才既要精通语言，还要具备相关专业知识。一方面，制定鼓励高端人才政策要围绕高端经济和新兴经济重构重点；另一方面，要大力培育和发展扶持产业创新与科技创新人才。此外，为补充内部创新动力的不足，可大力吸收国际性人才。

B.18
东北地区融入新发展格局
促进振兴发展研究*

孙浩进　张帆　魏鹏飞**

摘　要： 2020 年，党的十九届五中全会提出"构建以国内大循环为主
体，国内国际双循环相互促进的新发展格局"，东北地区要正
确认识和处理稳定与发展、危机与契机的辩证关系，既坚持
抗击疫情不放松，也要坚持改革发展不动摇，把疫情对经济
社会发展的影响降到最低，在构建国内国际双循环的新发展
格局的背景下，在融入新发展格局中补齐短板，实现高质量
发展。在"十四五"期间，东北地区唯有科学谋划、理性应
对，把握好疫情防控与经济社会发展的辩证法，化危为机、
助强扶小、推陈出新，着力"在危机中育新机，于变局中开
新局"，把握和利用好危机后的新机，深入落实新发展理念，
深度融入新发展格局，推动全面振兴全方位振兴。

关键词： 经济发展　新发展格局　新业态　东北地区

2020 年是我国全面建成小康社会和"十三五"规划收官之年。党的十

* 基金项目：黑龙江省哲学社会科学研究规划项目"黑龙江省资源型城市承接产业转移加快转型
发展研究"（19JLB016）。
** 孙浩进，理论经济学博士，应用经济学博士后，黑龙江省社会科学院研究员，硕士生导师，
主要研究方向为发展经济学；张帆，黑龙江省社会科学院研究实习员，主要研究方向为发展
经济学；魏鹏飞，主要研究方向为发展经济学。

九届五中全会提出"构建以国内大循环为主体，国内国际双循环相互促进的新发展格局"，对于东北振兴提出了新的发展要求。总体来看，2020年以来的疫情对东北经济运行的冲击是短期的，影响是有限的，而危机之中也蕴含着新的机遇。"十四五"时期，东北地区应对疫情不利影响，推动全面振兴全方位振兴，要在国家发展的维度上定位，用系统思维、全局思维、开放思维来思考振兴的方法和路径。一方面要在国家发展大格局中定位自己的发展战略；另一方面要在与我国其他区域发展战略的互动中，拓展发展新空间，培育新的增长点。东北地区唯有科学谋划、理性应对，把握好疫情防控与经济社会发展的辩证法，化危为机、助强扶小、推陈出新，深入落实新发展理念，深度融入新发展格局，才能"在危机中育新机，于变局中开新局"，通过刺激需求、释放消费活力、降低成本、发展新业态，把经济下行压力降到最低，推动振兴发展。

一　东北地区融入新发展格局面临的振兴发展机遇

东北地区维护国家国防安全、粮食安全、生态安全、能源安全、产业安全的战略地位十分重要，关乎国家发展大局。自新一轮东北振兴战略实施以来，东北三省初步扭转了经济下行的局面，整体经济运行逐渐企稳向好。2019年，辽宁、吉林、黑龙江三省经济增速分别为5.5%，5.5%，4.2%，辽宁省在2017年扭转了负增长态势，经济开始持续回升，吉林省、黑龙江省则一直是保持正增长，尽管增速相对比较低。2020年以来，新冠肺炎疫情的暴发、蔓延、防控，给我国宏观经济、国际贸易、社会就业也带来了巨大冲击。此轮冲击对东北地区经济社会发展也造成了极为不利的影响。受疫情影响，东北三省在第一季度经历了经济的大幅下滑和冲击，第二季度开始明显反弹。当前，全国新冠肺炎疫情防控工作取得阶段性成效，东北地区复工复产循序渐进，经济社会运行秩序正在恢复。在构建国内国际双循环的新发展格局中，东北亚区域合作，全球产业链的深度调整，发展新基建和农业产业链延长都为东北振兴提供了新的思路和新的机遇，也是在"战疫"中实现变"危"为"机"。

（一）构建新发展格局对东北亚区域合作发展产生的新机遇

国内国际双循环的新发展格局可以为东北振兴带来全新的机遇，全球产业链在疫情的重创下必将会带来一种深度调整，这种调整对东北经济而言伴生着重要的机遇。东北地区装备制造业基础良好，拥有我国冶金矿山、数控机床、重型机械、轨道交通、汽车及零部件等重大装备产业基地。在当前新的形势下，东北亚合作机制需要更大层面的拓宽和发展，加速经济转型和产业升级，进一步推动东北振兴和东北亚区域经济合作，实现合作共赢，促使装备制造业产业链发生新的调整，为东北制造业转型升级提供新机遇。在构建新发展格局中，东北地区更多产业在成本与安全的双重权衡下会优化供应链，缩短生产制造时间，形成区域化聚集的态势，为东北振兴带来更多的产业合作与新发展机会，促进东北振兴和东北亚合作再上一个新台阶。

（二）构建新发展格局对东北跨区域制造业产业链发展产生的新机遇

作为老工业基地，东北为新中国现代工业体系的建立曾发挥至关重要的作用，同时也奠定了自身扎实的制造业基础。从长期来看，构建新发展格局给东北地区制造业产业链重构提供了机会。应对疫情冲击，迫切需要东北地区推进基于内需的产业转型升级，形成具有区域特色的产业链、供应链，这对东北振兴是一个重要机遇。疫情初期，跨区域分工合作的停滞短期内对东北地区产业经济发展产生了较大的冲击，但其影响是短期的、有限的，基于内需导向的结构调整是当前东北地区应对疫情冲击的重点，在构建新发展格局中主要体现在比较成本、技术创新和空间布局重构三个方面，东北跨区域制造业产业链发展迎来前所未有的机遇。

（三）构建新发展格局对东北地区"新基建"建设发展产生的新机遇

在 2020 年以来疫情防控的阶段性转换中，服务机器人在医疗、配送、

巡检等方面大显身手。随着包括 5G 网络、大数据中心、人工智能在内的"新基建"按下快进键，双重因素叠加，智能制造业、信息产业等正迎来新的发展机遇。东北地区要着力释放"新基建"的智慧赋能效益和"化危为机"对接市场需求。东北地区有着"新基建"建设的"先天优势"。首先，"新基建"的建设需要良好的发展基础，需要强大的科技支撑和资金保障，东北地区科研院所多、科研人才雄厚，优质的发展基础为"新基建"的建设提供了重要保障。其次，"新基建"对电能和土地的需求较多，建设过程中使用大量的电力运输和电子设备，东北地区可以提供丰富的能源和大面积的土地，为"新基建"的建设提供辅助保证。当前是考验东北地区"新基建"建设能力的关键期，应该抢抓重要机遇，尽快形成"'十四五'东北新基建发展规划"，提升东北"新基建"的竞争力，形成对产业升级的重要支撑，争取"十四五"期间使东北的"新基建"竞争力明显提升。

（四）构建新发展格局对东北地区农业发展产生的新机遇

2020 年以来疫情导致全球农产品生产出现危机，部分国家限制粮食出口的做法，让东北地区在构建新发展格局中维护国家粮食安全的战略地位更加突出，自力更生种粮、自给自足储粮显得尤为重要。东北地区是我国重要的商品粮基地，面对全球农副产品价格上涨问题，构建新发展格局给东北地区创造了加大投入农副产品生产、加工、仓储、物流全产业链的新机遇。在蔬菜冷库方面，疫情对餐饮业造成严重损失，直接导致为餐饮业提供蔬菜、水果的农户的损失。蔬菜、水果的采摘期短，保鲜期也短，东北地区农业发展优势显著，可以大力发展蔬果原产地冷藏冷库、冷链物流业，以增强自身的抗风险能力。

二 东北地区融入新发展格局过程中的主要制约瓶颈

尽管"十三五"时期东北振兴发展取得阶段性成就，但综观全国发展水平和相关省市异军突起的态势，东北经济发展速度缓慢，发展质量欠优，与先进地区差距越拉越大，"十四五"时期的发展压力凸显，亟待攻坚克难，融入新发展格局，推动振兴发展。

（一）思想观念陈旧，新旧动能转换尚未取得明显效果

"十三五"时期，东北地区主导产业拉动经济增长的能力呈现弱化态势，经济发展新增长点却不够突出。短板仍较突出，战略性新兴产业规模小，高新技术产业核心竞争力不强，高收益特征不明显。现代服务业整体发育水平不高。产业聚集度低，产业链条短且联系不紧，经济发展速度缓慢，主要经济指标及位次滑坡严重。东北地区连续几年狠抓营商环境建设问题，虽已取得阶段性成果，但深层次问题仍未得到根本解决。各市场主体和各级干部的思想不够解放，缺乏"较真"精神，接受新理念、新知识的能力欠缺，开拓意识不强。不敢第一个吃"螃蟹"，跟在先进地区后面亦步亦趋。国家新政策出台后，学和做的速度很慢，而一旦政策调整，制动能力却很强，导致发展局面较为被动。重官轻商，擅长发文件、搞检查、搞评比，而对如何更多用市场的、经济的、法治的、政策的手段管理经济社会发展研究得不深不透。缺乏契约精神，遇事不重视规则、合同，而是靠找关系托门路，江湖义气重，诚信意识缺乏。对"两山论"认识不到位，生态产品价值挖掘不够。东北地区生态产品目前主要局限在生态农产品、生态旅游、林下作物和中草药等传统领域，新产品、新领域、新业态开发不充分，"生态＋""品牌＋""互联网＋"等多种生态产品业态不发达，存在产业链短、规模小、缺少享誉全国的品牌等问题，导致生态价值潜力没有充分释放。

（二）对振兴政策承接和落实尚不到位，体制机制等深层次问题突出

近年来，国家出台了一系列支持东北振兴的相关政策，有效促进了振兴发展。但调研发现，在东北地区市地层面存在对振兴政策梳理和宣传不够、政策争取不到位的问题。此外，不同企业了解政策、对接政策、运用政策的能力水平也存在差异，直接影响政策落实的效果。东北地区市场化

程度不够高，市场经济意识不强，民营经济发展水平、活力不足，尚有很大差距。知名品牌少，许多高品质商品的市场认知度较低，未能形成经济发展动力。要素市场化配置方面作用没有充分体现。政府改革不到位，主要靠要素投入和投资拉动的经济增长模式尚未完全扭转等，经济发展对政府财政依赖较大。

（三）对外开放存在结构性制约瓶颈，推动振兴能力不足

长期以来，东北地区对外贸易的地域结构不够合理，贸易对象过于单一，对外开放对全省经济发展拉动力不足。东北地区内部外贸结构也存在不平衡，2020年上半年黑龙江省对俄进出口506亿元，而吉林省仅为23亿元。东北地区出口商品结构低端化、非地产化的传统特征仍较明显，地产品出口占比偏低，进口商品落地加工率不高。东北地区贸易中心城市的带动作用发挥不够。对外贸易和经济合作主要是由大连、珲春、绥芬河、黑河等城市完成，内陆城市的占比不大，与口岸地区的经济合作不够紧密。国有大中型企业推动对外开放的效果不明显。在东北地区对外贸易中，民营企业占据主体地位，而拥有技术和人才优势的大中型国有企业受体制机制的束缚，在融入新发展格局中尚未发挥应有的作用。

（四）新型城镇化建设动力不足，人口外流趋势没有改变

东北地区各大中城市规模快速扩张，交通拥堵、环境污染等"城市病"凸显，但县域经济社会发展没有同步，城乡"二元"现象突出。由于城市反哺农村、工业反哺农业的能力不强，县城特别是小城镇产业支撑不足，自身发展能力弱，基础设施和公共服务滞后、居民收入低，农村人口就地城镇化动力不足。东北地区高校本地就业率不足7%，多数选择到北上广深等地工作和发展，青壮年外流导致老龄化率比全国高。东北的国有企业在改革过程中，由行政体制向企业体制转变，对人才的要求方向有了巨大变化，尤其是管理类、营销类人才的短缺，严重制约了企业快速发展。民营企业也普遍存在人才短缺和流失问题。

（五）疫情导致经济下行压力加大，振兴发展面临挑战

2020 年疫情期间东北本地停工停产和当期消费不足、经济下行压力加大、产业生产要素供给不足、需求缩减压力等，造成的直接经济损失很大。东北三省无论是整体产值还是工业产值，增速下行幅度均高于全国及其他大多数区域。在经济总量方面，2020 年第一季度，全国生产总值比上年同期增长 - 6.8%，黑龙江、吉林和辽宁三省分别增长 - 8.3%、- 6.6%、- 7.7%。在工业产值方面，2020 年第一季度，黑龙江、吉林和辽宁三省的规模以上工业增加值累计增长分别为 - 8.6%、- 12.2% 和 - 8.5%。在疫情的影响下，原有产业链中一些对抗风险能力较弱的企业受到严重威胁，大大削弱了原有的成本优势，造成产业链断档，导致影响最终产品。在社会消费品零售总额方面，2020 年第一季度，全国社会消费品零售总额增长 - 19%，黑龙江、吉林和辽宁三省分别增长 - 33.4%、- 27.3% 和 - 24.8%，大幅度低于全国指数（见表 1）。疫情发生在 1 月，暴发在 2 月，这让东北地区冰雪产业"雪上加霜"。吉林旅游业预计第一季度减收 1100 亿~1200 亿元，游客人数同比下降 74%，冰雪旅游收入同比下降 77%。黑龙江以冰雪大世界为例，以往营业天数平均在 71 天，而 2020 年只营业 36 天，营业时长减少一半。按以往五年的平均收入值略算，损失超亿元。新冠肺炎疫情影响使得东北经济发展的下行压力加大，融入新发展格局、推动振兴发展面临新的挑战。

表 1　2020 年第一季度东北三省主要经济指标与全国对比

单位：%

指　标	全国	黑龙江	吉林	辽宁
经济增速	- 6.8	- 8.3	- 6.6	- 7.7
规模以上工业增加值增速		- 8.6	- 12.2	- 8.5
社会消费品零售总额增速	- 19	- 33.4	- 27.3	- 24.8

资料来源：国家统计局网站。

三 东北地区融入新发展格局推动全面振兴发展的路径

（一）优化区域间分工合作协同发展

此次疫情在全球的扩散、蔓延，对以跨区域分工合作和区域间布局为特点的制造业的产业链造成了巨大的冲击，这凸显了区域间产业链重构的重要性。首先，要提高战略站位，积极谋划东北地区产业链的整合。但这也让很多新兴的、抗风险能力强的后发企业得到了更多的机会进入产业链，实现产业链优化。东北要抢抓机遇，整合资源实现优势互补，在分工协作中推动产业升级和结构转型，要立足发挥优势产业，提高在全球产业链中的战略定位。其次，要强化创新能力，为产业链重构奠定基础。在抗击疫情的过程中，产业链中的企业要抓住机会创新技术，不断增强抗风险能力，努力提升企业自身价值，获得更多主导价值分配的机会。最后，疫情也使产业链的空间得到重构，东北地区产业链中企业的空间分布决定了产业链在不同地理空间上的分布特性，要积极推进东北制造业的跨区域优化重组，形成东北三省的纵向分工，重构以装备制造业为重点的产业链，提升东北制造的核心竞争力。东北地区还应进一步促进本区域深度开放，立足发挥东北地区原有的优势产业，加快融入东北亚经济合作格局，在构建新发展格局中提高在全球产业链中的重要战略定位。

（二）大力发展数字经济等战略新兴产业

"十四五"期间，东北地区要谋求创新驱动的新突破，要在基础性的创新制度上寻求突破，更快速度推进创新要素资源的聚集。制定数字化转型的战略规划，把数字化转型作为"十四五"时期支撑东北振兴的一个战略支点，面向经济数字化转型的战略需求，围绕新兴基础设施建设、关键核心技术、研发产业数字化转型进行战略规划，而且引导市场主体广泛参与，形成政府与企业推动数字化转型的合力。中央各部门在应对新冠肺炎疫情出台的一系列经济提振计划中，"新基建"正整装待发带动东北经济逐步复苏，大批基建项目开工投产会带来大批量的订单。东北地区的制造业企业和重化工业企业应该抓住这一时机，提前对自身的生产线和产品进行适应性的调整，利用东北地区的高校和科研院所密集、科研实力雄厚的优势，把握制造业、粮食、生态、能源、产业的战略定位，5G、人工智能、工业互联网的布局，参与国内分工并抢占市场，以此为契机，推动地区战略性新兴产业的发展。尽管疫情期间很多生活性服务业损失严重，但同时也蕴含新的机遇，可以实现由传统模式向新兴模式的升级来"扩容"，如积极发展防疫心理咨询、居家体育服务、在线观光、在线医疗、在线娱乐、在线教育等，形成服务业的新增量、新动能。东北地区应积极抓住这次机遇，鼓励服务业根据自身实力、市场变化等催生新业态、新商业模式，实现裂变增长，推动服务业以"提质扩容"实现更高质量发展。

（三）补齐结构短板促进产业优化升级

习近平总书记指出："全面振兴不是把已经衰败的产业和企业硬扶持起来，而是要有效整合资源，主动调整经济结构，形成新的均衡发展的产业结构。"东北地区作为老工业基地，工业门类齐全，工业资源丰富，有着优势的传统产业结构体系，但产业结构却偏旧、偏重。东北地区应抓住疫情冲击之后的市场需求结构发生深刻变化的机会，调整产业结构优化升级，以传统支柱产业的转型升级和新经济动能的培育壮大为核心，采取突破性、超常规举措，双管齐下，补齐短板。在持续推进供给侧结构性改革上，解决老工业基地钢铁、化工等重工业中产能过剩的问题，在研发体系、产业体系方面整合传统产业，不断优化产业结构、促进产业变革，实现人无我有、人有我多、人多我强、人强我优、人优我廉、人廉我转，充分利用制造业良好的优势基础，克服疫情带来的危机，转危机为新机，要发挥东北的产业优势，主动而为，并通过"助强扶小"来促进工业补齐短板，实现恢复性增长。

（四）采取多种政策组合有效减缓疫情影响

东北地区应分类施策、精准施策来减缓疫情影响，确保供应链和产业链

稳定。一是各级政府在疫情得到控制的基础上，落实好分区分级的精准疫情防控，分阶段、分地区打通劳动力、物资、资金的正常流动，放开货物和物流的限制，确保原材料和产品正常流动。二是多方面推进复工复产。确保打通原材料、零部件等供给渠道，强化各区域间上下游产销的对接，通过支持龙头企业带动配套企业，多方面加大复工复产力度，确保主流产业链稳定。三是强化全球合作。强化与贸易伙伴间的合作力度，加强国际供应链和产业链的国际合作与交流对接，保障全球供给链和产业链的稳定。四是鼓励部分企业短期转型生产世界各国所需的医疗防护等物资，支持转型企业网上洽谈、网上办展，主动抓订单、促合作，以此确保就业形势的稳定，将其放在"六稳"工作首位，培育高质量、多种形态的经济和就业新增长点。

（五）推进重大战略对接中创新体制机制

在"十四五"期间推动东北振兴，必须树立全局思维和开放思维，以国家重大战略、区域发展战略实施为契机，在融入新发展格局中积极推进与其他区域发展战略对接，培育新的经济空间。推动粤港澳大湾区和东北振兴的"南—北"两大国家战略的合作，对实现我国更高质量、更有效率、更加公平、更可持续、更为安全的发展具有重要而深远的意义。东北振兴和粤港澳大湾区的对接合作是落实"加快形成以国内大循环为主体、国内国际双循环相互促进的新发展格局"重大战略的重要举措。只有以粤港澳大湾区为代表的沿海地区与以东北为代表的内地实现经济发展的无缝衔接，才能真正畅通国内大循环；也只有通过推动南北国家战略的对接合作，才能实现陆海内外联动、东西双向互济的全面开放格局，也才能真正有效促进国内国际双循环的打通。东北三省和广东省政府应该在推动东北振兴和粤港澳大湾区国家战略对接上发挥主力军作用，以开放促改革、促创新、促发展、促合作，进一步扩大合作的广度和深度，加快形成南北全面开放合作新格局，融入双循环新发展格局，形成高质量发展的东北振兴新局面，推动东北全面振兴全方位振兴。

B.19
东北三省营商环境优化研究*

王天新**

摘　要： 2019 年以来，东北三省营商环境建设取得了明显成效，但仍面临诸如企业成本和负担较重，市场化过程中存在隐性壁垒，政务服务效率有待提升等短板和薄弱环节，需要在完善政务服务、降低企业负担、加强要素支撑、提升市场监管等方面做出更多改进，从而进一步加快东北营商环境优化进程，吸引更多市场主体选择东北投资兴业。

关键词： 营商环境　市场主体　政务服务　东北三省

　　近年来，营商环境建设成为各地政府深化改革部署、扩大对外开放、激活发展动力的重要抓手，特别是 2020 年初新冠肺炎疫情突发，国内外经济形势日益复杂严峻，构建以国内大循环为主体、国内国际双循环相互促进的新发展格局，迫切需要各级政府加大力度优化营商环境。根据北京大学和武汉大学联合发布的《中国省份营商环境评价报告》，2019 年，吉林省、黑龙江省、辽宁省营商环境指数分别列全国第 20 位、第 21 位和第 22 位，与经济发达省份存在一定的差距，打造市场化、法治化、国际化营商环境，依然是东北三省集聚要素资源、激发创新动力、提升区域竞争力的重要支点。为此，本文通过对东北三省营商环境建设成效及存在的问题进行分析，提出下

---

　* 本文是吉林省社会科学院规划项目和城市发展研究所专项调研项目的阶段性成果。

　** 王天新，博士，吉林省社会科学院城市发展研究所助理研究员，研究方向为城市发展。

一阶段优化区域营商环境的对策建议，以期为东北三省更大程度激发市场活力、增强发展内生动力提供参考和借鉴。

一 东北三省营商环境建设成效

（一）"放管服"改革扩围提效

近年来，东北三省高度重视营商环境建设，大力推进"放管服"改革，积极出台多项服务政策，促进市场主体总量稳步增长，逐步向打造公平高效的营商高地发展。

从各省情况看，辽宁省着力降低市场准入门槛，2019年取消和下放省级行政许可事项101个，平均压缩审批时限75%以上；进一步简化市场主体开办和经营事项，2019年市场主体登记当场办结率达到80%以上，各类市场主体达到376.09万户，同比增长9.38%，日均新登记市场主体1917户，截至2020年3月上旬，日均新登记市场主体达到1688户，基本恢复到疫情前的正常水平；上线运行"辽事通"App，一批堵点难点问题得到妥善解决。

吉林省持续优化企业经营环境，压减许可审批事项，工程建设项目审批时间压缩到81个工作日以内，实现90%以上的省级政务服务事项线上办理，100个高频事项"最多跑一次"。市场主体登记注册实现当日办结，变更、注销等高频办理事项均可"一网通办"，2019年市场主体总数达到243.4万户，同比增长8%；日均新登记企业339户，2020年前7个月实现新登记企业5.74万户，同比增长26.07%。

黑龙江省优化升级"网上办""承诺办"等"六办"服务举措，企业开办时间压缩至2个工作日以内，2019年新登记企业近10万户，同比增长12.4%，2020年面对疫情冲击，全省加快政策兑现，纾解企业困难，截至6月末，各类市场主体已达到254.97万户，同比增长9.1%，企业达到51.14万户，同比增长7.5%；准入准营便利化改革深入推进，推行登记注册、食品生产经营许可一体化办理，探索推广"集群登记"模式，积极落实联合抽查事项清单，实现了更多政务服务线上办理。

（二）要素环境建设不断改善

作为优化区域营商环境的重要方向，近年来东北三省不断发力改善要素环境，围绕解决市场主体融资问题、增强政策获得感等推出多项举措。在解决资金难题方面，2019 年，辽宁省加快落实支持民营经济发展的 23 条措施，投放了 106.9 亿元贷款，惠及市场主体 3.1 万户；吉林省积极落实支持民营经济发展的系列举措，领先东北其他省份实现了小微企业应收账款线上融资；黑龙江省推进落实金融服务民企 20 项政策措施，并通过搭建政银企合作平台、建立企业纾困基金等方式，进一步拓宽企业融资渠道。在完善对企帮扶方面，辽宁省完善了小微企业名录系统，2019 年累计公示 1170 件扶持政策，惠及企业 115.3 万户次；吉林省依托市场主体 e 窗通系统，搭建了小微企业创业创新平台，采取政策公开公示和政策智能化适用匹配等方式，帮助一些小微企业、个体工商户快速获取政策信息和支持；黑龙江省积极兑现市场主体纾难解困政策，分类实施精准帮扶，2019 年减税降费约 274 亿元，2020 年疫情期间为个体工商户解决资金和补贴 2.93 亿元，有力地保障了市场主体渡过难关，恢复增强势头。

（三）自贸区营商示范效应凸显

2017 年以来，辽宁省、黑龙江省相继获批设立自贸区，为东北地区优化营商服务提供了创新样板，带动了区域营商环境国际化水平的整体提升。辽宁自贸区自挂牌成立以来，深入推进重点领域创新试验，重视与上海、广东自贸区等先行先进地区对接对标，2019 年出台了多项支持科技创新、先进制造、融资租赁、金融服务的改革措施，并有 5 项改革创新成果面向全国复制推广，凸显自贸区的营商示范效应。黑龙江自贸区设立一年来，已实施86 项改革试点任务，哈尔滨片区积极在金融服务、现代物流等领域打通对外合作链条，为促进贸易和投资便利化积累了创新经验；黑河和绥芬河片区

借助沿边区位优势，推动中俄经贸合作发展，在互市贸易监管、车辆通关、旅游合作等方面取得了一批改革创新成果。目前，吉林省尚未获批设立自贸区，但已于 2020 年 4 月获批成立中韩（长春）国际合作示范区，将在创新合作体制机制、打造国际一流营商环境方面大胆探索，也将为吉林省申请设立自贸区及优化东北营商环境提供更多创新经验和做法。

（四）营商环境法治化建设步入新阶段

在中央层面，国务院于 2019 年 10 月发布《优化营商环境条例》，从法治层面厘清了政企关系，确立了公平对待各类市场主体的制度规范，填补了我国营商环境领域的立法空白，推动各级政府加快营商环境法治化建设。从东北三省情况看，辽宁省曾于 2016 年出台领先全国的营商环境地方性法规，而后于 2019 年 7 月通过了新修订的《辽宁省优化营商环境条例》，条例中对辽宁省市场环境、政务环境、法治环境建设等提出了明确要求，随后还结合"最多跑一次"规定、加强诚信政府建设等系列文件，对不符合条例及政策法规的文件进行了清理，同时还开展了多种形式的宣传活动，推进了营商法规的宣传贯彻落实。黑龙江省于 2019 年 1 月通过了《黑龙江省优化营商环境条例》，从政务环境、市场环境、监督保障等多方面做出了明确规范，为依法依规优化营商环境提供了制度遵照，随后还出台了重塑营商新环境意见、"清赖行动"专项整治工作实施方案等政策文件，对保障和促进营商环境建设起到了重要作用。吉林省于 2019 年 5 月通过了《吉林省优化营商环境条例》，推动营商环境建设由实践探索向立法规范升级，而后也出台了关于整顿规范执法司法行为等的一系列法规和制度文件，有力地保障了企业合法诉求充分实现、发展活力充分释放。

二 东北三省营商环境建设面临的问题

（一）营商环境发展总体不平衡

东北三省营商环境建设存在较为明显的发展不平衡问题，大中小城市营商环境差异较大，整体协同联动不足。沈阳、大连、长春、哈尔滨作为中心城市对标先进不断发力，而一些中小城市营商环境建设则起步晚、发展慢，短板和弱项较为明显。一是产业配套保障不够。东北三省中小城市和县域经济发展水平普遍不高，产业层次相对较低，一些地方的产业园区位置偏远，水、电、网、物流服务不完善，部分公路和港口设施较为落后，给企业的生产运营带来了不便。二是创新创业环境不优。近年来东北三省中心城市对创新资源的虹吸效应持续加大，使得中小城市和县域在要素资源条件、区域开放程度、劳动者素质等方面表现落后，并且大中小城市、城乡之间联动合作、协同发展不足，导致中小城市和县域较难形成吸引创新要素的比较优势，提升创新创业氛围具有较大难度。三是宜居建设相对较慢。一些地方的市政设施薄弱、公共服务水平较低，在就业机会、工资福利、教育医疗、休闲娱乐、居住环境等多方面与大城市存在明显差距，迫切需要做出更多改进和提升。

（二）制度性交易成本依然较高

一直以来，"投资不过山海关"成为企业家们在北方投资兴业的"准则"之一，近年东北营商环境虽有明显改善，但与经济发达地区相比仍存在一些差距，特别是体现在制度性交易成本依然较高上。具体而言，一是部分政府部门仍较为注重事前审批。"卡、要"现象、"不作为"现象不同程度存在，并且对一些审批事项进行拆分和打包处理，给企业和群众办事增大了难度。在精准防控疫情和支持复工复产阶段，个别地方还出现了设置不合理前置条件的现象，背离了简政放权、提升营商环境的发展要求。二是部分地区政策存在不确定性。近年来为解决东北经济运行中的突出矛盾和问题，各省政府频繁出台和调整经济政策，在一定程度上造成了政策走向不明朗、执行力度与实施效果不可知的问题，给企业投资兴业带来了诸多困扰；一些地区承诺的政策不兑现、政策不连续、拖延办理等现象也时有发生，使一些投资者和企业家对在东北发展的政策预期不足；个别地区在营商过程中还表现出了很强的功利性，过分重视企业纳税，轻视形成产业能力，给予落户企

业的服务质量和效率均不高，在一定程度上影响了企业的投资信心。三是政企之间缺乏稳定的沟通机制。有时需要民营企业主动采取策略性行为增进与政府部门的沟通，反过来也导致一些企业对政策性资源过度依赖，而过多陷入与地方政府的交往活动中，影响可持续经营和发展。

（三）中小企业经营负担相对较重

近年来，东北三省政府采取多种措施帮助实体经济企业降低经营成本，但对于一些中小企业而言，涉企收费仍然较多，企业负担依然较重。一是涉企收费项目清理工作做得不够。在政府性基金方面，由于政府拥有一定的自由裁量权，大企业作为地方政府重点扶持的对象，一般获得的优惠力度更大，小微企业一般也可以免征有关政府性基金，但中型企业获得的相关政策优惠则相对较少；在行政事业性收费方面，政府的直接收费虽然有所减少，但为获得各种许可、评估等，企业仍须向一些服务性机构支付费用，对于中小企业而言，这部分成本相对较高；另外，东北地区电力、冬季供暖等公共成本也较高，给一些中小企业的日常运营造成了一定的负担。二是企业融资难融资贵问题依然突出。东北地区一些政府和银行通常更多支持国有企业发展，中小企业普遍面临抵押物不足、银行放贷门槛高等问题，并且融资过程和手续较为烦琐，疫情突发更是给企业外部融资带来了困难，尤其加剧了中小企业"注册容易经营难"的发展困境。

（四）市场环境建设有待加强

近年来，东北三省政府不断强化对各类市场主体的平等对待和依法保护，但由于东北经济发展中"强政府、弱市场"的思维存在已久、影响较深，市场化营商环境建设仍落后于经济发达地区。首先，东北一些地方政府存有明显的"国有企业偏好"，特别是在制造业、新兴服务业、基础设施建设等领域"放而不松"，存在清单之外另设隐性门槛的现象，导致一些民营企业资金和技术有余，但对接区域性重大发展战略不足。其次，一些地方政府受经济利益和考核的影响，存在以行政手段干预经济发展、依靠社会关系亲疏调配要素资源的现象，在当地发展较好的行业限制外来企业竞争，对非本地企业设置一些行政壁垒，导致市场作用难以有效发挥。最后，一些地方在行政执法过程中存在差别对待的现象，针对国有企业与民营企业、贡献大的民营企业与贡献小的民营企业，执法标准不一，自由裁量权过大，并且存在多头执法、重复执法的现象，加重了部分企业的迎查负担。

（五）政务服务水平仍需提升

2019 年以来，东北三省政府均加快了"互联网＋政务服务"建设步伐，在审批效率、信息化建设等方面取得了明显进步，但目前仍有一些改进和提升的空间。首先，营商环境建设涉及工商、税务、银行、海关等多个部门，一些地方仍存在部门交叉管理、行政审批效率较低的问题，并且多个部门出台了营商环境相关的政策文件，个别还形成了相对稳定的部门利益，较为不利于营商服务效率的协同提升。其次，仍有一些政务环节尚未实现线上处理，一些政务事项经由网络申报后，仍需市场主体提交多份纸质材料，信息共享程度低、重复提交材料、网上服务事项不全等问题在各地不同程度存在。最后，一些优惠政策的发布渠道分散，市场主体获知效率不高，在政策兑现过程中，还存在标准不一、缺少细则、申报流程复杂等问题，导致有些利好政策没有真正得到落实，在很大程度上影响了政策实施效果。

三　东北三省优化营商环境的对策建议

（一）提升政务服务效能，降低企业经营成本和负担

东北三省政府优化区域营商环境，首要任务是全方位提升政务服务质量和效率，有效减轻企业的经营压力和负担，营造稳定可预期的政策环境。首先，推进行政审批服务标准化建设。东北三省政府应加快落实一次性告知清单制度，明确市场主体办理各类政务事项需提交的申报材料、负责部门、办理时限、监管要求等；完善内部联合审批、数据共享机制，努力做到企业和

群众办事"只进一扇门""最多跑一次";建立定期评估机制,针对市场主体集中反映的问题和诉求,及时推出整改措施,提升服务效能。其次,进一步加强"互联网+政务服务"建设。东北三省政府应加快实现全部政务事项网上办理,支持电子营业执照、电子印章应用,推进"不见面"审批;促进各级政务服务平台互联互通,增强跨地区、跨层级业务协同和数据共享能力,优化提升线上营商服务效率。再次,加大减税降费力度。东北三省政府应推进落实减税政策,加大税收补贴,简化税收优惠政策申报程序,推进涉税事项网上办理;进一步清理不合理的行政事业性收费,及时公布收费项目调整情况,严格规范评估、审计等中介服务收费,减少企业重复评估成本,对中小微企业实行减免等优惠政策;削减企业接入电、水、气、热等公共设施的投资,帮助企业降低日常运营成本。最后,全面加强政府诚信建设。确保重点政策的连续性和实施的稳定性,健全政府失信投诉举报机制,对政府部门失信行为做出及时处理,打造东北三省各级政府的良好公信力。

(二)破除市场隐性壁垒,增强企业获得感和市场预期

东北三省政府应加快转变"强政府、弱市场"的固有发展思维,破除市场化过程中的各项隐性壁垒,为各类市场主体在东北可持续经营和发展拓展更大空间。首先,推进落实市场准入负面清单制度。东北三省政府应加快清理市场准入方面的不合理条件,废除妨碍市场公平竞争的各项存量政策,确保各类市场主体平等进入负面清单以外的行业和领域投资兴业。其次,着力推进各项惠企政策落实。东北三省政府有关部门应定期梳理优惠政策清单,集中在线上权威平台发布,同时面向企业、中介机构及窗口工作人员开展相关宣传和培训,提升各类市场主体对政策的知晓度;简化各项优惠政策的申报流程和手续,提升线上办理的服务水平和效率,加快实现惠企政策"免申即享"。最后,完善政企常态化沟通机制。定期开展政企对接活动,搭建政企沟通平台,及时了解市场主体在生产经营中的困难及对政策实施的评价反馈;统一政务服务热线,及时回应各类市场主体和群众诉求,推进维权受理、转办、反馈等流程网络化、透明化。

（三）强化要素资源支撑，激发市场主体活力和创造力

东北三省政府应进一步加强要素环境建设，加快集聚资金、技术、人才等创新要素资源，激活各类市场主体的发展动力。首先，应着力拓宽企业融资渠道。东北三省可通过专项发展基金、贷款担保、政府采购等形式，增强中小微企业贷款的可获得性，发挥政府资金的引导和撬动作用；支持中小微企业以应收账款、生产设备、知识产权等进行担保融资，鼓励金融机构压缩企业融资环节，帮助企业降低融资成本；完善银企对接平台，精准对接银行、创投等各类金融服务机构的资本供给，扩大企业融资规模。其次，应加大对科技领域的投入。东北三省政府应强化支持自主创新，着力推进高新技术企业、新型研发机构、"双创"平台等发展壮大，加快提升各类市场主体的创新动能；支持中小微企业开展研发创新活动，鼓励科技中介机构提供政策推送、融资咨询等专业化服务。最后，应加大人才引育力度。东北三省政府应全面梳理现有人才政策，并结合其他省市人才新政做出创新，着力引进高端创新人才，培养和留住本地高层次人才和中青年人才；优化部分行业领域的从业条件，妥善落实工作许可、落户、子女教育、社会保障等配套服务，支持各类人才灵活就业，吸引多层次人才服务东北、落户东北。

（四）改进监管理念和方式，提升营商环境法治化建设

东北三省政府应加快完善监管制度，规范行政执法，持续推进营商环境法治化建设。第一，严格规范监管执法行为。东北三省政府应完善行政处罚、行政强制、行政检查权力清单，推行跨部门联合检查制度，减少不当干预，杜绝随意执法；健全随机抽查系统，推进"双随机、一公开"全覆盖，确保公平监管；完善对"四新经济"的包容审慎监管，清理各类不合理的管理措施，探索制定新监管标准和规范，引导"四新经济"健康可持续发展。第二，着力加强"互联网＋监管"建设。支持"互联网＋监管"与信用监管并进发展，加快实现监管信息跨层级、跨部门互联互通，对高信用市

场主体适度减少检查频次，对低信用市场主体适当加大检查力度，逐步实现"守法不扰、违法必究"的精准监管。

（五）同步改善各级营商环境，差异化打造东北营商高地

营商环境是一个有机整体，东北三省政府应根据大中小城市和县域的资源禀赋和功能定位，打造具有差异化的营商环境高地。首先，支持区域中心城市对标国内最好水平，提升营商环境竞争力。沈阳、大连、长春、哈尔滨作为东北经济转型和对外开放的前沿，应重视加强多领域营商合作，着力优化提升国家级新区、自贸区等重点平台的营商环境，鼓励引进国外创新成果在东北实现产业化落地，完善投资项目的落地保障服务，支持各类企业扩大对外经贸合作；进一步提升跨境贸易便利化水平，减少外贸外资企业投资经营限制，健全与国际贸易投资规则衔接的管理运行机制，加快打造国内一流、符合国际标准的营商环境。其次，引导中小城市完善配套建设，形成具有地方特色的营商优势。应立足中小城市自身禀赋和产业特色，精准吸引、精细服务于符合禀赋基础和功能定位的重点产业，加快完善投资促进政策，解决好厂房、水、电、气、热、网络等基础设施问题，完善物流运输网络，提升生活配套服务，营造集创新创业、商务服务、居住生活、休闲娱乐等于一体的宜居宜业环境，赋予中小城市营商环境更多内涵。最后，支持县域先行先试，大胆探索优化营商环境的更多可能。东北三省应重视营造全域优化营商环境的良好氛围，充分调动和发挥县域改革积极性和创造性，鼓励基于地方实际，及时调整产业结构和发展模式，在市场主体生产经营、投融资便利化等方面探索和创新营商举措，复制和推广创新做法，培育和推出优秀招商主体和典型示范项目，为东北市场活力充分迸发注入新动力。

参考文献

1.《国务院办公厅关于进一步优化营商环境更好服务市场主体的实施意见》（国办

发〔2020〕24 号）。

2. 《政府工作报告——2020 年 1 月 12 日在黑龙江省第十三届人民代表大会第四次会议上》，黑龙江省人民政府网站，http：//www. hlj. gov. cn/n200/2020/0120/c68 - 10918197. html。

3. 《吉林省：全力以赴谋"三早"分秒必争抢"三抓"》，人民网，http：//jl. people. com. cn/GB/n2/2020/0225/c349771 - 33827957. html。

4. 《政府工作报告——2020 年 1 月 12 日在吉林省第十三届人民代表大会第三次会议上》，吉林省人民政府网站，http：//www. jl. gov. cn/zw/jcxxgk/gzbg/szfgzbg/202001/t20200120_ 6625530. html。

5. 《2020 年省政府工作报告——2020 年 1 月 14 日在辽宁省第十三届人民代表大会第三次会议上》，辽宁省人民政府网站，http：//www. ln. gov. cn/zwgkx/zfgzbg/szfgzbg/202001/t20200117_ 3725023. html。

6. 史亚洲：《民营经济高质量发展的营商环境问题研究》，《人文杂志》2019 年第 9 期。

7. 王光：《东北振兴中的营商环境困局及其治理》，《行政与法》2018 年第 12 期。

8. 王珍珍、黄茂兴、梅红：《持续优化营商环境方略》，《开放导报》2019 年第 2 期。

9. 于文超、梁平汉：《不确定性、营商环境与民营企业经营活力》，《中国工业经济》2019 年第 11 期。

10. 张三保、康璧成、张志学：《中国省份营商环境评价：指标体系与量化分析》，《经济管理》2020 年第 4 期。

11. 《中国（黑龙江）自由贸易试验区率先推出首批省级创新实践案例》，黑龙江省人民政府网站，https：//www. hlj. gov. cn/n200/2020/0710/c35 - 11004996. html。

B.20
加快推进东北三省国资国企
改革发展的对策建议

孙涧桥　宋帅官*

摘　要： 2020年以来，面对错综复杂的外部环境以及新冠肺炎疫情带来的冲击，东北三省国有企业着力抓好复工复产，国有经济运行出现一定改善，但改革的深层次问题依然比较突出，部分企业经营机制不完善，发展活力不足。本文在系统梳理疫情期间东北国有企业发展现状的基础上，剖析制约东北三省国资国企高质量发展的问题，并提出有针对性的对策建议。

关键词： 疫情防控　复产复工　国资国企改革　东北三省

一　发展现状

（一）带头疫情防控和复产复工两手抓

东北三省属企业在做好防风险、保稳定的前提下，积极深化改革，创新经营模式，抢抓市场机遇。辽宁省国资委出台《关于应对新型冠状病毒感染肺炎疫情支持企业生产经营若干政策措施的通知》，在业绩考核、开工复工、工资总额等方面，制定一系列的援企稳岗政策，加大企业复工复产、应

---

*　孙涧桥，抚顺市社会科学院助理研究员；宋帅官，辽宁社会科学院副研究员。

对疫情的资金扶持力度。

吉林省政府出台了一系列举措,制定了国有企业抗疫、生产、销售三不误方案,为企业复工复产奠定良好基础;全省建立了疫情防控期间企业复工复产情况日调度机制,积极帮助企业完善供应链,协调解决资金短缺、用工不足、要素保障等多方面的问题,全力推动企业安全复工复产,为推动吉林省经济发展发挥了重要作用。

黑龙江省国资委坚持一手严格抓好疫情防控,一手有序抓好复工复产。成立了应对新冠肺炎疫情领导小组,定期跟踪企业疫情防控和复工复产情况,切实解决企业问题,并制定出台了支持企业防控疫情的多项措施,帮助企业稳定生产经营。加强对企业复工复产的指导。加强对企业疫情防控以及开工复工工作的督导,帮助企业协调解决遇到的重大问题。指导企业加强对疫情影响的研判,摸清底数,搞好测算,研究开拓市场和降本增效措施。切实帮助企业解决实际困难和问题。指导企业组建研究疫情期间国家和省有关部门出台支持政策争取落地工作专班,安排专人收集梳理政策,通过视频会议进行辅导解读,帮助企业精准对接政策,推动落地见效。

(二)稳步推进重要领域和关键环节改革

深化混合所有制改革。集团层面混改稳妥推进,本钢集团正与潜在投资者深入沟通,沈鼓集团、瓦轴集团初步形成混改方案。试点工作取得积极进展,环保集团已在产交所挂牌,省建设科学研究院在完成混改的同时同步完成员工持股。交通规划设计院、辽能风电在完成混改试点的基础上,深入推进体制机制转换。6户"双百企业"综合改革有序推进。同时,加快解决历史遗留问题。协调推进驻辽央企厂办大集体改革。吉林省加快企业向多层次混合所有制转变,集中推出120多个混改项目,成功吸引中央企业、民营企业以及社会资本共270多家单位参会,现场共签约十多个项目,成效显著。黑龙江省地方国有企业共完成38户混改,其中省属企业9户,市属企业29户,比年初省委预定的不少于25户的混改目标超出13户。哈药集团、冰雪大世界、龙煤盛安公司等一批国有企业实施了混改,完成质量较高,引进非

国有资本近 30 亿元。交投集团与中国五矿、产投集团与哈电集团在开发石墨矿、生物质发电项目进行了股权多元化合作。

（三）逐步提高企业发展质量

积极落实创新驱动发展战略，推动环保集团、抚矿集团开展科技成果转化政策试点。本钢集团自主研发设计的冷轧 QP980 高强钢成功通过某主机厂试模验证，成为国内少数具备第三代汽车高强钢生产能力的企业。第一季度，本钢集团产品出口签约额 4.5 亿美元，出口量在国内钢企中名列前茅。黑龙江省旅投集团与携程集团战略合作共推文旅产业发展，共同打造黑龙江智慧旅游共同体、乡村游共同体、景区业共同体、营销共同体、酒店业共同体、金融服务共同体"六大共同体"。

（四）国有企业经营效益逐渐回暖

东北三省省属企业经济运行在常态化疫情防控中逐步向好并实现恢复性增长，2020 年 1～5 月，累计实现营业收入 1128.6 亿元，降幅比 1～4 月收窄 4.6 个百分点；实现利润总额 33.9 亿元，降幅比 1～4 月收窄 32 个百分点。黑龙江省国有企业营业收入逐季增长，经济效益连续减亏，资产负债率保持平稳，整体经济运行回暖向好。分季度看，营业收入第一季度同比下降 16%，第二季度增长 12%，第三季度增长 38%；利润总额降幅进一步收窄。

二 存在的问题

（一）主体不突出，优势产业集中度较低

一是国有资产经营范围较为分散，资产和产业集中度不突出。东北绝大多数国有企业下属子公司较多，业务较为分散，母公司和子公司之间没有形成闭合产业链的上下游关系，企业存在大量与主业联系不紧密的辅业资产，因此，很难形成强有力的竞争优势。例如，辽宁省属企业不到 1 万亿元的资

产，却用来发展超过 60 个门类的行业。有超过 65% 的省属企业经营 3 种以上业务。

二是绝大多数国有企业仍分布在传统产业领域，战略性新兴产业比重较低。东北竞争类的国有企业多数集中在钢铁、煤炭、石化、装备制造等能源资源类产业和传统产业，国企知名品牌少，大部分产品处于产业链、价值链中低端，高新技术产业、战略性新兴产业和现代服务业占比低、发展滞后。

三是多数省属企业主业板块经营效益较差，竞争力不突出。企业因资金紧张，研发投入不足，核心竞争力不强，整体盈利能力弱。企业间和企业内部业务板块雷同、同业竞争问题依然存在。缺少在全国具有领先地位的国有龙头企业和拳头产品，也缺少对全省经济起支撑作用的国有大公司、大集团。

（二）人才和资金短板明显

一是人才队伍建设长期以来是省属企业可持续发展的薄弱环节。受工资总额限制、体制机制约束、总体经济效益偏低等因素影响，省属企业工资水平相对较低，普遍存在人才"引不进、留不住、用不好"现象，集团岗位人员冗余与专业人员缺乏并存。绝大多数省属企业人才激励机制不健全，国资监管部门对省属企业的二、三级子公司没有充分放权，职工仍然存在"大锅饭""铁交椅"思想，难以招聘到企业干事创业的优秀人才，以及懂管理、懂技术的高素质、高技能专业性拔尖人才，导致企业发展后劲不足。

二是省属企业的资金短缺导致关键核心技术无法产业化推广，高新技术产业无法规模化投资。由于国有企业整体资产负债率较高，自有资金短缺，银行再贷款难度加大，发行债券融资门槛较高，股权基金融资面临进入壁垒，一些企业开发的新产品和新技术面临严重的资金瓶颈。

（三）混改进程相对缓慢

一是国有资产评估不规范，定价机制不完善。多数省属企业在混改评估过程中没有引入第三方专业机构，未对不良资产、债权以及历史负担做剥离

处理，导致混改资产评估价格过高，影响了投资者及员工的积极性。

二是混改设计方案缺乏合理性和科学性，引进战略投资者条件设置不清晰。一些省属企业在增资扩股方案中对股权结构的设计相对保守，增资后国有持股比例依然较高，社会资本持股总量较低且对单一股东持股设置上限，影响了意向投资方的积极性。

三是集团层面混改难度依然较大。目前省属企业的混改全部在二、三级子公司层面开展，集团公司层面的混改尚未真正突破，实践中面临着思想观念不解放、股权混合比例难以把握、历史包袱重、担忧国有资产流失等难题。

四是国有资本投资运营公司功能定位不清晰。东北三省省属企业中现有的平台公司并没有发挥促进国有资本合理流动、推动国有经济布局优化和结构调整等核心作用，主要功能还停留于企业生产发展、短期投资等层面，一时间难以突破原有惯性思维和发展方式。新组建的交投集团和华晨集团两家试点平台公司的功能定位、运行模式、治理结构等还需要进一步理顺。东北三省国资国企改革仍处于"管资本"的起步阶段。

（四）体制机制问题

体制机制问题是长期困扰省属企业健康可持续发展的最核心问题。截至目前，部分省属企业的市场主体地位尚未真正确立，政企不分、政资不分依然存在。一是国有资产监管机构职能仍处在管人、管事、管资产阶段。以"管资本"为主的国有资本授权经营体制尚未建立，"国资管理部门＋国有资本投资公司＋国有企业"的"三级架构"模式仍未形成。二是企业法人治理结构仍不完善。部分竞争类国有企业股权结构较为单一，产权集中，有效制衡的公司治理机制尚未形成，董事会选聘经理层等职权未得到有效落实，部分企业董事会与经理层职权尚不清晰。三是企业内部三项制度改革还不到位，企业冗员严重、员工身份多元、行政管理色彩浓等历史问题依然存在，国有干部市场化薪酬分配制度、激励约束机制等还没有真正建立。四是企业退出机制不完善，僵尸企业清理退出过程较为困难，部分行业化解过剩产能任务依然繁重，新组建的企业国有资产确权面临诸多体制障碍。

（五）企业仍然面临沉重的历史包袱

截至 2020 年上半年，东北三省省属企业历史遗留问题仍然较多，厂办大集体、三供一业、僵尸企业以及特困企业等问题仍未得到彻底解决，虽然东北三省对这些问题的解决已经进入实质操作阶段，但由于涉及企业较多，改革成本巨大，中央奖补资金和地方配套资金有限，企业很难在短时间内彻底摆脱历史负担。尤其是一些国有企业二、三级僵尸企业，绝大多数处于停产半停产、严重亏损状态，未来可能成为新的社会负担和历史包袱。

三 加快东北国资国企改革发展的对策建议

（一）推进股权多元化和混合所有制改革

制定实施混改工作行动方案。对省属国有企业中正常生产经营企业进行全面调查摸底，按照"宜控则控、宜参则参、宜退则退"的原则，制定混改行动方案，分类分层推出混改企业名单并公开征集战略投资者，原则上竞争类企业全面放开股比限制。

积极开展省属企业重组整合，将非正常生产经营企业、无效低效资产划入企业托管平台集中处置。按照"产业相近、业务相关"的原则，推动企业内部子（分）公司间通过吸收合并、并购重组开展专业化整合，将企业层级基本控制在 3 级以内。

推进企业员工持股。按照国家统一部署，扩大员工持股覆盖范围，重点推进具备条件的企业实施员工持股。

推进企业整体上市或核心业务上市。把上市作为混改的重要途径，重点支持优势国有企业核心业务上市。

（二）全面深化国企体制机制改革

坚持党的领导与公司治理有机统一。将企业党组织内嵌到公司治理结

构中，将党的领导融入公司治理各环节，推动企业修订完善党委议事规则和"三重一大"决策制度，明确党组织在决策、执行、监督各环节的权责和工作方式，将党组织讨论研究作为董事会、经理层决策重大问题的前置程序。

加强和规范董事会建设。拓宽外部董事来源渠道，面向全国公开遴选省属国有企业外部董事人才库人选，探索建立和规范专职外部董事队伍。全面推开外部董事制度，省属国有独资、全资公司董事会实现外部董事占多数。重点大型企业董事会设立战略与投资、提名、薪酬与考核、审计等专门委员会，其中薪酬与考核委员会、审计委员会一般由外部董事组成。

推进经营层市场化选聘。按照"市场化选聘、契约化管理、差异化薪酬、市场化退出"的原则，由董事会市场化选聘经营管理者，畅通省属国有企业领导人员身份转换通道，加快建立职业经理人制度，完善管理办法和配套制度，实行契约化、任期制管理，健全考核退出机制，实现"能上能下"。

建立健全市场化用工机制。建立职工择优录取、"能进能出"的用工制度。多渠道安置富余人员，推广机床集团双创模式，鼓励企业通过内部转岗、促进职工自主创业、培训再就业等方式安置富余职工。对实施减员增效的企业，按照减人员不减工资总额的原则给予政策支持。

深化薪酬制度改革。省属国有企业负责人按照组织任命、市场化选聘等不同方式，建立并实行与考核评价结果紧密挂钩、与风险和责任相匹配的差异化薪酬制度。

（三）全力推动国企转型创新发展

坚持创新强企。建立以创新为导向的绩效考评体系，增加科技创新指标在业绩考核中的权重，鼓励国有企业以市场为导向持续加大研发投入，发挥国家级技术中心和国家重点实验室等创新载体作用，突破和掌握一批关键核心技术，培育一批高附加值的尖端产品。

坚持产业强企。深入落实制造强国战略和《中国制造2025》，实施制造业智能升级三年行动计划，推进重点企业智能制造云平台建设，加快推进制造业向数字化、网络化、智能化转型，培育世界级先进制造业集群。

坚持人才强企。积极引进、培育高层次人才，对企业引进的高端人才在住房、子女教育等方面实行优惠政策，对高端人才探索实行协议工资制等市场化分配方式。国有企业上市公司、未上市科技型企业按照有关规定，对作出突出贡献的科技人员、经营人员、业务骨干探索和规范实施股权或分红权激励。优化企业家成长环境，树立对企业家正向激励的鲜明导向，在选拔任用、评优评先、考核奖励等方面制定具体激励措施。

坚持开放强企。积极融入"一带一路"建设，加快"走出去"步伐，推进重点企业开展国际产能和装备制造合作。积极参与辽宁自贸试验区沈阳片区、黑龙江自贸试验区、沈大国家自主创新示范区等重点开发开放平台建设，鼓励企业充分利用自贸区优惠政策，加快推进高端装备维修再制造业务在自贸区落地。

（四）改革国有资本授权经营体制

进一步梳理国有资本投资运营机制。一户一策制定国有资本投资运营公司发展规划，明确发展目标和发展定位，完善公司组织机构、运营模式和经营机制。科学界定国有资产出资人监管边界，国资监管机构要加强对国有企业分类授权放权，将主业管理、发展规划、选人用人、股权激励、工资薪酬以及重大财务事项管理等权利事项给予国有资本投资运营公司董事会充分自主权。加快建立完善出资人对国有资本投资运营公司的监管机制，推进国有资本投资运营公司真正成为国有资本市场化运作的专业平台。

（五）完善国资监管的体制和机制

推动国资监管职能向管资本转变。坚持以管资本为主，制定实施监管权责清单，加强清单管理和事中事后监管，清单以外事项由企业自主决策，清单以内事项大幅减少审批或事前备案。依法落实企业法人财产权和自主经

营权。

加强企业风险防控和战略管控。对高负债风险企业实行名单制管理，建立健全风险预警机制和资产负债约束制度，实行负债规模和资产负债率双重管控。对省属企业进行主业确定，对企业非主业、非境内、非控股的投资项目实行特别监管，严控债务风险、投资风险和国际化经营风险。

加快建立更有效的国有资产监督体系。有效整合监督资源，加强国有企业内部监督、出资人监督和审计、纪检监察、巡察监督以及社会监督。推行外派财务总监制度，外派财务总监进入董事会和经营层，劳动关系在企业，强化出资人对企业财务事项的监督。整合国有企业产权、投资、财务等监管信息，打造实时在线的监管信息平台。建立健全并执行国有企业违规经营投资责任追究制度。

（六）全面解决国企历史遗留问题

完成"三供一业"分离移交。全面接收驻辽央企"三供一业"项目，对坚持按照户均补助标准进行移交导致维修改造费用存在资金缺口的，由交接双方签署补充协议或备忘录，按户均补助标准开展维修改造。对列入分离移交计划的省属企业"三供一业"先接收，再多渠道化解资金缺口。对短期内难以解决的"三供一业"遗留问题，交接双方企业签署备忘录，后期配合解决。

全面完成"僵尸企业"处置。开展"僵尸企业"处置"回头看"专项行动，加快推进收尾工作，全面完成"僵尸企业"职工安置和工商登记注销工作。

厂办大集体改革取得突破。对厂办大集体企业，制定出台厂办大集体企业性质界定、职工身份认定以及职工安置等配套政策和操作办法，全面完成改革和收尾工作。

实现退休人员社会化管理。深入做好对实施依法破产、清算注销、改制重组的国有企业退休人员实行社会化管理的接收工作。国有企业退休人员全面移交社区实行社会化管理，由社区服务组织提供相应服务。

参考文献

1. 史雅琴：《地方国资国企改革的进展、问题与方向研究》，《现代经济信息》2019年第15期。
2. 鲁桐：《国资国企改革的重点和难点》，《现代国企研究》2018年第17期。
3. 黄费连、王文华：《对推进国资国企改革重组的探索与思考》，《产权导刊》2016年第11期。
4. 袁惊柱：《国有企业混合所有制改革的现状、问题及对策建议》，《北京行政学院学报》2019年第1期。

B.21
东北三省与俄罗斯经贸合作研究

邹秀婷*

摘　要： 东北三省与俄罗斯开展经济贸易合作多年，在诸多领域取得突破。特别是近几年交通基础设施实现互联互通，能源合作进展顺利，农业合作继续扩大，跨境电商发展迅猛，但总体贸易额不大，投资规模小，投向单一，双边合作仍存在很多问题。未来东北三省应加强相互协作，利用俄方区域发展战略优势，合力开发俄市场，促进对俄合作提档升级。

关键词： 经贸合作　东北三省　俄罗斯

东北三省地处东北亚经济圈中心，是沟通东北亚和连接欧亚大陆桥的重要中转站。黑龙江省和吉林省与俄罗斯有 3000 多公里边境线，辽宁省是东北地区唯一的沿海省份，有大连、营口、葫芦岛、锦州、盘锦、丹东 6 个港口。近年来，随着东北三省与俄罗斯交通基础设施互联互通的相继完成，区位优势更加明显，按照"协同发展、协调发展、共同发展"的统筹区域发展方针，在中蒙俄经济走廊建设框架下，东北三省与俄罗斯的经济贸易合作逐渐向更高层次、更宽领域发展。

一　东北三省与俄罗斯合作现状

2019 年，东北三省与俄罗斯外贸总额为 1566.59 亿元，约占全国对俄

---

* 邹秀婷，黑龙江省社会科学院俄罗斯研究所副研究员。

进出口总额的 21%。黑龙江省对俄合作全面展开，吉林省第四大贸易伙伴和首要境外投资目的国是俄罗斯，辽宁省营口港开通 12 条途经俄罗斯的中欧班列线路。

（一）东北三省对俄贸易合作

1. 黑龙江省对俄贸易合作

（1）贸易额

近几年，黑龙江省对俄贸易合作形势好转。从 2017 年起，黑龙江省对俄贸易终于扭转 2015 年以来的下滑局面，对俄进出口额同比大增 22.5%，占全省外贸总额的 58.1%，占全国对俄外贸总额的 13.1%，并且对俄进出口增速高于全省进出口增速 5.4 个百分点。[①]

2018 年，黑龙江省对俄进出口额大幅提高，同比大增 64.0%，占全省外贸总额的 69.8%，占全国对俄外贸额的 17.3%，高于全省进出口增速 28.3 个百分点，高于全国对俄进出口增速 40.7 个百分点。2018 年增幅如此大主要是由于自俄进口增长 80.6%，创历史新高。[②]

2019 年，黑龙江省对俄贸易额 1270.68 亿元，同比增长 4.1%；进口 1170.69 亿元，同比增长 2.1%；出口 99.99 亿元，同比增长 34.0%（见图 1）。[③]

2020 年上半年，由于受新冠肺炎疫情影响，中俄两国贸易额下滑，黑龙江省与俄进出口总值 505.82 亿元人民币，同比减少 21.5%，主要原因是国际市场原油价格下跌导致进口额下滑幅度特别大。其中对俄出口 43.84 亿元，同比增加 0.2%；从俄罗斯进口 461.98 亿元，同比减少 23.1%。

---

① 《2017 年黑龙江省进出口总值 1280.7 亿元人民币》，中华人民共和国哈尔滨海关官网，http：//harbin. customs. gov. cn/harbin_ customs/467898/467900/467901/1709046/index. html。

② 《2018 年黑龙江省对俄进出口总值占 69.8%》，中俄资讯网，http：//www. chinaru. info/zhongejmyw/zhongemaoyi/56212. shtml。

③ 《2019 年 12 月黑龙江省进出口月报（人民币）》，中华人民共和国哈尔滨海关官网，http：//chengdu. customs. gov. cn/harbin_ customs/467898/467900/467902/2856620/index. html。

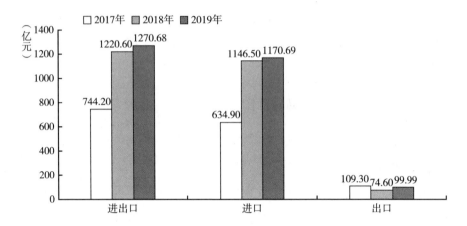

图1 2017～2019年黑龙江省对俄罗斯进出口统计

资料来源：哈尔滨海关统计数据。

（2）贸易结构

2017～2018年，国际原油价格上涨和进口数量增加是拉动黑龙江省对俄贸易额增长的主要因素。特别是2018年1月1日，中俄原油管道二线正式运行后，当年黑龙江省通过中俄原油管道进口原油2549.4万吨，增加56.3%；价值944.4亿元，增长1.1倍；占全黑龙江省自俄进口总值的82.4%（见表1）。[①] 2019年自俄原油进口量继续增长，原木进口量下滑。然而，黑龙江省自俄进口商品日益多元化，2019年8月绥芬河市获批为俄罗斯液化石油气国际道路试运输口岸后，可以从俄罗斯进口液化石油气；9月，东宁口岸首次从俄罗斯进口原奶，标志着中俄两国原奶贸易通道正式打通；12月，"西伯利亚力量"天然气管线开始输气。2020年上半年管道原油、天然气等资源类商品受疫情影响较小，进口量增长，但进口额大幅减少。上半年，黑龙江省管道原油进口380亿元，同比下降31.3%；管道天然气进口21.77亿元，为新增进口。

---

① 《2018年黑龙江省原油进口量大幅增加　国际原油价格或将回升》，中华人民共和国哈尔滨海关官网，http：//harbin. customs. gov. cn/harbin_ customs/467898/467900/467901/2501383/index. html。

表1 2017~2018年黑龙江省自俄进口主要商品占进口总值

单位：%

年份	原油	原木	锯材
2017	71.0	8.3	6.9
2018	82.4	4.1	4.0

资料来源：黑龙江省商务厅。

2017年，黑龙江省对俄传统出口商品中鞋类出口额占比22%，蔬菜占比11%，比重都上升30%以上；服装及衣着附件占比13.1%，同比下降61%；纺织纱线、织物及制品占比5.8%，同比下降36%。

2018年，黑龙江省对俄出口结构有些变化，农产品22.6亿元，机电产品19.9亿元，鞋类12.7亿元，这三类产品出口额占全省对俄出口总额的74.1%；高新技术产品对俄出口占比较小，只有1.8亿元，同比增长1.4倍。[①]

2019年黑龙江省对俄出口主要是机电产品、农产品和劳动密集型产品。

（3）跨境电商合作

近两年，黑龙江省对俄跨境电商发展环境日益完善。黑龙江省跨境电商平台共19家，其中俄速通、东宁达俄通、绥易通、中机网、迈远索菲尔、俄品多等对俄跨境电商平台影响力显著提升。

黑龙江省还积极拓展海外仓和边境仓。海外仓和边境仓建设不仅提高了黑龙江省对俄跨境电商货物运输效率，而且降低了物流成本。目前，黑龙江省设立了24个跨境电商海外仓，大部分在俄境内。其中俄速通—莫斯科海外仓是重点推进项目。哈尔滨在俄罗斯设立了11个海外仓，在黑河设立了5个边境仓，在绥芬河设立了1个边境仓。

黑龙江省跨境物流优势明显，对俄航空货运通道稳定，对跨境电商的发展起到了积极作用。2018年7月，国务院批准哈尔滨市成为国家第三批跨境电商综合试验区，当年哈尔滨对俄跨境电商邮政小包裹达到919.6万件，

---

① 《2018年黑龙江省对俄进出口总值占69.8%》，中俄资讯网，http://www.chinaru.info/zhongejmyw/zhongemaoyi/56212.shtml。

货重 1954.7 吨,[1] 哈尔滨连续多年成为我国对俄电商包裹量最多的城市。截至 2019 年 8 月,哈尔滨市对俄货运包机发送邮件 5686 万件,货运量 1.12 万吨,货值 10.7 亿美元。[2]

黑龙江省在继续完善哈尔滨至叶卡捷琳堡电商小包货运航线的基础上,进一步开拓新的对俄跨境电商航线,同时大力推进哈尔滨与中邮集团合作建立的两个中心:全国最大俄向邮件处理中心,占地面积约 13.5 万平方米,日均可处理 20 万件邮件;综合型跨境电子商务处理中心,集仓储、进出口跨境电商包裹清关、国际邮件及非邮包裹运输、国内配送等功能于一体。

2. 吉林省对俄贸易合作

(1) 贸易额与贸易结构

近几年,吉林省与俄罗斯的经贸往来日益密切。2017 年,珲春口岸通过珲马铁路进出口货物同比增长近 30%。[3] 2018 年,珲马铁路进出口货物 299 万吨,同比增长 20%;货值 15.9 亿元,同比增长 56%。[4]

2017 年,吉林省对俄进出口额 38.1 亿元,占吉林省进出口总额的 3%,其中对俄出口 11.4 亿元,自俄进口 26.7 亿元。

2018 年,吉林省对俄贸易高速增长,增幅 63.8%,占吉林省进出口总额的 4.6%;对俄出口 12.7 亿元,同比增长 11.4%;进口 49.7 亿元,同比增长 86.1%;俄已成为吉林省第四大贸易伙伴。[5]

2019 年,吉林省与俄进出口额 57.71 亿元,同比下降 7.5%;对俄出口

① 《"数字龙江"发展规划 (2019~2025 年)》,黑龙江省人民政府网,http://zwgk.hlj. gov. cn/zwgk/publicInfo/detail? id=382589。
② 邢汉夫:《黑龙江:哈尔滨跨境电商综试区发展驶入快车道》,《黑龙江日报》2019 年 8 月 4 日。
③ 《吉林省强化对俄合作 共建"滨海 2 号"国际运输走廊》,中国新闻网,https://www. chinanews. com/cj/2018/01 – 27/8434686. shtml。
④ 《吉林省 2018 年对俄贸易大幅增长》,中国评论通讯社,http://www. crntt. com/crn-webapp/ touch/detail. jsp? coluid = 7&docid =105319888。
⑤ 《吉林省 2018 年对外贸易稳中有进 对俄增速较高》,百度网,https://baijiahao. baidu. com/s? id = 1623523121190196940&wfr = spider&for = pc。

增幅较大,为 16.8 亿元,同比增长 32.3%;进口 40.91 亿元,同比下降 17.7%(见图 2)。①

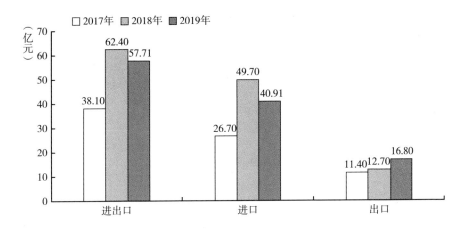

图 2 2017～2019 年吉林省对俄罗斯进出口统计

资料来源:长春海关统计数据。

2020 年 1～6 月,吉林省与俄进出口额大幅下降,总进出口额 22.82 亿元,同比下降 13.2%;出口 5.07 亿元,同比下降 17.9%;进口 17.75 亿元,同比下降达 11.8%。②

吉林省自俄进口的主要商品有木材、镍矿砂、石棉、铁矿砂、海产品、粮食等;对俄出口商品逐步从初级商品转为具有较高技术附加值的商品,主要包括汽车及其零部件、电机及电气设备、炉用碳电极、医药、建材、光学仪器等。

(2)跨境电商合作

随着吉林省与俄罗斯经贸往来日益频繁,跨境电商迎来了良好的发

---

① 《2019 年 12 月吉林省进出口统计报表》,中华人民共和国长春海关官网,http://changchun. customs. gov. cn/changchun_ customs/465846/465848/2847163/index. html。

② 《2020 年 01～06 月吉林省全部企业按主要国家分进出口总值表(人民币值)》,http://changchun. customs. gov. cn/changchun_ customs/resource/cms/article/465848/3228597/202008051 5124741522. xls。

展契机。2018 年，长春市获批国家第三批跨境电商综合试验区。同年 8 月，珲春跨境电商监管中心建成并投入运营，这标志着该市正式开展对俄跨境电商贸易，为对俄跨境电商创造了良好的通关环境。另外，"珲马铁路"是"滨海 2 号"国际运输走廊的重要组成部分。阿里巴巴菜鸟物流在珲春开通大包专线。2020 年前三个月珲春跨境电商向俄罗斯出口各类货物超过 200 吨，完成进出口贸易额 1.5 亿元人民币，同比增长 10 倍。①

3. 辽宁省对俄贸易合作

2017 年，辽宁省对俄进出口额增长，达 279.2 亿元，占同期辽宁省进出口额的 4.6%；对俄出口 62.6 亿元，同比增长 20%；自俄进口 216.6 亿元，同比增长 33.3%。

2018 年，辽宁省对俄贸易出现下行趋势，进出口额 269.9 亿元，同比下滑 3.3%，占同期辽宁省进出口额的 3.5%；对俄出口 72.3 亿元，同比增长 15.5%；自俄进口 197.6 亿元，同比下滑 8.8%。

2019 年，辽宁省对俄进出口总额继续下降，为 238.2 亿元，同比下滑 11.7%；对俄出口依然保持增长，为 79 亿元，同比增长 9.3%；自俄进口 159.3 亿元，同比下滑 19.4%（见图 3）。

2020 年 1～6 月，辽宁省对俄进出口总额逆势增长，为 126.3 亿元，增幅 7.1%；出口大幅下滑，为 31.4 亿元，下滑 29.8%；进口增幅达 29.6%，为 94.9 亿元。

辽宁省与俄罗斯在资源开发、现代农业等领域的合作取得了积极成果。辽宁省对俄主要出口农产品、水海产品、纺织服装、钢材、耐火砖瓦和机电产品，主要进口矿产品、水海产品和木材。辽宁省的米其林沈阳轮胎、东药集团、华晨宝马等企业均与俄罗斯有贸易往来，华晨宝马汽车已经开始小批量进入俄市场。

---

① 《吉林珲春跨境电商一季度外贸进出口额同比增长逾 10 倍》，绥芬河市人民政府网，http://www.suifenhe.gov.cn/contents/120/80402.html。

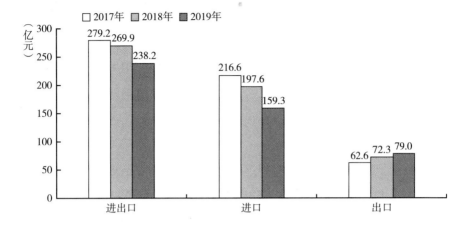

图3 2017～2019年辽宁省对俄罗斯进出口统计

资料来源：根据沈阳海关统计数据整理。

（二）东北三省对俄通道建设

1. 黑龙江省对俄通道建设

黑龙江对俄通道建设成果显著。2019年3月同江—下列宁斯科耶铁路桥合龙，5月黑河—布拉戈维申斯克公路大桥合龙，7月黑河—布拉戈维申斯克跨江索道开工建设。建设该索道是中俄两国2015年9月达成的协议，项目旨在为两国全年利用稳定可靠的交通基础设施、发展跨境旅游业，以及开展经济合作创造有利条件。索道长度972米，年设计运输能力600万人。

另外，一些交通基础设施项目正逐步推进。2017年12月，中国铁路东方集团提出建设牡丹江至符拉迪沃斯托克高铁，高铁线全长380多公里，共设12个站。该条线路是牡丹江至哈尔滨高铁线的延伸。2018年4月，中铁东方国际集团与俄远东吸引投资和出口支持署签署了建设牡丹江至符拉迪沃斯托克高速铁路意向协议。

2017年，中俄两国交通运输部门就修建瑚布图河（格拉尼特内河）东宁—波尔塔夫卡公路界河新桥达成共识并签订会谈纪要。2018年，黑龙江省与俄滨海边疆区政府就建桥协定、设计方案、协定签署后相关工作等进行

了洽谈，双方决定共同成立建设管理机构，同步建设同步交工。

已开通的"哈欧"班列货源充足，2019 年开行 157 列，至 2019 年 12 月已经累计发运 957 列。① "哈俄"班列增开新线，至 2019 年 8 月累计发运 352 列 25150 个标箱。② "哈绥俄亚"（哈绥符釜）班列至 2019 年 12 月末累计发运 213 列。③

2. 吉林省对俄通道建设

近两年，吉林省也在加紧对俄远通道建设，互联互通取得新进展。"滨海 2 号"、扎鲁比诺港升级改造、陆海联运航线等项目稳步推进。吉林省以与俄共建"滨海 2 号"国际运输走廊为突破口，全面布局对俄开放。吉林省许多大企业，如东北亚铁路集团、长吉图国际物流集团、光大建设集团，以及中铁七局等对"滨海 2 号"建设都表现出浓厚的兴趣。2020 年 1 ~ 4 月，"滨海 2 号"国际走廊的过境运输量为 6100 吨，同比增长 64.8%。④

目前，吉林省有"长满欧"和"长珲欧"两条国际货运通道。"长满欧"班列从 2015 年 8 月末开通至 2020 年上半年累计承运进出口货物 533344 标箱，货值 121 亿元人民币。⑤ 2020 年上半年"长满欧"班列在受新冠肺炎疫情影响的情况下承运货物同比增长 28.8%。

2019 年 1 月末，"长珲欧"班列启动测试，这是吉林省第二条国际铁路联运大通道。"长珲欧"班列经由珲春铁路口岸进出境，联通俄罗斯，最终进入欧洲腹地。预计 2020 年初实现常态化运营。"长满欧"与"长珲欧"已成为吉林省对俄开放的重要窗口和平台，对促进吉林省与俄合作发挥积极作用。

此外，2018 年 9 月，吉林省与浙江省开通珲春—扎鲁比诺港—宁波舟

---

① 《中欧班列 2019 年开行数据总结分析》，浙江一带一路网，http：//zjydyl. zj. gov. cn/text/ghsl/zkyj/202001/303938. html。

② 《哈俄班列增开新线抵达哈尔滨》，《黑龙江日报》2019 年 8 月 18 日。

③ 《绥芬河"哈绥俄亚"班列实现常态化运营》，中华工商网，http：//www. cbt. com. cn/cj/qy/201912/t20191226_ 149603. html。

④ 《从中国沿"滨海 2 号"国际交通走廊的过境货运量从年初起同比增长 64.8%》，东北网，https：//zezx. dbw. cn/system/2020/05/26/001371479. shtml。

⑤ 《"长满欧"拓宽长春开放之路》，《长春日报》2020 年 7 月 22 日。

山港内贸货物跨境运输航线，开创了中俄跨境运输合作的新模式。该航线开通一年以来，运输了 1.02 万吨价值 2.8 亿元的货物。① 2020 年 5 月，吉林省又开辟一条内贸货物跨境运输新航线：珲春—扎鲁比诺港—青岛航线。

3. 辽宁省对俄通道建设

辽宁省借助自身沿海港口众多的优势，积极拓展对俄通道建设。已建好和正在建设的有"辽满欧"、"辽蒙欧"和"辽海欧"三条通道。

"辽满欧"运输通道以大连港和营口港为起点，途经满洲里，再到俄罗斯及欧洲各地。辽宁省通过参与"辽满欧"通道建设，加强了港口物流基础设施和物流标准的发展。一是建设 4 个港口物流园区，二是在通道内建设一批港口内陆干港。大连港以"辽满欧"为主通道，积极与俄罗斯铁路公司合作，大连到莫斯科运输成本下降 36%，运输时间缩短 50%。②

"辽蒙欧"运输通道以丹东港和锦州港为起点，途经蒙古国与俄罗斯，最终到达欧洲。目前正在建设"辽蒙欧"大通道中相关铁路基础设施。辽宁省港口企业为争取早日实现互联互通，正在加快港口物流基础设施建设。已建成的锦州港大宗商品贸易物流园区和丹东港粮食现代物流园区，主要为粮食和矿物运输物流服务。2018 年，"辽满欧"与"辽蒙欧"通道共计运行 394 列，承运 3.2 万标箱。

"辽海欧"运输通道以大连港为起点，经北极东北航道，最终抵达欧洲。2018 年 6 月，"辽海欧"开通第二条北极航线。该航线行驶里程减少约5000 海里，单次航行比以往节约燃油和运行成本近 200 万元，③ 是目前亚欧间距离最短、最具经济性的海上运输通道，为辽宁省、东北地区乃至全国开辟了一条通往欧洲的最便捷、高效的海上通道。

---

① 《中俄内贸货物跨境运输线开通近一年》，浙江省商务厅网，http：//www. zcom. gov. cn/art/2019/6/24/art_ 1384592_ 35063954. html。

② 《大连港徐颂：建议将"辽满欧"定位为"一带一路"主通道》，中国港口协会筒仓与散粮运输分会网，http：//silo. chinaports. org/News_ info. htm? c = 1&id = 199287。

③ 韩永刚：《"辽海欧"开通第二条北极航线》，东北新闻网，http：//liaoning. nen. com. cn/system/2018/07/01/020559455. shtml。

（三）东北三省对俄投资合作

1. 黑龙江省对俄投资

2019 年，黑龙江省对俄实际直接投资（非金融类）8257 万美元，同比下滑 29.8%。目前，黑龙江省共有对俄投资合作企业 370 家左右，其中民营企业占 90% 以上。民营企业对俄投资合作主要集中在农业、建筑、商贸物流、能源、工程承包、石化、电力、林业、矿产等领域。2018 年，黑龙江省 16 个对俄境外经贸合作区累计对俄投资 30 亿美元，入区企业 147 家，给俄罗斯上缴各种税费 2.5 亿美元。①

2. 吉林省对俄投资

目前，吉林省在俄罗斯注册的企业有 170 家左右，投资额 24.4 亿美元。2017 年，吉林省企业对远东地区 13 个大中型木材加工和农业项目进行投资。吉林省对俄投资占全省对外投资比重最大，除木材加工、农产品生产外，医药合作、建材等也是主要投资方向。

吉林省林业有限公司与俄罗斯"远东林业"公司计划投资 45 亿卢布（折合 6860 万美元），在俄哈巴罗夫斯克边疆区建设木材深加工工业园。目前，合作双方正在确定可开发的森林资源并寻找厂址。

吉林省森工集团计划在远东建设木材工业园，在俄滨海边疆区生产现代家具。目前，该集团正与滨海边疆区合作伙伴共同制订详细的商业计划。

3. 辽宁省对俄投资

近年来，辽宁省与俄罗斯各州区在资源开发、装备制造等领域开展了广泛合作。营口港与俄铁路股份公司合作建设的莫斯科别列拉斯特物流中心项目，已成为我国"一带一路"与"欧亚经济联盟"对接的重点建设项目之一。营口与俄中地区合作发展投资基金正在共同推进中俄粮食走廊项目发展。此外，一些企业在俄远东从事农业种植和国际粮食贸易。

---

① 《黑龙江打通对俄电商物流大通道　对俄贸易日趋活跃》，搜狐网，https：//www.sohu.com/a/311198322_ 99893481？sec＝wd。

二 东北三省与俄合作存在的问题

（一）贸易额偏小，结构单一，对三省经济拉动作用不大

2019 年，中俄贸易额 7638.8 亿元，东北三省约占 21%，其中黑龙江占绝对优势，吉林和辽宁对俄贸易额占本省进出口总额不足 5%。

东北三省对俄贸易结构单一、低级化，一方面与俄罗斯出口结构关联很大，另一方面是由东北三省产业结构决定的。俄罗斯是能源大国，每年进出口贸易以能源原材料为主，2018 年，俄罗斯对中国出口总额的 77.9% 是矿产品（见表 2）。俄罗斯自身的这种贸易结构也导致东北三省主要进口俄罗斯的能源原材料。2018 年，黑龙江省自俄进口原油占同期全省自俄进口总值的 82.4%，吉林省和辽宁省自俄进口也是以矿产品、木材为主。然而 2018 年，俄罗斯自中国进口额的近一半为机电产品（见表 3）。东北三省对俄出口与全国出口趋势相悖，在机电产品、电子设备等高附加值产品出口上处于弱势，这完全是由东北三省产业结构问题导致的，出口以劳动密集型产品居多，2018 年黑龙江省对俄出口机电产品仅 19.9 亿元，与其他省份相比差

表 2　2018 年俄罗斯对中国出口主要商品

单位：亿美元，%

商品名称	金额	与上年同比增长	出口总额中占比
矿产品	427.13	61.9	77.9
木及制品	35.56	8.9	6.5
机电产品	16.04	−26.8	2.9
活动物、动物产品	15.15	37.3	2.8
贱金属及制品	13.39	108.9	2.4
纤维素浆、纸张	12.88	43.3	2.4
化工产品	10.04	−8.7	1.8

资料来源：《俄罗斯对中国出口主要商品构成（类）》，商务部网站，https://countryreport. mofcom. gov. cn/record/view110209. asp? news_ id =63214。

261

距较大。2019 年仅前 4 个月，广东省对俄出口机电产品 141.7 亿元。① 出口
低附加值产品，进口能源原材料输往中国南方加工，这种贸易结构对东北三
省经济贡献很小。

表3　2018 年俄罗斯自中国进口主要商品

单位：亿美元，%

商品名称	金额	与上年同比增长	进口总额中占比
机电产品	264.50	3.9	50.7
贱金属及制品	40.41	18.7	7.8
纺织品及原料	38.66	8.2	7.4
家具、玩具、杂项制品	29.04	4.7	5.6
化工产品	28.49	21.4	5.5
塑料、橡胶	23.34	19.0	4.5
运输设备	22.06	17.0	4.2
鞋靴、伞等轻工产品	19.65	10.7	3.8
光学、钟表、医疗设备	12.38	15.3	2.4
植物产品	10.31	1.1	2.0

资料来源：《俄罗斯自中国进口主要商品构成（类）》，中国商务部网站，https：//countryreport.
mofcom. gov. cn/record/view110209. asp? news_ id = 63215。

（二）投资少，投资者规模小，民营企业为主体

近年来，我国对俄投资规模逐步扩大，中国在 2019 年俄罗斯最活跃的
投资者排名中位列第二。东北三省对俄投资额逐渐增长，但由于基数较小，
每年实际投资额仍然很少，2020 年前三个月黑龙江省对俄直接投资仅 965.7
万美元，同比下滑 66.7%，并且企业对俄投资合作主要集中在俄远东地区，
腹地投资有限。投资主体以民营企业为主，企业普遍规模不大，实力较弱，
抗风险能力差，不具备投资俄大项目的能力。东北三省要提高对俄经贸合作
水平，不能单靠商品贸易实现，还需要增加投资拉动，通过投资深化合作广
度和层次。

---

① 《前 4 月广东对俄进出口同比增长 26.5%》，南方网，http：//news. southcn. com/gd/content/
2019 – 06/05/content_ 187854999. htm。

中方对俄投资少的主要原因是前些年俄罗斯投资环境相对较差，造成了一定的负面影响。近两年，俄积极改善投资环境，对进入"一区一港"的企业提供一系列优惠政策，欢迎中企投资。另外，东北三省都属于经济欠发达地区，对外投资整体还比较少，对外投资能力弱。

（三）来自其他省份的竞争加剧

东北三省中黑龙江虽然仍保持对俄合作第一大省地位，但在全国对俄贸易额中的比重出现下降趋势，最高时曾占全国对俄贸易总额的1/4，到2019年只占15%左右。如果不考虑黑龙江省管道原油进口，广东、山东、浙江等省份对俄贸易实际远超东北三省（见表4）。2019年1~4月，广东省对俄进出口197.4亿元，其中，对俄出口约185亿元，超过东北三省2018年全年对俄出口总额。① 并且每年广交会均有约6000名俄罗斯采购商参加。广汽集团、深圳大疆创新科技有限公司、唯品会（中国）有限公司、佛山市亚太国际木业城等大型企业都在俄罗斯开展业务。江苏企业大力开拓俄罗斯市场。江苏蓝天航空航天产业园向俄罗斯航空公司和机场提供保障设备，每年销售额约2000万美元；徐工集团的产品在俄市场的保有量达到8万余台；苏州与俄罗斯合作生产的滑雪服占领了全球80%以上的高端市场。

表4 2019年中国部分省份对俄进出口统计

单位：亿元，%

省 份	进出口		对俄出口		自俄进口	
	总额	同比增长	总额	同比增长	总额	同比增长
黑龙江	1270.68	4.0	99.99	34.1	1170.69	2.1
吉 林	57.71	-7.6	16.80	32.2	40.91	-17.7
辽 宁	238.30	-11.7	79.00	9.2	159.30	-19.4
山 东	1025.60	11.7	261.80	12.8	763.80	11.4
浙 江	811.50	12.9	651.80	10.5	159.70	24.0

资料来源：根据黑龙江省商务厅、长春海关、沈阳海关、山东省商务厅、浙江省商务厅数据整理。

---

① 《前4月广东对俄进出口同比增长26.5%》，南方网，http://news.southcn.com/gd/content/2019-06/05/content_187854999.htm。

东北三省对俄合作发展前景良好,但须解决的问题仍很多。例如,俄罗斯企业非常愿意与中国公司合作,但大部分俄企对中国不甚了解,需要我们加强宣传工作。俄一些政府机构、海关商检等执法部门存在贪腐、官僚作风及办事效率低等问题,俄海关手续复杂、通关时间较长等;中方也存在对俄罗斯国情不了解、对俄法律法规研究不足、企业贷款困难等突出问题。这些问题在一定程度上阻碍了东北三省与俄经贸合作的快速发展,需要两国共同努力解决。

三 东北三省与俄合作前景

2018年以来,东北三省与俄合作领域不断扩大,中俄原油管道二线投入运营;中俄界江第一个粮食专用码头已正式启用,未来,哈巴罗夫斯克港还将建成年吞吐量40万吨的专用码头;中俄两国签署了乳品双向贸易、中俄进出口冷冻禽肉检验检疫议定书,2018年底,俄罗斯开始向中国供应冷冻禽肉;2019年4月,吉林省与俄天然气工业公司合作的燃气储备与销售项目在珲春建成;9月,俄罗斯牛奶首次出口中国;12月末,"西伯利亚力量"中俄东部天然气管线投入使用,向中国供气。这都表明东北三省与俄罗斯的合作前景越来越广阔。

(一)两国政府高度重视地方合作

2018年9月,习近平主席参加第四届东方经济论坛期间两国签署了《中俄在俄罗斯远东地区合作发展规划(2018~2024年)》。该规划公布了俄远东地区滨海1号、2号国际交通走廊,跨境桥梁建设,黑瞎子岛开发和俄罗斯岛开发四方面的中俄战略合作项目和基础设施项目。

2019年2月,俄批准与中国签署的在布拉戈维申斯克—黑龙江地区国境线一带设立卡尼库尔干—黑河公路口岸的协议。黑河—布拉戈维申斯克公路大桥建成后开放该口岸。2020年5月俄已向该公路大桥颁发运营许可证。

俄远东地区现有口岸中多个不能满足正常通关要求。为促进地方合作,俄远东地区计划在 2024 年前使用联邦预算资金对 23 个边境口岸进行现代化改造。[①]

（二）地方政府积极推进中俄合作

东北三省大力推进对俄合作。为促进通关便利化，黑龙江与俄远东海关实现统计数据互换，在省内 4 个口岸实施中俄监管结果互认，使木材、粮食等产品进口与我国轻工产品出口便利化。双方海关还建立协作机制，助力中欧班列、"哈绥符釜"陆海联运开通及市场化运营。

吉林省与俄 12 个地区结为友好省州市，与俄滨海边疆区、哈巴罗夫斯克边疆区等建立定期互访机制。2019 年 8 月，吉林省发改委发布《沿中蒙俄开发开放经济带发展规划（2018～2025 年）》，提出吉林省将打造成为俄罗斯、蒙古国及东北亚开放合作的重要平台。

辽宁省就深化与俄罗斯地方交流合作提出三点建议：一是加强双方的重点产业合作；二是共同推动大连东北亚国际航运中心和沈阳东北亚科技创新中心建设，加强辽宁省自由贸易试验区大连片区与俄符拉迪沃斯托克自由港以及远东超前发展区合作，加快大连港与俄远东沿海地区海洋运输贸易通道的合作；三是深化双方贸易投资和通道等领域合作，依托"辽满欧""辽蒙欧""辽海欧"国际运输通道优势，加强双方跨境电商和现代物流贸易合作。

（三）黑龙江自由贸易试验区促进对俄合作

2019 年，黑龙江自由贸易试验区获批为促进对俄合作提供了有利机遇。黑龙江省外贸额中能源贸易占比过大，黑龙江省要进一步扩大对外开放就要实现外贸转型升级。黑龙江自由贸易试验区将从促进投资、优化营商环境、优化贸易结构等多个方面促进对俄合作。

---

① 《俄计划用 5 年时间对远东地区四分之一的边境口岸进行现代化改造》，商务部网站，http：//ru. mofcom. gov. cn/article/jmxw/202006/20200602976401. shtml。

自贸区划分为哈尔滨片区、黑河片区和绥芬河片区。其中，哈尔滨片区的目标是成为联通国内、辐射欧亚的物流枢纽，以及对俄及东北亚合作的高地；黑河片区要打造成沿边口岸物流枢纽，发展跨境能源综合加工和利用、旅游、绿色食品、健康、物流等产业；绥芬河片区要建成商品进出口储运、加工集散中心，大力发展现代物流业、清洁能源、粮食和木材进口加工业等。

四 加强东北三省对俄合作的建议

目前，东北三省在与俄合作中沟通协调不足，未来应加强统筹协调。黑龙江省依靠地缘优势对俄经贸合作开展最好，吉林省和辽宁省较弱。从长远来看，吉林省和辽宁省应借助黑龙江省这个平台，同时发挥本省特长加强与俄经济合作。如广东省与黑龙江省正在加快推动对口合作，其中一个重要合作领域就是共同开展对俄经贸合作。东北三省在树立整体意识的基础上，可明确功能定位和产业分工，发挥各自比较优势，形成合力共同推进中俄合作。如吉林省具备完善的汽车自主研发、整车生产、零部件配套及销售体系，发挥该优势，对俄合作的主攻方向是汽车领域。吉林省汽车行业的相关企业也愿意与俄远东地区在整车装配、零部件生产和销售等方面开展合作。采取优势互补、互利共赢模式也有利于东北三省在东北亚合作中加强战略纵深。今后东北三省应在以下方面加强对俄合作。

（一）农业合作

2018 年，中国与俄罗斯农产品贸易额大增，增幅达 51.3%，实现 50 亿美元，主要是俄罗斯对中国农产品出口增长。[①] 中俄还签署了《中国东北地区和俄远东及贝加尔地区农业发展规划》，明确了在中国东北和俄远东地区

---

① 《俄远东地区鼓励中企淘金：不仅能种大豆，还有 IT 产业园》，搜狐网，http://www.sohu.com/a/336156204_ 100272654。

进行农业合作的重点领域、相关政策和机制支持。此外，两国还决定在农业、牧业、渔业领域进行生产、加工、仓储、物流合作，提升农业合作质量，推动农业合作全方位发展。

在双方都有意愿加快发展农业的形势下，东北三省首先继续扩大在俄的农业开发合作区域。东北三省与俄加强农业领域合作具有很大优势。黑龙江省、吉林省和辽宁省都是农业大省，农业生产、农产品加工、仓储等经验丰富，劳动力资源充足，而俄罗斯土地资源富足，符合优势互补原则。不仅如此，中国是粮食进口大国，每年进口大豆约9000万吨，而俄罗斯2018年全年大豆产量393万吨，全部出口到中国也仅占中国大豆进口量的4.4%。为了增加对华农产品出口，俄方表示，未来两到三年远东地区的大豆种植面积可扩大20%。俄远东也积极配合与中国的农业合作。2018年8月，俄罗斯宣布向中国投资者提供100万公顷土地用于农业项目。

其次，开发农业跨境产业链。目前，双边农业合作以种植业为主，尤其是大豆种植居于首位。2019年，中国海关总署允许俄罗斯全境大豆进口，此举将进一步促进东北三省企业在远东大豆种植、贸易及相关产业的发展。近年来，养殖业和综合加工业也取得较快发展。中俄两国签署了冷冻禽肉、乳品双向贸易的检验检疫议定书，有利于东北三省企业投资俄养殖业和农产品综合加工业。

最后，扶持对俄境外农业开发重点项目。三省可在资金上向农业项目倾斜，在政策上提供便利，在金融税收上实施优惠，帮助农业企业组织协调、提供咨询服务等。在《俄中远东地区合作发展规划（2018～2024年)》中，俄方也承诺为中国投资者参与的农业项目提供土地和融资优惠。

（二）能源合作

东北三省与俄能源合作主要是进口石油天然气和电力。通过黑龙江省的两条石油管道、一条天然气管道，保障了石油天然气的稳定进口。自俄购电也顺利进行，2019年，黑龙江省从俄罗斯购电30亿千瓦时，1992年至

2019 年底，累计从俄购电 304.22 亿千瓦时。①

东北三省扩大对俄能源合作。首先，在能源领域实施上下游合作。目前，东北三省欠缺的是与俄罗斯在能源领域的全产业链合作。东北三省除应继续推进自俄能源进口，还须鼓励省内企业在俄石油天然气、电力、有色金属、煤炭、矿产品等领域进行联合开发、加工，实现下游领域合作。黑龙江省可发挥大庆的石油加工能力开展境外资源进口和加工。辽宁省可发挥其在能源和矿业领域的技术与装备优势，积极参与俄罗斯资源的勘探开采和深加工。

其次，对能源项目给予资金、政策、贷款等方面的帮助。能源项目一般投资规模大、回收期长、风险高，企业在投资中会遇到不可控风险，因此，需要政府引导企业投资，并提供相应的帮助。2019 年，我国石油天然气对外合作项目总体开发方案由审批改备案后有利于提高东北三省企业与俄油气企业开展合作的积极性。

（三）跨境电商合作

近年来，发展跨境电商成为我国推动外贸高质量发展的重要举措。为完成中俄 2000 亿美元贸易额的目标，我国商务部提出支持对俄跨境电商、服务贸易等新业态发展，打造新的贸易增长点。2018 年，在俄跨境包裹中来自中国的占比达 92.6%，包裹数量较上年增加 23%。② 目前，黑龙江省和吉林省对俄跨境电商发展势头良好，辽宁省发展较慢。2020 年暴发新冠肺炎疫情以来，俄罗斯人更青睐网购。

东北三省对俄跨境电商快速发展。首先，需不断完善适应跨境电商特点的政策与海关监管体系，提高跨境电子商务便利化水平。其次，重点培育有影响力的跨境电商平台，黑龙江对俄跨境电商平台较多，应重点做大

---

① 《中俄电力合作规模持续扩大　完成对俄购电 30 亿千瓦时》，中国泵阀网，http://www.zgbfw.com/info/pump-news-1696601.html。

② 《2018 年俄罗斯 92.6% 跨境包裹来自中国》，东方资讯网，https://mini.eastday.com/a/190221034115613.html。

做强一些平台。最后，推进境内银行为跨境电商企业提供跨境人民币结算服务。

（四）园区建设

近年来，中国在俄罗斯建立了40多个园区，俄罗斯已是中国境外园区最多的国家。这些园区主要从事农业、商贸、轻工产品制造、木材加工等。

园区一般享受政府的优惠政策，能够打造较好的软硬件环境，可降低企业经营成本和经营风险，因此境外园区有利于企业"走出去"。黑龙江省的华信中俄现代农业产业合作区与北丰中俄阿穆尔农业产业园区目前享受俄超前发展区优惠政策。东北三省应依托石化、汽车、装备制造、建材等行业优势，到俄罗斯建设工业产业园区和石化产业园区，鼓励大企业特别是国有企业通过投资、参股等方式，在俄投资建设产业园区。

此外，中俄建立跨境经济合作区极具可行性。跨境经济合作区一方面可带动三省生产能力较强、竞争优势较强的企业"走出去"，到俄罗斯投资，建立境外加工基地，改变中俄经贸合作规模小、层次低、结构不平衡的现状，推进中俄合作全面升级；另一方面可更好地推动国内外市场和资源的优化配置，促进中俄两国企业参与国际产业分工。

区域专题篇

Regional Special Reports

B.22
关于扩大黑龙江省有效投资的对策研究

刘国会　张兴洋　李春玉　周于威　刘志永*

摘　要： 投资在黑龙江省稳增长、促转型、提质量乃至建设现代化经济体系方面正在发挥极为重要的作用。从黑龙江省投资及投资效率情况看，投资规模有限、投资的边际递减效应显现、经济对投资的依赖程度比较高。从扩大有效投资的主要举措看，黑龙江省加大力度招商引资，全力推动项目建设，持续优化营商环境。扩大有效投资存在的主要问题是，投资主体偏重依赖国家、资本渠道单一、投资效率不高、投资结构不优、投资增速处于低位。扩大黑龙江省有效投资的对策建议：一是明确"为啥投"，关键在于深化对宏观经济形势和全省

---

* 刘国会，黑龙江省社会科学院副院长；张兴洋，黑龙江省社会科学院地方发展环境研究所所长；李春玉，黑龙江省社会科学院地方发展环境研究所副所长；周于威，黑龙江省社会科学院地方发展环境研究所副所长；刘志永，黑龙江省社会科学院地方发展环境研究所主任科员。

优势短板的认识，进一步发挥有效投资对增长的拉动作用；二是明确"投什么"，关键在于抓住产业赋能、结构调整、质量提升和民生需求，丰富高品质供给，满足多样化消费需求；三是明确"谁来投"，关键在于高效利用国有资本，大力激活民间资本，合理利用金融资本，实现投资主体多元化；四是明确"怎么投"，关键在于创新体制机制，优化营商环境，形成乐于投资、重视投资、保护投资的环境氛围。

关键词： 有效投资　营商环境　东北三省

党的十九大报告提出，贯彻新发展理念，建设现代化经济体系，特别是2018年7月以来中央政治局会议多次提出经济工作要做好"六稳"，其一就是稳投资。黑龙江省第十三届人民代表大会第三次会议《政府工作报告》也提出"发挥投资关键作用加快项目建设"，省政府始终强调做好"抓投资、抓项目、抓招商"工作，并要求将其作为扩大有效投资稳增长的关键一招。所谓有效投资，就是立足夯实基础、提升产业、优化服务、惠及民生而确定的项目投资，是保持合理投资率、提升投资贡献率、优化增量资本产出率的投资，是顺应供给侧结构性改革的投资，是在经济社会发展中承担关键性引领作用的投资。当前，投资在黑龙江省稳增长、促转型、提质量乃至建设现代化经济体系方面正在发挥极为重要的作用。然而，客观存在的投资增幅波动大、投资边际效应递减、增量资本产出率不高等问题，需要扩大有效投资加以解决。

一　全省投资及投资效率情况

（一）投资情况

2016～2018年，黑龙江省完成固定资产投资分别为10433亿元、11080

亿元和10559亿元，增幅分别为5.5%、6.2%、-4.7%；2019年固定资产投资增长由负转正，增幅为9.3%；2020年前三季度全省固定资产投资同比增长2.1%，高于全国1.3个百分点。

与全国对比，黑龙江省投资规模有限。以2018年为例，山东省固定资产投资总额为56460亿元，居全国第1位；吉林省投资总额为13341亿元，居全国第18位；辽宁省投资总额为6683亿元，居全国第25位；黑龙江省为10559亿元，居全国第20位，居东北三省中间位置。从投资领域看，2020年前三季度，黑龙江省第一产业投资同比增长109%，工业固定资产投资增长3.3%，基础设施投资增长2.9%，高技术产业投资增长28.5%。

（二）投资效率情况

投资率是同一年度投资总额与GDP之比。以2006~2017年为例，黑龙江省投资率从35.8%增长到69.7%，2018年略有下降，约为65.8%，说明投资仍然是拉动GDP增长的主要动力。但同时，黑龙江省GDP增速从12.1%降至6.4%，2018年为4.7%。这种投资率逐年上升而GDP增速逐年下降的情况，充分说明投资的边际递减效应显现，拉动GDP增长的能力持续减弱。

投资贡献率是投资增量与年度GDP增量之比。2017年黑龙江省投资贡献率为61.4%。由于近几年全省投资增幅不稳定，加之消费和外贸都存在很大波动，投资贡献率出现剧烈变化，各省之间没有可比性。总体来看，近十年除个别年份投资贡献率为负值以外，绝大多数年份投资贡献率很高，表明投资在黑龙江省经济发展中占有重要地位，也说明黑龙江省经济对投资的依赖程度比较高。

增量资本产出率是上一年度投资额与本年度GDP增量之比，表示每增加1个单位GDP，需要的固定资产投资量，数值越小说明投资效率越高。2018年，黑龙江省增量资本产出率为69.8，远大于8.1的全国平均水平，居全国第30位。东北三省中，辽宁省增量资本产出率为3.5，吉林为102，黑龙江省处于中间水平。增量资本产出率居高不下，说明黑龙江省投资结构不优，新兴产业项目投资不足，投资回报不显著。

（三）扩大有效投资的主要举措

近两年来，为追求扩大投资特别是扩大有效投资，黑龙江省上下以"百大项目"为重点，不断强化招商引资和项目建设。一是加大力度招商引资。省和市、县都将招商引资作为经济工作的重中之重，采取主要领导牵头带队、部门梳理挖掘招商线索、"走出去"与"请进来"相结合等办法，不断扩大招商成果，2020年前三季度新签约项目870个，签约额超过4900亿元，新签约千万元以上项目同比增长111.8%。二是全力推动项目建设。采取责任制、包保制、督查制，利用项目服务机制和信息共享平台开展精细管理、精细分析、精确调度和精准服务。三是持续优化营商环境。深化"放管服"改革，推进审批流程再造，出台《黑龙江省优化营商环境条例》，成立营商环境建设监督局，推动营商环境持续优化。

全省"百大项目"建设情况集中反映了扩大有效投资成果。截至2020年10月15日，省级"百大项目"已开工488个，开工率97.6%；完成投资1835.9亿元，投资年度完成率73.3%；有64个项目竣工。三级联动抓"百大项目"，拉动全省固定资产投资项目开（复）工452个，同比增长14.5%，新开工项目数增长9.4%。项目质量有很大提升，大庆石化炼油结构调整转型升级项目常减压装置一次试车成功正式投产；海伦燃料乙醇项目、富裕益海嘉里项目即将中交，哈绥铁伊客专、北黑铁路改造升级项目正式开工，深圳（哈尔滨）产业园跑出加速度，已建成5G基站1.47万个，全年可完成1.89万个。通过二级联动抓"百大项目"，拉动全省固定资产投资项目开（复）工452个，同比增长14.5%，新开工项目数增长9.4%。

二 扩大有效投资存在的主要问题及原因

进入新时代，世界面临百年未有之大变局，我国经济处于"三期叠

加"特殊时期，整体环境对投资规模、投资取向和投资效率都有深刻
影响。

（一）面临的主要问题

1. 投资主体偏重依赖国家，民间投资信心不足

投资增长对基础设施投资依赖性较高并且倚重国家投入。从投资领域
看，基础设施、道路运输业投资增幅较高，地铁、高速公路、铁路、国道等
项目对行业拉动作用明显。民间投资受年初以来国际环境和新冠肺炎疫情影
响，一些企业现金流比较紧张，部分民营经济人士出现了焦虑情绪，在一定
程度上存在"深挖洞、广积粮、少投资"的思想。

2. 资本渠道单一，金融支持有限

从黑龙江省工业固定资产投资资金来源看，银行贷款占比由 2010 年的
6.7% 下降到 2017 年的 2.2%，企业自筹资金占比高达 93.3%，一些企业甚
至将流动资金用于项目建设，企业续投新项目能力弱化。此外，一些金融机
构在产品供给创新和对接市场方面存在不足，有的项目后续投资乏力不能达
产，已经发生的投资成为无效投资。

3. 投资效率不高，投资回报期长

具有牵动性的大项目少，诸如福特、沃尔沃等能够带动产业上下游协同
发展的牵动性的大项目更少，影响了有效投资增量。从投资回报期看，气候
因素影响建设周期，特别是农牧业项目，如母牛养殖需要 30 个月左右才能
产犊见效，经济林木项目收益见效期更长，"农长贷短"矛盾也很突出。

4. 投资结构不优，产业项目偏少

全省"百大项目"中，产业项目占总数的 36%，而制造业投资也低于
全国平均水平，总体呈放缓态势，说明当前实体经济还面临不少困难，企业
家信心有待增强。

5. 投资增速回升不快，资金沉淀现象较多

主要问题在于规模大、牵动力强的项目少，项目建设规模和投资规模对
全省投资的支撑作用有待进一步增强。比如，穆棱市奋斗水库供水工程项目

2019 年计划投资 1.63 亿元，由于社会资本方改革导致决策程序变更等，资金未能及时到位，实际只完成投资 0.57 亿元，投资完成率不到 35%。投资进度放缓，项目投产达效必然延迟。

（二）原因分析

中美经贸摩擦、全球经济增长乏力等外界因素对市场主体的投资预期产生负面效应，加上创新转化、体制机制、自然区位等方面存在短板弱项，制约投资并降低了投资的有效性，投资主体盲目、金融机构谨慎的状况持续存在。

1. 创新驱动乏力影响投资的有效性

科技成果产业化能力不足。从具体转化过程看，一项高新技术成果演化为一个对地方政府具有一定拉动性的工业项目的能力不足，技术创新能力对工业投资的激活效应释放不够充分。

2. 投融资体系不完善影响实体经济投资效率

银行机构信贷产品创新机制僵化，对接市场需求变化的能力不足，缺乏有针对性的信贷产品和创新服务，对企业投资的信贷支持力度有待进一步加大。从产品服务领域看，针对初创型企业的信贷产品少；从贷款方式看，抵押担保贷款多，信用贷款少；从贷款期限看，短期贷款多，中长期贷款少。

3. 市场经济体制不规范影响投资有效性

行政效能不高，项目审批程序烦琐，在一定程度上影响工期。比如，铁力市呼兰河治理工程林地和基本农田审批时间长，加上采石场落实难等因素，影响工程建设。引导市场预期能力不足，对投资回报下降、企业预期不稳问题回应不及时、不透明，民间资本"不愿投、不易投、不能投、不会投"问题未得到根本解决。拓展动能空间，促进传统优势产业转型升级不够。比如，制造业改造提升不足，投资增速有所下降，发展内生动能转型转换乃至发挥其国民经济主要支柱、技术创新重要来源、人民生活根本保障作用不明显。

4. 投资环境不优影响民营资本落地兴业

营商环境方面，虽然作风建设和社会反响取得很好成效，但民营企业家对市场信心不足，投资意愿不高。马云、李书福、许家印等知名企业家先后提出"投资要过山海关"、"投资能过山海关"和"投资必过山海关"的观点，也有浙商、粤商组团到黑龙江省考察资源、市场、项目，但大多处于对接了解、恳谈商洽阶段，资金到位、项目落地尚需时间。自然环境方面，黑龙江省地处高寒地区，建筑物防寒配套及冬季采暖成本相比南方高出很多，施工期短也影响项目工程建设，有的项目完成土地摘牌、土地成交确认书签订等前期手续后已经进入冬季，为控制现场看管维护等成本，工程只好冬季休工，第二年春季复工。

5. 个别企业和项目资质不完善，也是影响项目建设和实现有效投资的关键因素

一是个别企业主体，包括投资集团公司，投资项目退出机制不健全，市场发展方向性研判能力不足，风险评估、避险规则和退出程序不明确。在国资监管体系下，高科技初创企业投资估值、退出定价、退出通道等方面仍然存在问题。二是据中国人民银行哈尔滨支行统计，"百大项目"中部分项目缺乏有效的承接主体，有的地方项目承接主体水平参差不齐，一些项目落实存在困难，信贷资金难以介入，项目获得授信比例不到50%。个别项目手续不全、推进不快、成熟度不高，金融机构授信资金落实率不超过30%。三是有的企业前期盲目扩张，融资结构不合理，面对信贷政策收紧等冲击，资金压力增大的应对能力不足，甚至造成资金链断裂，陷入经营困境，后续投资难以为继。比如，佳木斯市2011年6月招商引资山东泉林纸业有限责任公司，投资120亿元人民币建设200万吨秸秆综合利用项目，因企业主体急于扩张规模，在金融政策调整、银行惜贷的影响下，加上企业融资渠道单一，出现资金紧张状况，最终资金链断裂，企业将进行破产重整，导致至今无法完成投资。

三　扩大黑龙江省有效投资的对策建议

总体思路：深入贯彻党的十九大以及习近平总书记针对东北和黑龙江省

的重要讲话精神,坚持存量与增量并重、数量与质量并重、基础与产业并重、国资与民资并重,在农业水利、粮食加工、气化龙江、交通物流、民生改善等优势短板领域,合理扩大投资规模,注重优化投资结构,不断创新投融资体制机制,实现投资量质齐升、多元高效,在复杂的国际国内环境中为龙江全面振兴、全方位振兴发挥关键性作用。

(一)明确"为啥投",关键在于深化对宏观经济形势和全省优势短板的认识,进一步发挥有效投资对增长的拉动作用

根据凯恩斯理论,投资、消费、出口是拉动经济增长的三驾马车。与发达省份相比,黑龙江省经济总量相对较小,基础设施相对薄弱,产业类型相对集中,服务业水平相对滞后,供给需求空间巨大。因此,投资具有极其重要的关键性作用。同时,兼顾供给侧结构性改革对去产能的要求,以及投资的边际效率问题,必须抓住创新型项目和"牵一发动全身"的关键项目不放,在追求有效投资上下功夫。

1. 有效投资是稳增长、促转型、调结构的关键动力

国际政治形势复杂多变,全球经济走势持续低迷,单极化与多极化深度博弈,民粹主义和贸易保护主义抬头。我国经济处于"三期叠加"、动能转换、以稳求胜的关键阶段。规模合理、优质高效的项目投资不仅能够在稳增长、稳就业中发挥关键性作用,而且必然在推动经济转型、优化经济结构中发挥引领作用。特别是创新型产业项目和补短板类服务业项目,必然是推动经济社会发展的根本动力,更是实现新时代党和国家战略目标的重要保证。全省上下都要从党和国家事业的全局出发,进一步解放思想,充分认识当前形势下投资的极端重要性;还要积极作为,将"投资能过山海关"的积极口号转化为实实在在的行动。

2. 有效投资是追求高质量,满足多样化市场需求的根本途径

新时代,我国社会的主要矛盾是人民日益增长的美好生活需要和不平衡不充分的发展之间的矛盾。解决矛盾,根本途径在于依靠投资建设并提升产业项目,为市场供应高质量、多样化的产品和服务,满足需求。此外,高质

量发展还包含资源节约、环境友好、可持续发展等要义，都需通过扩大有效投资加以实现。全省上下都要增强抓投资特别是抓有效投资的紧迫感，将其作为适应市场变化、提升产业竞争力，努力追先赶优的主要方法路径。

3. 有效投资是将黑龙江省资源优势充分释放并转化为经济优势的必然选择

黑龙江省的农牧业资源、能源、矿产资源、旅游资源、科技成果资源，甚至绿水青山、冰天雪地等自然生态资源都需要通过投资生成产业项目，最终转化为现实生产力。民生领域诸多基础设施需要建设完善，同样要通过有效投资来完成。只有投资才能将资源优势充分释放和转化。全省上下都要在挖掘潜力、发挥优势方面抓深抓细抓实，做足粮、煤、油、气等"五篇大文章"，做优交通、外贸、旅游等现代服务业。抓住国家开展新一轮"新基建"机遇，用好用活新区、自贸区等平台和政策，促进项目生成，吸引投资增量，强化服务功能，补上民生短板。

（二）明确"投什么"，关键在于抓住产业赋能、结构调整、质量提升和民生需求，丰富高品质供给，满足多样化消费需求

国家赋予黑龙江省"五个安全"重要使命，在此基础上着力实现全面振兴全方位振兴。扩大有效投资要紧紧围绕"五个安全"、建设"六个强省"展开，推动全省整体经济质量跨上新台阶。重点建设一批现代化农业示范项目、农田水利基础设施项目、高科技装备制造项目、油气煤能源利用项目、粮食和食品精深加工项目、智能化仓储物流项目、现代金融服务项目、高水准旅游运动康养项目，以及城市基础设施项目和惠及民生的住、行、疗、教、养老等短板项目。依靠项目投资打牢发展基础，推动产业振兴，优化产业结构，提高质量效益，解决民生期待。

1. 扩大农田水利有效投资，进一步强化农业基础地位

黑龙江省粮食产量约占全国的10%，农田水利投资具有极强的政治意义和现实意义。一是争取国家投入，继续推进高标准农田建设。以涵养土壤有机质、保持土壤持续生产能力为目标，鼓励以有机质还田、使用有机肥、植树造林、休耕等方式建设高标准农田，培植地力、涵养水源、抵抗灾害。

将农田建设项目进行打捆立项,争取更多国家投入,利用5~10年时间完成全省农田标准化建设。二是争取国家投入,尽早启动三江连通、北水南调等重大水利工程。从保护地下水资源、发展现代农业、强化生态建设着眼,不遗余力向国家争取政策资金支持。争取三江连通工程项目尽早获批并付诸实施。尽早开展黑龙江省北水南调工程项目论证工作,争取国家立项并启动实施,解决省内西部地区干旱问题。在松花江、嫩江、牡丹江及其支流开展水库建设、流域治理、防洪工程等,提高全省水资源储备和利用水平。继续实施城乡供水工程,确保居民饮用水安全。三是争取国家投入,实施现代化农牧业示范工程。牢牢抓住农牧业资源优势,推进新技术、新品种研发应用,在水稻育苗、棚室蔬菜生产、畜牧养殖等方面提质增效。四是争取国家投入,实施黑龙江省西北部防风治沙工程。以保护基本农田,保障和提高粮食生产能力为目标,尽早形成规划向国家申报。

2.扩大产业项目有效投资,提升主导产业整体水平

一是抓住"五头五尾",拓展延伸产业链。以领导包保、团队服务的方式,加快推进已落地的一批粮食精深加工项目,争取尽早投产达效,实现粮食就地转化增值。建设一批杂粮、汉麻、紫苏、大豆、马铃薯、果蔬及畜产品加工项目,拓展"粮头食尾""农头工尾",加快形成产业化发展新格局。鼓励建设一批农作物秸秆综合利用项目。在俄油、俄气就地加工转化及煤化、煤电开发等方面建设新项目,重点组织实施气化龙江产业项目,稳定提升能源产业水平,展示和发挥黑龙江省能源优势。二是围绕主导产业配套上项目。重点围绕发动机、电机、汽车、机床等重型装备制造产业、煤油气生产运输等能源产业、石化煤化产业、粮食及食品加工产业配套建设产业项目,延伸产业链条,提升主导产业水平。三是围绕矿产资源上项目。充分开发利用煤炭、石墨、铁矿、铜矿、钼矿等资源建设产业项目,不仅要注重资源挖掘提炼,还要引导企业就地加工利用转化,生成终端产品,形成全产业链,真正将资源优势充分释放。四是围绕科技成果转化上项目。鼓励哈工大智能机器人、航天器材、大庆佳昌晶能半导体材料、鸡西等地石墨加工、哈药集团等相关企业,依托新技术就地建设产业项目,扩大产业规模,推动科

技成果就地转化。五是围绕新兴产业发展和产业融合上项目。谋划工业互联网、物联网、区块链等新兴产业，生成一批高新技术项目。同时，从推动上述产业与工业、农业、服务业融合的视角，扩大传统产业技术改造投资，扩大企业服务功能投资，扩大智慧城市建设投资，推动产业融合发展。

3. 扩大服务业有效投资，建设现代化服务体系

一是加快建设平台载体。抓住工业园区整合、哈尔滨新区和国家自贸区建设契机，加快完善基础设施和服务功能，重点建设商贸会展、金融保险、内陆港、保税区等各类服务项目。以打造全国"十大航空枢纽"为目标，以太平国际机场为核心，加快建设临空经济区，打造现代化航空物流体系。抓住龙粤对口合作契机，加快建设深哈合作项目，并以此为龙头扩大合作领域，争取引入更多项目投资。二是建设旅游项目。以3A级以上景区为重点建设旅游产品开发和服务项目，提升景区品牌魅力和接待能力。重点在黑龙江、乌苏里江沿岸地区，以及现有的雪山（亚布力和雪乡）、火山（五大连池）等景区建设一批高标准旅游产业项目，向景区品牌化、线路精品化、旅游全域化方向发展，将特有的少数民族文化、红色资源、农业农村资源融入旅游产业之中。三是以服务实体经济为目标建设现代物流体系，增强优质农产品储存和输送能力。以新城、新区为重点，不断发展商业综合体、金融租赁、跨境电商、冷链物流等新产业、新业态、新商业模式。四是建设现代化农牧业项目。以农牧业高质量发展为重点，建设一批高科技、现代化农牧业项目及农技推广服务项目，提升种养业的科学化水平。

4. 扩大基础设施有效投资，补上发展短板

一是持续建设交通基础设施项目。规划"两环"高铁网络布局，加快哈铁、牡佳等高铁线路投资，谋划齐齐哈尔至内蒙古高铁线路项目。加快布局和启动通用机场项目，强化省会城市与市（地）、边境地区、旅游景区乃至俄罗斯之间的联系。规划建设中俄铁海联运大通道项目、亚布力至雪乡至镜泊湖的景观公路或者森林小火车项目、内蒙古至五大连池至伊春公路项目等，扩大交通领域有效投资，推动物流业降成本，推动旅游业增效益。二是建设城市基础设施项目。在城市化进程中，超前谋划建设道路交通、供排水

项目等，确保城市规模与功能相协调。持续谋划城市地铁项目，扩大城市轨道交通投资。以 5G 为重点建设智慧城市等现代信息服务体系，提升信息化水平。建设电力基础设施，特别是加快改造农村电网，研究打通电力输送通道，推动龙电出省，提升煤电、生物质发电产业化水平。三是在乡村振兴战略中推进小城镇建设。交通枢纽小镇、特色产业小镇、旅游小镇、民族文化小镇都要纳入乡村振兴战略，进行高标准规划建设。

5. 扩大民生、环保、引才引智领域有效投资，服务民生，提升环境软实力

教育、医疗、养老、老旧小区改造等民生项目与群众需求和社会发展趋势还有较大差距，要加快建设。伴随城市化进程，谋划一批学前教育机构、中小学校、康疗养一体化的养老机构等民生项目。抓住国家"新基建"窗口期，谋划一批保障房、城市老旧小区改造、城市公园等民生项目。从打造生态强省出发，重点建设实施天然林、生态林、母树林保护项目、矿产资源开发修复项目、大气治理项目、垃圾和污水处理项目等。增加引才引智投资，建设人才保障性工程项目，如建设人才公寓、科技创新服务平台、高校人才联络站等人才引、留、驻项目，保证引人有渠道、用人有平台、留人有条件。

（三）明确"谁来投"，关键在于高效利用国有资本，大力激活民间资本，合理利用金融资本，实现投资主体多元化

1. 发挥国有资本扩大有效投资的主导作用

一是高效利用国家财政资金。着重发挥财政资金在农业基础、产业基础、科技创新和民生保障项目上的支撑作用。在努力争取国家投资、有效防范金融风险的同时，通过地方财政预算、债券融资、PPP 模式等合理扩大政府投资。二是协调驻地央企扩大有效投资。通过协商和高效服务，争取央企扩大投资建设新项目。重点在能源、装备、军工、高校、技术研发等领域争取央企扩大投资规模。三是科学利用省属七大投资集团扩大引导性投资。利用资产运营、股权合作、基金运作、融资担保等金融手段，在重点领域、重点产业、重点项目中发挥投资引领作用。

2. 发挥民间资本扩大有效投资的主体作用

一是扩大民间资本投资领域。打破"弹簧门""玻璃门",在水利、电力、石油天然气、矿山开发等基础领域,以及市政工程、社会事业和文化旅游资源开发等领域都要为民间资本进入创造便利条件。鼓励民间资本进入商贸物流、金融服务甚至国防工业企业,形成国企和民企竞相发展的良好格局。二是鼓励民间资本参与国企改革、强省建设及振兴战略。在法律层面、制度层面、现代企业管理层面为推进混合所有制改革、推进民营经济发展提供可遵循的保障体系,因企制宜吸引民间资本以参股、控股、资产收购等方式参与国有企业改革。吸引省内外民间资本参与老工业基地振兴改造、扶贫开发和乡村振兴,在新能源、新材料、农业资源开发利用等方面以及新农村建设等领域发挥推动作用。三是培育企业文化和企业家精神。将企业家作为稀缺资源对待和保护,保障企业家切身感受到与担当、能力和贡献相匹配的获得感和荣誉感,激发企业家创新创业积极性。加强民营企业与社区建设、乡村发展等领域的联系,强化民营企业的社会责任感和贡献度,提升民营企业在基层和群众中的地位。四是推进民营企业信用体系建设。加快建设覆盖全省的民营企业信用体系,建立民营企业诚信档案,将企业信用度作为评价企业经营状况和企业融资条件的重要参考。督促投资主体遵守国家法律政策,规范产权、财务、用工制度,强化诚信意识和责任意识,依法开展经营活动。

3. 发挥金融资本和外资的补充作用

学习河南省经验,在防范风险的基础上,争取国家批准合理扩大专项债券发行规模,用于基础设施项目投资。完善投融资体制机制,更好发挥资本市场作用,畅通企业融资渠道,扩大企业融资规模。一是政府搭台常态化开展银企对接活动。从项目洽谈到落地建设,都要引入金融机构参与,保持银企间密切衔接,实现良性互动。二是推动企业上市,扩大直接融资。挖掘企业潜力,引导企业向现代企业制度转型,加强企业上市培训,开辟上市审批绿色通道,落实上市融资奖励政策,推动企业上市融资。三是科学运营PPP项目。建立PPP项目联审机制,制定"PPP项目操作流程",建立PPP项目监测服务平台，在严密科学论证的前提下，大胆运营 PPP 项目，有序向民间资本推介。通过吸引社会资本参与，合理放大政府投资规模和使用效率。四是组建并用好产业基金。围绕"六个强省"建设及新兴产业发展组建的产业基金，要强化管理，科学运营，既关注创业投资和企业孵化，也要把握战略性参股和长期持股。发挥产业引领作用，确保资本保值增值。五是健全政府性融资担保体系。在政策允许的范围内放大政府融资担保功能。在现有省财政担保公司的基础上组建省投融资担保集团，健全政府性融资担保体系，为企业提供金融担保，为担保机构提供再担保，为项目融资提供贴息，撬动更多金融资本投入实体经济。鼓励发展农牧业保险。六是鼓励金融机构产品创新。根据产业项目建设和农业秋粮收购实际需要，科学设定金融产品，或者设立企业"过桥"资金，帮助企业周转。推动金融机构面向实体经济特别是中小微企业开发多样性金融产品，如专利抵押、订单仓单质押、土地承包权和宅基地抵押、联保互助融资等金融服务，下大力气解决企业融资难问题。针对黑龙江省秋粮收购季资金需求集中及"农长贷短"等问题，协调各类金融机构从省情实际出发改革常规业务模式，对秋粮收购企业和优质农牧业项目给予融资保障。七是降低门槛，扩大利用外资规模。依据国家政策，以省内国家自贸区三个片区为窗口，吸引外商投资，稳步扩大国外金融机构进入，提升外资进入便利化水平。鼓励跨国公司设立总部或者区域总部机构。

（四）明确"怎么投"，关键在于创新体制机制，优化营商环境，形成乐于投资、重视投资、保护投资的环境氛围

1. 开展项目谋划储备，积极向国家申报

抓住国家在基本农田保护、城市基础设施建设、民生工程领域的政策机遇，组织全省力量，着眼群众切身利益和全省长远发展，进行超前谋划，尽早储备，积极申报，无缝对接，努力争取国家投资。聘请知名专家为龙江打造经济发展新优势"会诊把脉"，形成科学的战略规划和先进的投资发展理念，融入全省中心工作。

2. 利用优势资源，强力招商引资

对农牧业资源、煤油气资源、自然生态资源、红色旅游资源、高校和科研成果资源、温泉和矿泉资源等进行充分挖掘和梳理，形成可供招商参考的推介项目目录，面向全球开展资源招商、产业招商、对口合作招商。

3. 创新体制机制，进一步打造方便投资的政务环境

一是持续推进行政审批制度改革。既要对项目的投融资能力、环境影响、原材料供应、市场竞争力等进行论证和评价，做到"心中有数"，确保项目质量，防止由盲目投资、金融限制或同质化竞争导致资金链断裂、"半截子"工程等情况发生，又要畅通渠道，减少环节，推广"多规合一"，提高项目审批效率。二是打破行业垄断和壁垒。在质量检验检测、农牧业技术服务、城市管理运营、石化品生产经营、文旅资源管理运营、教育医疗养老等领域，进一步敞开大门鼓励社会资本和外资进入。扩大政府采购的领域和范围，降低门槛，为企业特别是民营企业参与市场竞争提供更广阔、更公平的机会。三是优化统计工作流程，确保应统尽统及时统。项目工程建设过程中，一些企业对投资入统工作缺乏认识和有效配合，需要地方政府和部门做大量协调工作。为此，统计部门需优化工作流程，强化与发改等部门的沟通衔接，做到应统尽统。对于短期难以认定的投资，采取现场办公等办法进行准确、便捷、及时认定入统，确保各级党委、政府及时掌握项目投资动态。

4. 优化营商环境，保护企业投资

一是加强项目跟踪服务。对已落地的投资项目，特别是"百大项目"实行全程"保姆式"跟踪服务。采取领导包保、团队服务、联合会商、绿色通道、微信群沟通等方式强化服务。建立涉企一站式移动服务审批平台，逐步实现商事主体审批事项一网通办。二是强化政府诚信服务。政府必须将招商引资协议约定的义务按时、保质完成，不打折扣。严格贯彻执行国家和黑龙江省营商环境条例等规章，推行营商环境评价机制，督促各级政府讲求诚信，维护企业合法权益。政府要及时帮助企业分析预期，强化信心，以实际行动在全社会形成重视投资、保护投资的环境氛围。既要给予招商引资企业优厚待遇，也要帮助本土企业解决好历史遗留问题和现实困难。三是建立公平市场秩序。鼓励企业间、企业与社会组织及个人间公平开展配套合作、技术合作、股权合作、资本合作。发挥资源交易平台在土地、林权、矿产等资源流转中的主渠道作用，确保公平公正公开。抓住国家修订《土地管理法》之机，研究盘活农村集体资产和农村宅基地的有效途径。在规范和严格监管的前提下鼓励发展民营金融机构。

5. 推动要素流动，降低要素成本

投资的积极性来自营商环境，更来自项目运营成本。按照市场规律和规则，在项目用地、资源交易、科技人才引入、项目融资等方面推动要素自由流动和信息共享。通过电力体制改革、降低土地使用税、优化企业养老统筹政策、降低或取消省内所谓的"高速公路"收费、畅通陆海联运等办法，切实减轻企业负担，降低企业运营成本。协调开发单位，给予省内企业特别是"百大项目"优先使用俄气资源、享受门站价格等优惠政策，彰显并用活黑龙江省的能源优势。

B.23
内蒙古东部地区经济现代化建设的基础与展望

于光军[*]

摘　要： 转型时期影响内蒙古东部地区经济运行的外部因素发生了深刻变化，其产业布局分散、城市经济活跃度低，经济运行与社会发展之间的互动关系还停留在工业化初期状态，与宏观经济和国家发展形成的劳动力流动趋势有所背离，区域现代化经济体系建设面临巨大的压力。内蒙古东部地区宜顺应新经济发展规律，集中产业、集聚要素、搭建产业群发展平台，在优势领域构筑较为完整的产业群和供应链体系，促进劳动力要素流入，以获得某些特定产业集聚发展。

关键词： 经济现代化　经济体系　蒙东地区

2020 年 10 月中国共产党第十九届中央委员会第五次全体会议通过了《中共中央关于制定国民经济和社会发展第十四个五年规划和二〇三五年远景目标的建议》（以下简称《建议》），提出了到 2035 年基本实现社会主义现代化建设的远景目标，提出"基本实现新型工业化、信息化、城镇化、农业现代化，建成现代化经济体系"。在我国"十四五"时期经济社会发展主要目标中，提出要"实现经济持续健康发展、增长潜力充分发挥、国内

---

* 于光军，内蒙古自治区社会科学院经济研究所所长，研究员。

市场更加强大、经济结构更加优化、创新能力显著提升、产业基础高级化、产业链现代化水平明显提高、农业基础更加稳固、城乡区域发展协调性明显增强，现代化经济体系建设取得重大进展"。

《建议》以"开启全面建设社会主义现代化国家新征程"提出的经济建设目标，标志着我国经济建设进入一个全新的时代。在新时代社会主义市场经济体制下，我国建设现代化经济体系的基础条件、国际国内市场环境、经济运行、政策方向、治理环境与改革开放初期相比变化巨大，这些变化在不同区域中亦有不同的作用机理。

内蒙古自治区东部呼伦贝尔市、兴安盟、通辽市、赤峰市、锡林郭勒盟（以下简称"蒙东地区"）建设现代化经济体系，既受蒙东地区产业结构、经济发展动力机制、区位条件、资源禀赋、社会经济综合资源禀赋的影响，也与内蒙古自治区政府和各盟市的经济政策和社会经济发展布局决策以及盟市政府的治理能力高度相关。社会主义市场经济体系的不断完善，国内市场运行一体化机制不断强化，意味着区域产业演变的主要诱因将越来越多地依从于经济规律和市场规律，地方政府对产业发展的作用将会由主导、引导转向环境营造。基于内蒙古自治区的区情和蒙东地区的特殊性，在国家不断推进以理顺市场与政府关系为目标的全面深化改革进程中，明确市（盟）、县（旗、区）政府在建设现代化经济体系中的职能，寻求蒙东地区盟市、旗县两级政府在现代化建设中更好地发挥作用的途径，将从根本上促进蒙东地区现代化经济体系的建设以及未来的长期发展。

一 蒙东地区的经济基础及经济发展内部环境现状

2020 年蒙东地区经济在新冠肺炎疫情冲击下有所波动，截至 2020 年 10 月工业生产基本恢复到 2019 年末水平，除一般预算公共收入受税收政策影响增幅有所减缓，服务业占比较大的盟市税收同比下降外，各项经济运行指标基本恢复到 2019 年水平。从数据分析角度，2020 年的经济数据受新冠肺

炎疫情扰动，不足以表现常态下的蒙东地区状况，因此，本文的分析使用了部分 2019 年末的数据。蒙东地区的产业结构以资源型产业为主体，煤炭、电力、化工、冶金、制药等产业是蒙东地区的主导产业，产品以基础原材料为主，处于产业链前端。从疫情的长期影响分析，蒙东地区现有产业结构受我国畅通国内大循环、促进国内国际双循环的新发展格局影响较小。在市场环境下，区域资源型产业发展方向受生产企业的产品质量、企业运行效率效益左右，蒙东地区各盟市产业中的企业数量较少，多数行业中仅有两三家大型企业支撑，地方产业优化升级的主要途径是提升大型企业竞争力。因此，在现有产业方面，蒙东地区能够保持基本的产业基础持续稳定运行。

蒙东地区经济总体上处于欠发达状态。蒙东地区地广人稀，在国家主体功能区划中是我国的生态功能区，资源储量、重点产业发展水平在国家资源和产业中的重要性低，生产和生活视角下的气候条件、区位条件差，城市发展基础和潜力对人口的吸纳能力处于劣势，以区域总量衡量的经济发展基础和发展水平不能反映出区域发展状况。以我国构建高水平社会主义市场经济体制，实现更高质量、更有效率、更加公平、更可持续、更为安全的发展理念衡量蒙东地区经济基础，蒙东地区人均社会财富生产水平和区域经济对社会发展贡献水平均低于全国平均水平。2019 年蒙东地区人均地区生产总值为全国平均水平的 61.78%，截至 2020 年 10 月蒙东地区人均税收为全国平均水平的 12.73%（见表1）。2019 年蒙东地区全体居民人均可支配收入为全国平均水平的 81.58%，收入的差距反映出区域技术、产业结构、科技水平甚至观念差距，就此，可以得出蒙东地区经济基础在全国处于落后地位的总体判断。

在经济发展促进社会发展、社会发展带动经济发展的互动机制中，蒙东地区的社会发展长期游离于地方经济发展。蒙东地区一般公共预算收入远远低于一般公共预算支出，2020 年财政收入为支出的 1/5，社会运行主要依靠外部力量的支撑，从国家区域格局各区域经济贡献的角度分析，蒙东地区整体上处于国家公共资源的流入区，区域自我发展能力薄弱。

表1　2019 年及 2020 年 1~10 月蒙东地区经济基础水平

项目	蒙东地区	赤峰	呼伦贝尔	兴安盟	通辽	锡林郭勒
一般公共预算收入（亿元）	339.26	99.97	63.23	44.26	57.70	74.10
其中:税收收入（亿元）	233.79	73.79	47.31	17.19	44.50	51.00
非税收入（亿元）	105.47	26.18	15.92	27.07	13.20	23.10
一般公共预算支出（亿元）	1595.07	464.86	345.76	235.85	305.20	243.40
收入与支出比（%）	21.26	21.51	18.29	14.50	18.91	30.44
*地区生产总值（亿元）	5545.75	1708.40	1193.03	520.06	1267.26	798.59
*全体居民人均纯收入（元/人）	25071.48	22826.00	30570.00	20364.00	23656.00	32460.00
*人口（万人）	1267.34	433.09	253.41	161.13	313.88	105.83
*城镇人口（万人）	693.84	221.35	157.41	185.41	59.11	70.56
*常住人口城镇化率（%）	54.74	51.11	73.06	49.71	50.15	66.67
*与全国全体居民人均可支配收入比（%）	81.58	74.27	99.47	66.26	76.97	105.62
人均税收收入（元/人）	1436.64	1703.80	2936.13	1066.84	1417.74	4819.05
*与全国人均税收收入比（%）	12.73	15.10	26.02	9.45	12.56	42.71
*人均地区生产总值（万元/人）	4.38	3.95	4.71	3.22	4.04	7.55
*与全国人均 GDP 比（%）	61.78	55.71	66.43	45.42	56.98	106.49

注：标星号为 2019 年数据。

资料来源：内蒙古自治区统计局，2019 年数据来源为国家和各盟市统计公报。

　　蒙东地区自然资源环境条件对大部分制造业生产降低成本有所阻碍，考虑到我国社会经济发展进入城市发展带动区域经济发展新阶段特征，结合我国近年来新经济投资倾向于人口密集的城市，倾向于产业体系完备供应链丰富区域的市场动态，蒙东地区新经济新产业发展遇到较大的压力，对以现代科技智力资源为基本驱动力的新经济、新产业的发展制约尤为明显。在受到高端劳动力缺乏、科技创新能力不足、城市发育水平较低限制的同时，地方社会文化、营商环境、政府治理能力和对市场规则的知识短板加剧了新要素流入的限制。当前我国处于新旧动能转换时期，全国各个地方对新动能的竞争十分激烈，蒙东地区获得新动能的形势更为严峻。

2020 年 9 月国家发展改革委环资司就节能工作存在严重问题约谈内蒙古自治区有关负责同志。约谈指出，内蒙古是我国北方生态安全屏障，关系华北、西北、东北乃至全国生态安全。近年来，内蒙古自治区能源消费总量大幅增长，以全国 1.7% 的经济总量消耗了全国 5.2% 的能源。2016~2019 年，内蒙古能耗强度累计上升 9.5%，2019 年能源消费总量较 2015 年增长 6562 万吨标准煤，已达到"十三五"增量目标的 184%；能源消费弹性系数由"十二五"的 0.2 上升到 1.5。能源结构调整缓慢，2019 年非化石能源消费比重仅为 8.1%，远低于全国 15.3% 的平均水平。2020 年上半年，在全国和多数地区能源消费负增长的情况下，内蒙古能源消费同比增长 6.3%，能耗强度同比上升 10.56%，能耗双控目标完成形势十分严峻，控制能源消耗成为内蒙古全区产业政策的重要约束，蒙东地区在现有产业基础上延伸产业链、构建产业群的构想较难实现。

2020 年内蒙古蒙东各盟市开始谋划国民经济和社会发展第十四个五年规划和 2035 年远景目标，对蒙东地区的发展现状而言，地方社会经济发展依然处于发展工业培植税源和劳动力有效需求的阶段，培育壮大新型工业体系成为盟市、旗县区政府的核心诉求。

二 蒙东地区建设现代化经济体系环境变化

（一）国家国土空间布局的新策略

《建议》就优化我国国土空间布局、推进区域协调发展，提出了"发挥各地比较优势，逐步形成城市化地区、农产品主产区、生态功能区三大空间格局，优化重大基础设施、重大生产力和公共资源布局。支持城市化地区高效集聚经济和人口""支持生态功能区的人口逐步有序转移"的国土空间开发保护新格局的决定。明确"发挥中心城市和城市群的带动作用，建设现代化都市圈"。蒙东地区处于我国北方重要的生态功能区内，生态地位在全国生态系统中的重要性十分明显；生产体系的比较优势集中于煤炭等化石能源，在我国的环境政策和能源利用趋势中，化石能源储量优势难以继续带来产业扩容，国家对化石能源消耗的控制使高载能产业在蒙东地区发展难以为继；蒙东地区农业资源多样性和草原地区在国土面积中占比较大的优势，在国家农业供给侧高质量发展布局中，蒙东地区农业资源与周边黑龙江、吉林、辽宁和河北省以及南方粮食主产区相比缺乏比较优势，农业的发展在于以小规模高品质农产品生产获得经济效益。

互联网为经济活动提供了另一个空间，信息技术在缩短空间距离的过程中，提高了资源配置的信息对称水平，产业数字化促进资源要素集聚在产业链、供应链更为完备的地方，以便高效、低成本获得各种物料，区域生产物资供应的丰富度是获得新投资的重要条件，也成为区域产业结构转型升级的支撑。而蒙东地区的产业丰富度不足，不仅新经济不会进入，传统产业"延链""补链"的理想发展路径也较难实现。而且，提高产业丰富度的长周期，也不是新兴企业可以承受的实践成本。

（二）劳动力在现代化经济体系中的权重变化

新时代人口和劳动力的集聚水平成为影响区域经济演变的重要因素。产业建设初期对劳动力质量的需求较低，经济规模扩张的基本动力是自然环境资源的开发利用，资本和技术作用于自然环境资源形成和推动产业扩张，劳动力向工业流动，工业化带动服务业发展，进而促进城市发展。在社会物质供给与需求之间的矛盾由供需数量矛盾转向供需质量矛盾的演变基本完成之后，科技革命和信息革命推动了生产服务业增长，促进高端劳动力汇集于城市，城市人口规模扩张拉动房地产、生活消费和社会服务消费增长，在创造更多的就业机会、增加城市财富积累、提升社会服务业供给质量的同时，也为城市公共服务质量提升提供了更多的动力。这一时期，我国制造业供需关系总量过剩与供给侧结构性矛盾显现，制造业转向以科技创新提质升级阶段，制造业劳动力需求水平下降。经济运行随之转向城市功能不断完善，推动区域工业化不断升级的新型城市经济发展模

式。服务业在经济中的比重增长，劳动力的汇集在区域经济发展中的作用逐渐超过固定资产投资的作用，劳动力成为区域建设现代化经济体系的第一要素。

蒙东地区力图通过提高城市建设水平和公共服务水平克服地理要素的制约，这种努力在短期内不会有效，即便是在外务工人员有所回流，发达地区土地价格高企使部分产业转移到土地资源富裕的蒙东地区，地方公共服务供给质量与发达地区的巨大差距，在基本公共服务领域转移支付以人口规模确定转移额度，人口规模和公共服务建设之间的时间差制约蒙东地区获得较大资金提高公共服务支撑能力，这促使劳动力依然会选择区域外对自身发展有利的城市。

三 蒙东地区建设现代化经济体系的目标与路径

（一）确立以效率为核心的经济建设目标

建成现代化经济体系是建设社会主义现代化国家的内容之一，经济建设是我国现代化国家建设的基础，这是经济与社会关系决定的基本规律。目前，在我国主要矛盾已经发生变化的社会基本状况下，建设现代化国家的工作重点是解决不平衡不充分的问题，《建议》提出的"重点领域关键环节改革任务仍然艰巨，创新能力不适应高质量发展要求，农业基础还不稳固，城乡区域发展和收入分配差距较大，生态环保任重道远，民生保障存在短板，社会治理还有弱项"7个方面，以解决"人民日益增长的物质文化需要同落后的社会生产之间的矛盾"，促进经济发展为目标的工作重点，开始转向通过治理体系和治理能力现代化建设，统筹推进经济、政治、文化、社会、生态文明建设，建设现代化经济体系成为"满足人民群众对美好生活的向往"的途径之一。因此，衡量现代化经济体系建设成效的民生视角，必然从区域经济发展水平转向百姓生活质量提升水平。区域经济发展目标权重变化对衡量区域经济成效的影响，效率的权重要大于规模的权重，建立高效率的经济体系是蒙东地区现代化经济体系的重心，在实际操作中，把"人均指标"作为考量经济体系现代化建设水平的重心，以人均税收、人均可支配收入等绩效类指标为经济现代化建设质量的考量指标，强化对高质量现代化经济体系建设的导向性。

（二）调整空间布局支撑现代化经济体系建设

调整产业布局思路，按照新经济要素特点及其汇集的规律，发展城市经济，将"带、线、群、圈、区"等建设思路转变为"极、源"发展新思路。传统的产业布局思路与资源型经济建设途径密切相关，也与经济高速增长的时代密切相关。进入经济高质量发展时代，应改变"带、线、群、圈、区"等生产力布局方式，顺应"推动形成优势互补高质量发展的区域经济布局"的新思路，在蒙东地区培育"新动力源"。而基于新动力依托智力资源汇集的特点，蒙东地区应立足地广人稀、城市之间跨度大的实际，集中培育科技要素智力资源汇集的产业集聚平台。

巩固加强能源、化工、新材料等主导产业，扶持传统产业发展新动能。集中集聚需要以新动能为动力，需要大规模资金投入，前期谋划也需要资金保障。蒙东地区具有资金实力的是传统产业体系中的大型企业和行业集团，而现有政策对在"负面清单"、能耗指标分配、排放限令等对传统产业存在"一刀切"的现象，应加快梳理现有政策与传统产业补链、延链有冲突的规定，精准施策，对具备发展实力的园区、企业实行激励性政策，在支柱产业先行实现集中集聚集约。

在国内发展快速或正在蓄势发展的行业，蒙东地区已经有新经济行业的企业发育起来，这类企业处于发展成熟期，有扩大产能、完善供应链的实际需求。蒙东地区可以上级政府统一规划为手段，梳理分布在各盟市的该类企业，整合国家和省区政策资源，协同自治区本级、盟市和企业所在旗县市区，设定"重点企业名录"，集中政府掌握的各类资源，统一调配，用市场化、社会化的途径引导社会资金，高质量建设重点企业所在的中心城市支撑优势企业发展。

（三）突破促进劳动力要素流动的社会阻碍

改变由于城市发展水平低、人才竞争力薄弱而派生出的"吸引人才"理念，将吸引劳动力的政策指向下沉至一般劳动者，即把吸引人才促进地区发展的思路，调整为以汇集劳动力、扩大人口规模促进地区发展。提高劳动力配置效率对于欠发达地区，重要的是提高地区对劳动力提供高品质的公共服务和社会服务，消除地区间公共服务的差距。改变国土空间布局的调整思路，重视城市发展在现代化经济体系建设中的积极作用，提高赤峰城区、通辽中心城市吸纳人口的支撑能力建设水平，撤并人口稀少的小城镇，迁移自然产出能力低的乡村人口，提高蒙东地区人口集中集聚水平，以人口集聚满足劳动力多元化精神需求。

蒙东地区公共投入能力较低，需将有限的公共投入向服务于劳动力的领域倾斜，如提高托育服务供给质量和供给规模、建设高品质义务教育体系、加强文娱休闲体育设施建设等。提高地区汇集劳动力的能力，调整人口布局打造新经济活动集聚、人口集聚的城市群都市圈。当前蒙东地区各产业的主导企业面临技术型劳动力短缺、企业需要的高端技术管理人才难以扎根等现实阻碍。因此，提高平台城市的生产支撑和生活支撑水平，是实现蒙东地区经济现代化的基础性工作。降低平台城市的进入门槛，降低平台城市的生活成本，丰富平台城市的人口结构，给予低端劳动力就业空间等，将有效提高城市经济对重点产业发展的拉动效应。采取集中自治区各级公共建设投入、引进教育集团、制定激励性政策吸引社会力量等方式，建设设施高水平、运营高质量的中小学、幼儿园，为吸引、留住具有深度技能的劳动力打好基础。

参考文献

1.《中共中央关于制定国民经济和社会发展第十四个五年规划和二〇三五年远景目

标的建议》，中国共产党第十九届中央委员会第五次全体会议，2020 年 10 月 29 日。

2. 都仁娜：《人力资源开发对区域经济发展的影响及有效对策研究——以内蒙古自治区为例》，《内蒙古科技与经济》2019 年第 8 期。

3. 付为政：《供给侧视角下内蒙古经济增长动力演进和转换研究》，《黑龙江民族丛刊》2019 年第 6 期。

4. 张银银、邓玲：《创新驱动传统产业向战略性新兴产业转型升级：机理与路径》，《经济体制改革》2013 年第 5 期。

B.24
东北地区全面振兴水平比较研究[*]

吕 萍　王化冰　王继伟　杨红环[**]

摘　要:　为探究东北地区全面振兴发展的基本情况和动态变化趋势，本文以经济增长为引领、以新发展理念为核心、以体制改革为保障，即"1+5+1"的逻辑框架构建全面振兴评估指标体系，运用熵值法等定量与定性方法对东北地区的全面振兴水平进行时空的比较分析。研究结果表明，东北地区全面振兴水平总体呈现"水平上升，位次后移"的特点，辽宁、吉林全面振兴水平居全国中游，黑龙江居于下游地位，东北地区呈现与东部地区差距扩大，与西部优势缩小，尤其是辽宁、吉林、黑龙江分别与对口合作省份之间差距扩大的态势。发挥优势，弥补短板，应在新冠肺炎疫情防控常态化背景下加快推进东北地区全面振兴，为各级政府加快振兴发展提供决策咨询和智力支持。

关键词:　全面振兴　新发展理念　东北地区

---

* 基金项目:国家社科基金一般项目"东北地区新型城镇化与乡村振兴协调发展的机制及路径研究"(19BJY060)阶段性研究成果。

** 吕萍，哈尔滨商业大学经济学院研究员，研究方向为区域经济学、产业经济学;王化冰，黑龙江省社会科学院农村发展研究所副研究员，研究方向为区域经济学;王继伟，黑龙江省社会科学院智库办主任;杨红环，黑龙江省社会科学院硕士研究生，研究方向为产业经济学、数量经济学。

东北地区①全面振兴事关国家"五大安全",关乎国家发展大局。2018年9月末,习近平总书记在深入推进东北振兴座谈会上提出,新时代东北振兴是全面振兴全方位振兴。2020年初新冠肺炎疫情暴发与国外持续蔓延,致使东北地区全面振兴举步维艰。2020年7月22~24日,习近平在吉林省考察时再次强调坚持新发展理念深入实施东北振兴战略,为加快推动新时代东北地区全面振兴指明了方向。本文对2003年以来东北地区振兴发展的状况进行时空比较分析,科学研判全面振兴发展动态,明确全面振兴的竞争优势和薄弱环节,明确新冠肺炎疫情防控常态化的东北地区发展定位,以便推动东北地区新一轮全面振兴,促进区域经济协调发展。

一 全面振兴评价指标体系构建与方法选择

全面振兴是党中央、国务院对新时代东北地区发展的总设计,是统筹推进"五位一体"总体布局、协调推进"四个全面"战略布局的总要求。本文的全面振兴评估主要以创新、协调、绿色、开放、共享的新发展理念为核心,以建设现代化经济体系、实现经济高质量发展为总目标,着眼全国区域布局,结合东北发展实际,以体制改革为保障构建全面振兴指标体系,是对东北地区经济社会发展能力的综合评价。

全面振兴是指发展兴盛的所有方面,全面振兴既体现马克思主义的全局观和重点论思想,又是西方内生增长理论的借鉴与发展,也是习近平新时代中国特色社会主义经济思想理论的具体体现,包括经济建设、政治建设、文化建设、社会建设、生态文明建设"五位一体"方面的振兴。根据2019年8月党中央、国务院下发的《关于支持东北地区深化改革创新推动高质量发展的意见》,即中发〔2019〕37号文件精神,从2020年东北地区全面建成

---

① 东北地区包括辽宁、吉林、黑龙江3省,东部地区包括北京、天津、河北、山东、上海、江苏、浙江、福建、广东、海南10省市,中部地区包括山西、安徽、江西、河南、湖北、湖南6省,西部地区包括四川、重庆、贵州、云南、广西、内蒙古、新疆、陕西、甘肃、宁夏、西藏、青海12省区市。

小康社会，到 2035 年基本健全六大体系，东北地区将实现全面振兴全方位振兴。

（一）全面振兴评价指标体系构建

全面振兴充分运用马克思辩证唯物主义的方法论、整体观、系统论等理论，从经济、政治、文化、社会、生态等方面探讨全面振兴。通过研读国内外区域发展的文献，如李凯等学者撰写的《2016 东北老工业基地全面振兴进程评价报告》等文章，依据东北振兴相关文件，全面振兴指标体系是按照"1 + 5 + 1"，即以经济增长为总领、以新发展理念为核心、以体制改革为保障的逻辑架构构建的三级指标体系，包含经济增长、区域创新、统筹协调、绿色发展、开放合作、民生共享和体制改革 7 个一级指标，涵盖政府治理、企业效率等振兴发展重要方面的 20 个二级指标，以及经济社会发展基础类、措施类、效果类的 60 个具体运行指标，具体指标通过人均、占比等相对化处理，增强东北地区与其他省区的横向可比性；通过科学规范的评价方法，明确东北地区全面振兴的纵向发展态势。全面振兴指标体系构建主要遵循新发展理念，既着眼东北，又面向全国，把东北地区全面振兴发展进程置于全国视野进行比较，以研判东北地区振兴发展的优势与短板，确保评价结果的科学性与合理性。课题组选取 2003～2018 年公开的统计数据，通过综合的数理统计分析运算，形成连续 16 年的全面振兴指数、7 类一级指数和 20 项二级指数（见表 1）。

表 1 省域层面的全面振兴评价指标体系

一级指标 (1 + 5 + 1)	二级指标 (20)	三级指标(60)	资料来源
经济增长	经济总量	GDP 增长率、人均 GDP、人均财政收入	国家统计局
	产业发展	第一产业增加值占比、规模以上工业企业个数占比、第三产业增加值占比	
	增长动力	社会固定资产投资占 GDP 比重、全员劳动生产率、人均社会消费品零售总额	

续表

一级指标 (1+5+1)	二级指标 (20)	三级指标(60)	资料来源
区域创新	研发基础	R&D经费投入强度、研发人员占比	《中国科技统计年鉴》
	企业创新	R&D经费企业资金占比、高新技术企业数占比、高新技术企业工业人均净利润	
	技术产出	专利批准强度、技术市场成交额占比、新产品销售收入占比	
统筹协调	区域协调	城市首位度、运网密度、工业区位商	《中国城市统计年鉴》
	转型协调	高新技术工业总产值占比、制造业投资占比、生产性服务业增加值占比	国家统计局
	城乡协调	城镇化率、城镇居民人均可支配收入增长率、农村居民人均可支配收入增长率、城乡收入比	
绿色发展	治理保护	环境污染治理投资占GDP比重、生活垃圾无害化处理率、空气质量达到及好于二级的天数、城市污水处理率	《中国环境统计年鉴》
	粮食生产	农业效能、单位耕地化肥施用量、农业机械化率	《中国农村统计资料》
	低碳发展	碳排放增长率、单位地区生产总值水耗、单位地区生产总值能耗	中国碳排放数据库
开放合作	区域合作	客运活跃度、货运活跃度	
	外资外贸	外贸依存度、人均实际利用外资额、国际旅游收入占比、外资投资企业占比	
民生共享	教育状况	国家财政性教育经费占GDP比重、大专及以上受教育人口比重	国家统计局
	就业质量	城镇失业率、单位企业新增就业人数	
	社会保障	人均社会保障支出、千人拥有医疗卫生机构床位数、城乡居民基本养老保险参保人数比、贫困人口占比	《中国统计年鉴》
	生活品质	城镇居民家庭恩格尔系数、人均文化娱乐消费支出占比、人均公园绿地面积	
体制改革	政府治理	政府分配资源的比重、政府人员规模、社会服务机构规模	国家统计局
	企业效率	国企劳均主营业务收入、国企利润率、民企数量占比	

（二）全面振兴指标测算思路

由于数据体系的涵盖时间跨度较长（2003～2018 年）、省域覆盖广，部分原始数据会出现缺失现象，通过对原始数据运用灰色预测法进行预测，并对其进行计算从而得出全面详尽的数据。通过对熵值法、因子分析法等各种运算方法的计算与比较，为了避免上述方法过于强调数值上的特征而忽略经济实际含义的重要程度，最后选择专家赋值法对各级指标权重逐步分层赋值进行修正计算。

二 东北地区全面振兴水平比较分析

（一）东北地区与其他区域比较分析

通过东北地区与东部、中部与西部地区的横向与纵向比较可得，东北地区全面振兴水平总体呈现"水平上升，位次后移""与东部地区差距扩大，被中部地区反超，与西部优势缩小"的态势。

1. 东北地区全面振兴总体呈现"水平上升，位次后移"态势

东北地区积极应对挑战、逆势而上，振兴水平总体上呈现逐年稳步上升的态势。2003～2018 年，东北地区全面振兴指数呈现总体上升态势，由2003 年的 28.44 上升到 2013 年的 39.53，2014 年略微下降，为 39.36，至2015 年下降至 38.90，然后企稳回升至 2018 年的 42.84（见图 1）。指数上升的原因主要是得益于绿色发展、民生共享等指标得分（2018 年与 2003 年相比，分别上升为 25.42 与 25.61）的持续攀升。2018 年，东北地区一级指数除绿色发展指标居前，统筹协调、民生共享和开放合作指标居中外，区域创新、经济增长和体制改革指标明显拖后。

2. 东北地区全面振兴水平呈现"与东部地区差距扩大，被中部地区反超，与西部优势缩小"的特点

通过全面振兴水平比较可得，东北地区全面振兴水平提升速度较慢，处于"不进则退"的局面。东北地区全面振兴水平与排名首位的东部的差距由

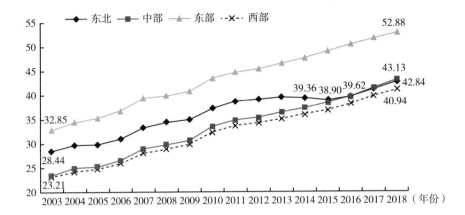

图1　2003～2018年东北地区与其他地区全面发展指数比较

注：各省（区、市）全面振兴指数提法的理由：一是全面振兴指标体系构建主要遵循新发展理念，既着眼东北，又面向全国；二是龙江全面振兴发展的进程必须置于东北地区、全国的视野进行比较，才能研判龙江振兴发展的优势与短板，确保评价结果的科学性与合理性。

2003年的4.41扩大到2018年的10.04，尤其与东部发达省份之间的经济发展竞争力差距扩大；且被中部地区反超，与排名末位西部的优势由2003年的5.23缩小到2018年的1.90，形成东北地区与东部发达省份之间的差距拉大，追进艰难；与中西部省份之间的距离缩小，优势减弱的局面。2003～2018年各省区市全面振兴指数保持上行趋势，大部分省份指数走势平稳，总体而言，南方省份发展指数上行速率明显高于北方省份，北方省份发展位次整体后移。

3. 全面振兴指数有喜有忧，绿色发展水平成为最大"亮点"

2018年与2003年相比，东北地区一级指标平均得分仅有统筹协调、绿色发展和民生共享3项指标有所上升，其余4项指标均有所下降。排名情况不容乐观，呈现"四降三平"的特点，特别是体制改革指标排位下滑波动最大，其间被东部、中部与西部地区反超，由首位下滑为末位。2003年以来，东北地区的协调状态和民生状况有所改善："统筹协调"排名逐年上升，说明协调状态不断提升；"开放合作"排名持续下行，表明振兴外力不足；"民生共享"是全面振兴的出发点与落脚点，排名持续下降后近几年开始上升，目前处于中下游水平，有待提升。"绿色发展"是东北全面振兴的

最大优势，排名始终前列，尤其是黑龙江省 2016～2018 年连续三年排名全国第一，且优势持续扩大。

（二）东北地区省域比较分析

通过东北地区内部省域全面振兴水平比较可得，辽宁、吉林全面振兴水平居全国中游，黑龙江居于下游地位，三省分别与对口合作省份之间差距扩大。东北地区内部省份全面振兴呈现"指数总体上升、排名整体下滑"的态势，其中，吉林排名曲线最为平缓，辽宁和黑龙江均出现大幅滑落。

1. 全面振兴水平与对口合作省份的差距呈现扩大趋势

面对东北地区经济下行压力较大，2017 年 3 月，国务院出台《东北地区与东部地区部分省市对口合作工作方案》，东北三省与相应省份对口合作取得一定成效，但差距仍较大。2018 年，从全面振兴水平看，辽宁、吉林、黑龙江分别与江苏、浙江、广东相差 11.10、11.61 与 12.89（最大），其中，从区域创新、开放合作两项指标看，东北地区排名靠后，与相应对口合作省份差距较大，特别是黑龙江与广东相差较大，分别为 36.92 与 34.32，表明黑龙江省振兴动力较弱；黑龙江统筹协调高于广东的 6.67，说明黑龙江协调状态不断提升，但处于低水平协调状态；绿色发展是东北全面振兴的最大优势，排名始终处于前列，尤其是黑龙江 2016～2018 年连续三年排名全国第一（见表 2）。总体来讲，东北地区的资源优势亟待转化为经济优势，从而提升全面振兴水平。

表 2 2018 年部分省（区、市）全面振兴指标得分与排名情况

全国排名	省份	全面振兴	经济增长	区域创新	统筹协调	绿色发展	开放合作	民生共享	体制改革
1	上海	68.75	69.21 (2)	70.84 (2)	65.69 (1)	58.64 (28)	66.21 (1)	68.06 (2)	79.60 (2)
2	北京	66.56	69.90 (1)	78.35 (1)	62.20 (2)	61.11 (27)	38.08 (4)	84.47 (1)	53.30 (23)

全国排名	省份	全面振兴	经济增长	区域创新	统筹协调	绿色发展	开放合作	民生共享	体制改革
3	浙江	55.92	55.70 (5)	61.10 (4)	47.64 (11)	61.54 (25)	25.37 (6)	57.69 (9)	77.64 (3)
4	江苏	55.06	57.46 (4)	44.53 (6)	48.59 (10)	77.40 (3)	24.67 (7)	57.61 (10)	80.89 (1)
6	广东	53.13	50.15 (7)	62.24 (3)	44.67 (12)	53.99 (30)	40.47 (3)	56.26 (13)	61.01 (14)
14	吉林	44.31	42.06 (17)	38.60 (14)	41.94 (19)	77.17 (4)	12.76 (13)	54.58 (15)	53.28 (24)
15	辽宁	43.96	38.60 (22)	35.34 (18)	49.42 (6)	76.20 (5)	16.39 (10)	58.15 (7)	52.98 (27)
22	黑龙江	40.24	33.47 (29)	25.32 (27)	51.34 (4)	87.06 (1)	6.15 (23)	53.57 (17)	53.20 (25)

注：括号中的数字表示排名情况。

2. 辽宁全面振兴水平总体上处于东北地区首位

东北地区内部省份全面振兴呈现"指数总体上升、排名整体下滑"态势，其中，吉林排名曲线最为平缓，辽宁和黑龙江均出现大幅滑落（见图2）。辽宁省在过去十几年中一直是东北地区发展最好的省份，在2003~2013年一直处于快速发展阶段，全面振兴指数快速增长，排名平稳居于全国上游水平，但2013年以来，我国进入经济发展的新阶段，由快速增长阶段进入经济高质量发展阶段，而辽宁经济增长、体制改革、区域创新三大板块出现大幅剧烈下降现象，进而影响民生共享及开放合作的健康发展，致使经济发展全面萎靡，全面振兴指数大幅下降。其中，经济总量、增长动力、研发基础、企业创新、企业效率、就业质量和外资外贸等二级指标影响较大。辽宁自2015年开始快速下滑，振兴指数排名迅速下降，3年内排名滑落8位。2016年以来，辽宁振兴指数有所回稳，排名也趋于稳定，但有被吉林赶超的趋势。党的十九大以来，辽宁积极贯彻落实新发展理念，深化体制机制改革，优化营商环境，提高国企效率，激发了民企发展活力，2018年全面振兴指数超过往年最高得分，达43.96，全国排名也有所企稳，达第15位。

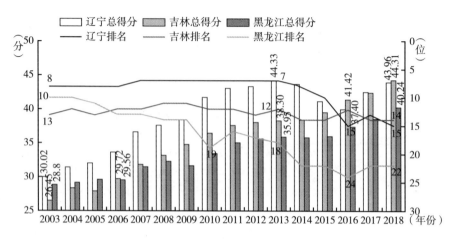

图2　2003～2018年东北三省全面振兴指数及排名

3. 吉林全面振兴水平逐年增长，黑龙江逐步衰落后企稳

2003 年以来，吉林全面振兴指数基本一直在稳步增长，自 2008 年经济危机之后，振兴指数增长有所放缓，排名也在逐步降低，从 2016 年开始，经济发展情况有所改善，振兴指数增长加快，逐步追赶辽宁，与辽宁由 2003 年的相差 3.57 发展到 2018 年的反超 0.36。其原因在于经济增长、区域创新和开放合作板块略有上升，其中，产业发展、企业创新、外资外贸等二级指标发挥作用明显，结果表明吉林在经济动能转换、区域创新方面有较大优势。黑龙江经济发展从 2003 年以来一直处于快速衰落阶段，至 2016 年才有所减缓。2003 年东北三省发展较为平均，且黑龙江发展好于吉林，随着经济衰落，2006 年黑龙江被吉林赶超，且受 2008 年经济危机影响，振兴指数有所下降，小幅回升之后便陷入停滞，呈现经济停滞、排名骤降的现象。直至 2016 年振兴指数有所增长，排名回升。黑龙江自 2004 年排名开始下滑，2010 年振兴指数位次下降至第 19 位；2016 年排名跌至第 24 位，其原因在于体制改革缓慢（排名第 29 位），对外开放水平不高，区域创新能力不强，特别是企业创新较弱（排名第 30 位）。通过提升统筹协调水平，加大开放合作力度，保障民众共享振兴发展成果等途径，2017～2018 年黑龙江振兴指数排名企稳回升，持续保持在第 22 位。

4. 全面振兴指标各有优劣，但差异性并不明显

东北三省振兴发展水平总体上具有趋同性，但仍有些差别。其中，区域创新发展水平差距最大，民生共享差距较小，体制改革方面几乎无差距。而东北内部各有优势短板，辽宁开放合作和民生共享部分发展较好，绿色发展和体制改革水平较差，表明辽宁外部动力较强，且经济成果转化效果较好，应注重资源环境的保护和体制机制的改革和创新。吉林经济增长和区域创新水平较高，主要体现在全员劳动生产率水平与高新技术企业工业人均净利润两项指标较高，统筹协调水平较低，体现了吉林经济发展与内生动力较好，发展潜力较大，同时应注重协调发展。黑龙江统筹协调和绿色发展水平具有优势，经济总量和增长动力水平均较差，主要是 GDP 增长水平低、财政收入少以及全员劳动生产率低，说明黑龙江虽然环境优化与协调发展水平较高，但总体发展状况比较落后。从具体指标来看，绿色发展方面，黑龙江的粮食生产的各个指标均有优势，农业效能尤其明显，吉林、辽宁水平相差不大；民生共享方面，辽宁社会保障优势较大，黑龙江就业质量和生活品质水平较低，主要体现在城镇失业率高、人均娱乐消费支出占比小。体制改革三省水平相近，辽宁和黑龙江企业效率较低。

三 东北地区全面振兴存在的问题

2018 年，东北地区除绿色发展指标居前，经济增长、区域创新、开放合作和体制改革指标明显拖后，制约全面振兴的进程。

（一）经济增长动力不足，全面振兴基础不牢

东北地区全面振兴首要考察的是经济振兴，全面振兴需要在一定的经济增长条件下推进。2003 年以来，东北地区经济增长指标排名持续下行，在四大区域中，排名由 2003 年的排名第二位下降至 2018 年的最后一位。从产业角度来看，东北地区农产品加工业水平低、与第三产业关联度低，第一产业优势没有充分发挥，致使农民增收渠道狭窄。第三产业发展较慢，传统服

务业所占比重较大，后续发展动力不足。工业内部轻重工业比例失调、企业技术装备老化、产品技术含量低，某些传统产业处于停滞或萎缩状态，制约东北地区产业结构调整。从增长动力来看，投资拉动、开放带动动力较弱，2018年社会固定资产投资占 GDP 比重排名、全员劳动生产率排名均下降，外贸依存度排名持续下行后企稳，导致东北地区增长动力不足、经济增长指标排名下行。从2020年上半年情况来看，黑龙江与吉林两省人均 GDP 较低，分别为13997元与20225元，分别排在全国倒数第一位、倒数第三位，辽宁处于中下游水平，为第17位；黑龙江、吉林、辽宁与对口合作的广东、浙江、江苏差距较大，分别为28737元、29496元与32315元（见图3）。新冠肺炎疫情暴发导致企业生产按下暂停键，失业人员增多，亟待做好"六稳"工作、落实"六保"任务，为新冠肺炎疫情防控常态化的东北振兴奠定基础。

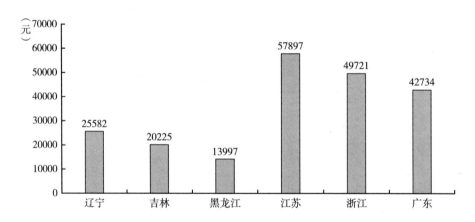

图3　2020年上半年部分省份人均 GDP 情况

（二）区域创新能力不强，全面振兴动力不足

区域创新是东北地区的发展短板，研发基础薄弱，企业创新能力较弱，技术产出成果少，致使东北振兴创新发展萎靡，经济增长内生动力不足。一是人力资源开发利用率低，缺乏人才支撑。东北地区处于沿边地

区，人文环境欠佳，地区经济不发达，导致经济发展所需的各类稀缺人才出现"孔雀东南飞"现象，尤其是资源型城市转型导致大量的高层次复合型人才、实用技能型人员外流严重，培养和引进的技术人员也不能弥补人才的缺口，经常出现一边是大批失业者没有工作可干，另一边是技术性岗位大量空缺无人胜任的尴尬现象。二是企业创新能力弱，缺乏动力支持。东北地区科技投入比较薄弱，R&D 经费投入强度较弱，黑龙江、吉林、辽宁三省分别低于全国平均水平 1.15 个、0.96 个、0.19 个百分点（见图4）。R&D 经费投入与对口合作省份差距较大，其中，黑龙江低于广东 2951.9 亿元，2003～2018 年，黑龙江 R&D 经费投入强度与研发人员占比排名分别下行至第 23 位与第 22 位。科研经费主要靠政府投入，科研成果主要靠企业推广，导致科研成果转化率低。同时，创新资源匮乏、创新环境欠佳，创新主体中的政府、企业与高校、中介服务机构联系不紧密。以企业为主体的研发特色不明显，企业的自主创新意识和能力不强，难以为东北地区全面振兴提供有力的动力支撑。

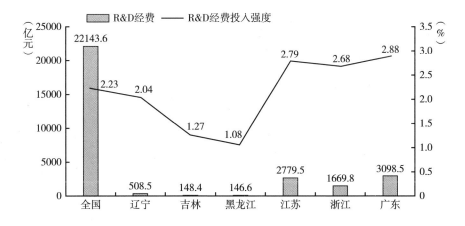

图4　2019 年全国与部分省份 R&D 经费与 R&D 经费投入强度情况

（三）开放合作能力不强，全面振兴外力不足

东北地区的开放合作水平不高，辽宁开放合作水平虽然最高，但近几年

处于下降波动阶段。吉林开放合作水平较低，但有稳步上升趋势。而黑龙江开放合作水平最低，且处于回落波动阶段，变化不大。东北地区开放合作排名持续下行，外向型经济发展缓慢。出口结构不合理，出口商品主要以机电产品、农副产品与服装为主，资源性、高耗能、高污染的产业仍占有较大比重，集中于技术含量低、偏重劳动密集型工序的产品，即使有中高技术产品，大多也是低端产品，服务贸易出口也主要集中在传统的劳动密集型产业，不仅经济附加值不能提升，资源与环境也将不堪重负。东北地区的区域合作与外资外贸排名均下行，亟须增强先进技术和重要资源进口的能力，充分利用"一带一路"对外开放的有利契机，促进全面振兴发展。

（四）体制机制改革不完善，全面振兴缺乏保障

全面振兴的治本之策是推动体制机制创新，政府与市场的关系问题又是体制机制的核心。东北地区体制改革各省有所不同，吉林上升态势明显，辽宁缓慢提升，而黑龙江先逐年下降后大步追赶。2017年12月，辽宁率先出台优化营商环境条例，2018年黑龙江出台《黑龙江省优化营商环境条例》，加快转变政府职能，创造有助于企业公平、有效竞争的发展环境，优化营商环境，加快从市场主导者向市场服务者的角色转换。面向中小企业的社会服务体系建设欠缺，企业程序化、信息化问题重视不够，面向高科技中小企业的创业服务相对不足，政策落实不力，政策执行出现偏差，一些执法行为还有待规范等。地方政府相互开展恶性竞争，人为地分割原本相对完整的经济单元，影响区域合理分工体系的形成和区域比较优势的有效发挥，制约东北地区全面振兴进程。

四 加快推进东北地区全面振兴的对策建议

加快东北地区全面振兴既要靠改革增动力，又要促开放拓空间。因此，东北地区应统筹推进新冠肺炎疫情防控和经济社会发展工作，加快体制机制改革，练好内功；同时借助外力，做好与"一带一路"倡议和京津冀协同

发展战略的衔接，加强人才、资金、技术等方面的交流与合作，在加快融入以国内大循环为主体、国内国际双循环相互促进的新发展格局中促进东北地区全面振兴。

（一）促进经济平稳增长

2020 年初我国新冠肺炎疫情暴发与国外持续蔓延，全国上下积极应对，疫情得到有效控制。对于东北地区，应在"外防输入，内防反弹"常态化防控疫情的前提下加快推进东北全面振兴。一是促进消费，引导投资，带动经济复苏。积极发展线上消费、直播销售等新型消费模式，与地摊经济等形成线上线下两种消费方式，并适当发放消费券，有针对性地对贫困地区发放补助，全面促进民众进行消费。寻找疫情商机，与互联网紧密结合，大力创新，驱动经济复苏。医疗行业、健身行业逐渐兴起，适当加大投资，引导其健康发展；数字化、电子化、智能化行业迅速崛起，如无人超市、电子会议等新兴行业的发展促进了经济增长，同时优化了经济结构，要制定相关政策加以扶持，以促进新兴行业发展。二是加大对新型基础设施建设和农村公共设施的投资，打通东北地区城市群，进行高铁轻轨的建设以减少东北城市群间的联通成本，促进城市群发展和提升城镇化质量，为东北全面振兴奠定基础。三是对企业主体进行定向减税降息，减少市场主体发展的成本和负担，制定应对疫情时期企业生产发展专门的法律法规，为企业快速复工复产提供良好的制度环境，促进企业发挥全面振兴的主力军作用。

（二）加快区域创新步伐

区域创新是全面振兴的动力所在，应加大基础设施投入与人才培养引进力度。一是在研发基础方面，调整财政支出结构，加大政府对优势技术的资金投入，完善知识产权等相关法律法规，优化营商环境，呼吁企业重视创新，积极对创新领域进行投资，同时完善人才引留机制，人才外流对东北全面振兴影响较大，应注重提升高级人才的工资水平，加强社会服务，在留住

各类人才的同时吸引外地人才。2019 年初，黑龙江省政府公布《黑龙江省"头雁"行动方案》提出，通过"固巢留凤""筑巢引凤"吸引更多科技人才振兴东北，激发人才内生动力和创新活力。二是优化完善政产学研一体化机制，搭建创新技术平台，加强政府、高校、研究机构与企业的联系，提高技术成果在当地的转化率，加大技术成果的推广和应用力度，促进东北经济增长和经济方式转变。

（三）加快资源优势转化为产业优势

绿色发展尤其是粮食生产是东北地区的绝对优势，应充分发挥其优势，转化为经济效益。一是在巩固农业现代化发展进度的同时带动农村现代化，充分发挥农业现代化优势，以农业机械化现代化带动农村公共设施、公共服务的构建与完善，推动农业农村现代化发展。二是在现代农业适当规模发展的同时，推进一二三产业融合发展，制定相关政策，适当引导旅游业、金融业等第三产业下乡，发展农业观光、农业体验和休闲农业等新型乡村旅游，构建和完善相关金融体系，促使农业和旅游业、金融业融合发展，带动第三产业的发展。三是注重黑土地的保护和环境治理与低碳发展。呼吁进行高质量、有机肥作物试验田建设，减量使用化肥、农药，增施有机肥。增强农民资源回收利用意识，同时引进有机肥系统化生产、生物质能发电等相关新型农业产业，加快人畜粪污、农作物秸秆的资源化利用，保护好、利用好黑土地这一"耕地中的大熊猫"。保护好绿水青山，为创造金山银山奠定基础。

（四）加快区域协调发展

区域协调有助于经济发展，转型协调和城乡协调有助于东北振兴的信心提振。加快资源型城市的精明收缩，对原有传统产业如煤炭、石油等资源生产类行业进行产业升级改造，促进生产链专业化并延长生产加工产业链，充分利用其物，延长产业链条，增加产业附加值。同时进行二三产业融合，将废弃工厂改造成主题公园、老工业旅游纪念馆等，增添新的经济增长动力。城乡协调表明东北地区具有一定的城镇化优势，以提升农民收入为主线，优化乡村公共服务管理，完善附近城镇基础公共设施，在提升城镇化质量的同时，充分挖掘中小城镇的消费潜力，为经济增长提供消费动力。

（五）加快体制机制改革

体制机制改革主要是处理好政府与市场的关系问题。一是加快政府治理力度。整合政府机构体系，明晰机构的权责利，更好地服务市场主体。加快政府政务电子化，推出政务办理一体化的应用平台，在程序上实行负面清单制，简化不必要的手续，保证企业与民众办事"只跑一次"。完善法治制度，形成执法严明、司法公正的法治环境，为营商环境奠定良好基础，以此避免寻租现象，提高政府办事效率。二是形成公平有效的市场环境。加快国有企业改革，促进民营企业发展。国有企业收益率低，占用大量优质资源，产生挤出效应，民营企业难以生存和发展。深入国有企业改革，减少政府对企业的干预，加大对民营企业尤其是中小微企业的支持力度，给予一定政策倾斜，形成既有规模效应又能促进竞争的市场环境，提高企业效率。吸引各地企业进行投资，促进民营企业不断发展壮大，形成有效的市场竞争，增加东北经济的市场活力。

（六）积极加大开放合作力度

加快东北地区融入以国内大循环为主体、国内国际双循环相互促进的新发展格局。一是对内加强与京津冀、山东半岛的经济合作，与长江三角洲、珠江三角洲等发达地区进行跨地区合作，充分利用东北地区土地资源、农业优势以及比较丰富的矿产资源等优势，吸引外地投资，学习先进技术和经验，促进信息和知识的充分交流，以提升东北的软实力。二是加大对外开放力度，加强与东北亚的经济交流与合作。积极引进日韩等适用技术进行传统产业升级优化，延长产业链，增加产业附加值。同时寻找新的经济增长点，如发展旅游业和现代农业，充分发挥东北特色，创造经济利益。同时，设立专门对俄经贸特区，集中对俄优质人才，打造对俄贸易平台，形成专门的对俄信息交流中心，促进与俄罗斯远东地区和蒙古国的经济合

作，如进行农产品相关的经济贸易，培育壮大现代农业园区等，促进东北
地区全面振兴。

参考文献

1. 谭作钧：《东北全面振兴全方位振兴的行动指南》，《学习时报》2019 年 5 月 24 日。
2. 李凯、易平涛、王世权：《2016 东北老工业基地全面振兴进程评价报告》，经济
   管理出版社，2017。
3. 宋冬林：《以新气象新担当新作为推进新时代东北振兴》，《学习与探索》2019 年
   第 3 期。
4. 吕萍：《东北地区全面振兴基本内涵与评估体系构建研究》，社会科学文献出版
   社，2020。

B.25
东北地区生态环境的发展现状、
主要问题及协同治理对策

郑古蕊 李效筠 张天维*

摘 要： 生态环境质量的持续改善是东北地区全面振兴、全方位振兴的保障和基础。近年来，东北地区生态环境建设取得了显著成效，具体表现为大气环境质量持续改善，水环境质量明显提升，土壤污染防治稳步推进，环境治理能力不断加强等，但也存在大气污染问题较为突出，水环境污染亟待解决，应对气候变化能力需要加强等问题。从东北地区经济社会高质量发展角度来看，今后，东北地区需要得到国家更多的支持与帮助，同时加强内部区域联动，构建共建共享的生态协调机制和治理模式，包括扶持生态保护区域尽快建立起新兴产业和新业态，探索建立多元化的生态补偿机制，设立区域生态环境合作发展基金等。

关键词： 生态环境问题 高质量发展 协同治理模式 东北地区

东北地区是新中国工业的摇篮，是我国重要的工业基地和商品粮基地，在全国具有举足轻重的战略地位。近年来，东北地区在将丰富的自然资源转换成国家粮食安全的同时，高度重视生态环境的修复和保护，确保了生态安

---

* 郑古蕊，辽宁社会科学院产业经济研究所副研究员；李效筠，辽宁社会科学院产业经济研究所研究员；张天维，辽宁社会科学院产业经济研究所所长，研究员。

全。但随着生态文明建设上升为国家战略，国家支持东北高质量发展的系列文件都对东北的生态环境建设提出了更高的具体要求，东北地区生态环境建设与保护任务更加繁重和迫切。实践证明，一个区域良好的生态环境，能够促进经济社会可持续发展，源源不断创造出综合经济价值。为此，东北地区在压力叠加、负重前行的关键期，必须把生态环境保护放在更加明显的战略地位，依靠国家大力支持和区域建立的共同环境保护机制，走出一条生态优先、绿色发展的新路子。

一　东北地区环境保护的主要工作成效

（一）大气环境质量持续改善

东北地区农业基础良好，黑龙江省、吉林省都是农业大省，其中黑龙江省粮食总产多年全国第一，吉林省粮食单产多年全国第一，因而秸秆产生量巨大。以黑龙江为例，每年秸秆产生量高达 1.3 亿吨，约占全国秸秆总量的1/8，进而秸秆焚烧对大气环境质量改善造成了巨大压力。再加上东北地区以工业为主的产业结构特点和供暖期长的区域特点，这些都成为东北地区大气污染问题形成的重要原因。为此，各地均采取有力措施，坚决打赢蓝天保卫战。

黑龙江省印发了《黑龙江省打赢蓝天保卫战三年行动计划》，提出49 条具体措施，从不同领域强化重污染天气的应对和联防联控；吉林省坚持问题和目标导向，着力解决燃煤、机动车、秸秆露天焚烧、工业和扬尘污染问题，加大燃煤污染治理力度，深入开展"散乱污"企业综合整治和移动源治理，实行"一厂一策"清单式管理，开展联防联控，有效应对重污染天气。辽宁省则是采用"智慧 + 铁腕"换回"辽宁蓝"，例如沈阳市成立了一支由 200 余名专业人员组成的第三方管控队伍，对全市范围进行网格化管理，还建立了 13 个抗霾攻坚微信群。同时将智慧环保系统应用到大气污染防治中，比如"沈阳生态环境在线"App、秸秆禁烧指挥管控系统、大气复合污染立体监测超级站、大数据监测中心等。

2019 年，黑龙江和吉林两省城市环境空气质量优良级天数比例分别为93.3%、89.3%，分别高于全国平均水平 11.3 个和 7.3 个百分点，其中吉林省提前完成国家下达的"十三五"碳强度目标考核任务。辽宁省优良级天数比例为 80.7%，与上一年相比稍有下降。蒙东地区多年来通过积极实施林业、草原生态建设、沙地治理、重点流域和湿地治理保护工程，特别是具体落实了退耕还林、还草、还湿任务，环境状况特别是空气质量得到明显的改善。

（二）水环境质量明显提升

东北地区水资源丰富，有松花江、嫩江、乌苏里江、图们江、鸭绿江等水系和数以千计的大小湖泊，是东北地区经济社会发展的基础支撑。黑龙江省通过党政负责人担任河长、湖长，形成了由省到村五级联动机制，在同时行使各部门职能和保障各地区权益不变等条件下，建立有效协调机制和新秩序，实现了河湖资源长期有效保护和"社会福利最大化"。黑龙江省从问题、目标、任务、措施和责任五个方面为各级河长、湖长组织河湖治理和管护理顺思路，2019 年全省 I ~ III 类水体比例同比升高 10 个百分点，劣 V 类比例降低 0.9 个百分点，功能区水质达标率提升 7.2 个百分点；吉林省推行了西部河湖连通工程，当前吉林省西部已经形成以"向海""莫莫格""查干湖""波罗湖"为核心的四大板块，构成了集中连片、河湖互动、动态平衡的 4 个生态群落，2019 年全省主要江河劣 V 类水质监测断面 3 个，占 6.2%，同比下降 12.5 个百分点；辽宁省为加强河流治理，实行五级河长抓治水，2019 年全省河流优良水质断面比例达到了 61.6%，渤海优良水质占比达到 85.16%；多年来，蒙东地区生态建设力度加大，坚持防汛、抗旱相结合，在抓好防洪减灾和水土保持生态建设工程的同时，重点解决水资源供需矛盾，着力解决好工程性缺水和结构性缺水问题。

（三）土壤污染防治稳步推进

东北地区是北半球仅有的三大黑土区之一，是我国重要的商品粮生产基地。国家高度重视东北黑土地的保护性耕作，东北各省区也开展了诸多土壤环境保护工作。黑龙江省深入开展黑土地保护专项行动，推广"一翻两免"等综合技术措施，开展农机化保护性耕作，排查整治涉重金属重点行业企业，切断进入农业链条，保证了粮食安全。吉林省自2018年7月1日起施行《吉林省黑土地保护条例》，条例规定每年6月25日为吉林省黑土地保护日，县级以上人民政府应当在黑土地保护日组织开展黑土地保护主题活动，并具体明确了黑土地保护不力的惩罚措施。这是我国第一部黑土地保护地方性法规，为保护黑土地资源，防止黑土地数量减少、质量下降等起到了重要作用。辽宁省扎实推进"治理土"，着力推进矿山生态修复和治理，2019年完成矿山环境治理1.26万亩，同时在"无废城市"创建方面获得了荣誉，盘锦市被生态环境部列为国家首批"无废城市"试点。

（四）生态环境质量显著提高

东北地区是国家北方的生态安全屏障，对维护区域生态平衡和国家粮食安全具有重要作用。近年来东北各省区紧紧围绕强化生态系统修复、加强资源保护管理、深化林业重大改革、推进环保督察问题整改、打赢绿水青山保卫战等重点任务，在补齐短板上下功夫，不断提升生态文明建设水平，绿色、低碳、循环发展成效显著。黑龙江省大力实施天然林资源保护工程、三北防护林工程，完成营造林117万亩，森林覆盖率达到了47.23%，其中伊春市打出了"400万公顷浩瀚森林，40万公顷大美湿地，702条清澈河流，84.7%的森林覆盖率和森林里每立方米2万个以上的负氧离子"的生态品牌，成为国内外知名的生态旅游目的地，2019年黑龙江省生态环境质量等级为优良的县（市）共有72个，占比为96%。

吉林省坚持保护优先、生态优先原则，不断加大森林资源保护管理力度，持续规范森林资源管理，大力推进草地、湿地和自然保护地建设，白河园池湿地、头道松花江上游、甄峰岭 3 个自然保护区顺利晋升为国家级自然保护区。大力开展生态文明建设示范创建，通化市、梅河口市被命名为第三批国家生态文明建设示范市，集安市被命名为第三批国家"绿水青山就是金山银山"实践创新基地，新命名 23 个省级生态乡镇、84 个省级生态村。2019 年吉林省生态环境状况指数（EI 值）为 70.19，比 2018 年增加了 1.01。

辽宁省积极开展生态保护和创建，全省 14 个城市全部完成生态保护红线勘界定标技术方案的制定工作。深入开展"绿盾"行动并取得积极进展，成为生态环境强化监督品牌，2019 年共聚焦专项问题 834 处，整改率达到 76.84%。生态示范创建取得重大突破，盘锦市盘山县和双台子区荣获国家生态文明示范县（区）称号，丹东凤城市大梨树村被生态环境部命名为"绿水青山就是金山银山"实践创新基地，在全省相关领域生态创建中发挥了重要作用。在矿山修复治理方面，辽宁省在积极推进抚顺西露天矿和阜新海州矿综合治理上出重拳，实施彰武 240 平方公里草原生态恢复示范工程。2018 年，辽宁省生态环境质量指数（EI 值）67.3，比 2016 年增加了 3.4；蒙东地区经过多年的生态环境保护和建设，在生态环境质量方面取得多方面成效，其中，重点领域节能减排方面，淘汰了一大批资源消耗大、环境污染重的落后企业的产能，循环经济与清洁生产正得到积极的推进。

（五）环境治理能力不断加强

东北地区深入扎实开展各项生态环境保护工作，环境治理能力不断提升。2019 年，先后制定发布了《黑龙江省城乡固体废物分类治理布局规划(2019~2035 年)》《黑龙江省生态环境保护行政执法与刑事司法衔接工作办法实施细则》《吉林省辽河流域水环境保护条例》《吉林省松花江、辽河流域水生生物多样性保护方案》《辽河流域综合治理总体工作方案》《辽宁省农业农村污染治理攻坚战实施方案》《辽宁省绿色建筑条例》《辽宁省渤

海综合治理攻坚战实施方案》《辽宁省构建现代环境治理体系实施方案》等系列文件，从环境保护各个领域推进污染防治攻坚战的落地实施和生态环境体制机制改革。近年来，蒙东地区把生态治理放在突出位置，积极构建我国北方生态安全屏障，实施了系列工程，如天然林资源保护、京津风沙源治理、退耕还林、退牧还草等。目前蒙东地区森林覆盖率达到30.5%，高于内蒙古自治区9.5个百分点；草原植被盖度达到55.4%，高于内蒙古自治区11.4个百分点。

二 东北地区生态环境现存的明显问题

（一）大气污染问题较为突出

大气污染具有明显的跨区域外部性和流动性特征，这也导致了大气污染治理难度大。近年来，虽然东北地区大气环境质量有所好转，但重污染天气频发的形势未得到根本转变。2020年4月以来，由于季节性耕种，大量秸秆集中露天焚烧，东北地区大气重污染持续发生，个别地区PM2.5小时浓度甚至达到了上千微克/米^3，其中以黑龙江省南部污染程度最重。根据中国环境监测总站监测数据显示，哈尔滨等11个城市日均空气质量指数AQI"爆表"时长累计137小时，哈尔滨在4月18日9~10时PM2.5小时浓度超过2000微克/米^3。

除了不利的气象条件，秸秆集中露天焚烧是导致PM2.5重污染的主要原因。黑龙江是农业大省也是秸秆产生量较大的省份，但秸秆综合利用率较低，2019年全省秸秆综合利用率为81.9%，稍逊于全国平均水平。而这些秸秆在春耕之前被大规模焚烧，导致局部地区乃至整个区域环境空气质量明显变差。卫星遥感与环境监测数据显示，与2020年3月30日至4月1日（空气质量总体为优、良）相比，齐齐哈尔及周边4月12~14日火点数量增加了27倍，PM2.5浓度上升16倍；哈尔滨及周边4月16~18日火点数量和PM2.5浓度均增加了7倍，达到重污染水平。

（二）水环境污染亟待解决

东北地区人口稠密、工业密集，且皆为农业大省，水资源问题同样是东北地区难以解决和治理的重要方面。东北地区降水特点是自东南向西北年降水量从1000毫米降至300毫米以下，地表径流总量约为1500亿立方米。水资源问题主要表现在以下两个方面。

一方面是水资源匮乏，且地域分布不均衡。东北地区的水资源总量严重不足，主要表现为资源型缺水。从表1可以看到，2018年黑龙江省水资源总量为1011.4亿立方米，是吉林省水资源总量的2.1倍，是辽宁省水资源总量的4.3倍，黑、吉、辽三省人均水资源量分别为2681立方米、1800立方米和562立方米。与全国相比，黑龙江省人均水资源量高于全国平均水平673立方米，而吉林和辽宁两省分别低于全国平均水平208立方米和1446立方米，按照通行的人均水资源量1000立方米以下为贫水区的标准来衡量，辽宁省属于贫水区。未来可以预见，随着经济社会的快速发展，辽宁省的水资源短缺情况将更为严峻，而大量的水资源需求必将加大对地下水资源的开发，由此引发的生态环境问题也会进一步凸显，诸如引发地面下沉、坍塌以及海水倒灌等地质灾害，最终将导致生态失衡、生态系统更加脆弱，不利于生态环境的可持续发展。

表1　2018年东北地区水资源状况

省　份	水资源总量（亿立方米）	人均水资源量（立方米）	与全国相比（立方米）
黑龙江	1011.40	2681	673
吉　林	481.21	1800	-208
辽　宁	235.43	562	-1446

资料来源：由《黑龙江省统计年鉴2019》《吉林省统计年鉴2019》《辽宁省统计年鉴2019》数据计算整理。

另一方面，主要表现在水质性缺水。随着经济和城镇化的快速发展，城市污水排放量不断增长，面源污染将长期制约水环境质量的改善，水环境容

量处于危机状态。全国地表水水质月报监测结果显示，在全国十大流域中，东北地区松花江流域和辽河流域水质基本一直处于轻度污染状态，2019年环境状况公报显示，黑龙江、吉林、辽宁三省监测的河流断面中劣Ⅴ类水质比例分别为3.8%、6.2%和5.8%，而全国劣Ⅴ类水质比例为3.0%。由此对比可见，虽然东北地区水质状况总体有所改善，但劣Ⅴ类水质比例高于全国水平，水污染治理依然任重而道远。

（三）应对气候变化能力需要进一步加强

长期以来，经济发展对能源过高依赖，使得东北地区的能源消费总体上呈现上升趋势，尤其是重工业的比重较大，由此导致了巨大的能源消耗，而能源消耗造成的二氧化碳大量排放又严重影响了经济社会发展，节能减排的形势严峻且艰巨。国家《"十三五"控制温室气体排放工作方案》确定了"十三五"期间吉林和辽宁两省碳排放强度下降18%，黑龙江省碳排放强度下降17%。统计数据显示，2018年黑龙江省单位GDP二氧化碳排放比2017年下降3.8%，达到"十三五"时序进度目标，2019年吉林省碳排放强度累计下降19.59%，提前完成国家下达的"十三五"目标任务。而2019年辽宁省实际完成的碳排放累计进度目标不到10%，主要原因一方面是经济增长对能源消费的依赖过强，另一方面是以煤炭为主的能源结构和高耗能的产业结构短期内难以改变，因此到2020年底，辽宁省要想完成国家下达的碳减排目标将面临巨大压力。

（四）环境保护区域民生问题亟待解决

生态环境保护地区是全面建成小康社会、推进社会主义现代化建设的"弱项"和"短板"，是我国现代治理中区域发展不平衡不充分的集中体现。我们应清楚地看到，在东北地区生态环境保护地区，大量人民群众在为生态安全作出贡献的同时，收入不高，就业机会减少，减贫任务艰巨。事实上，国家生态安全与区域协调发展是不矛盾的。为此，尽快考虑按照利益平衡机制和公平调节原则，在生态环境保护地区多关注民生，多给予帮扶和支持。

这里需要强调的是，各级管理部门需要多做深入细致的调查研究，需要综合了解基层的多方面情况特别是困难情况；同时需要对目前已经实施的各种形式的支持包括转移支付等给予新的评估，在此基础上对目前一些政策进行梳理、归并和调整完善，直到最终出台符合区域特点、有实际支持效果的政策。

（五）环境保护区域新兴产业需要扶持发展

东北地区很多区域为了生态保护，放弃了很多盈利企业的发展机会。目前虽然提出这些区域要大力推动"清洁能源＋新兴产业"发展方式，着力发展新能源、生物医药、新材料、新型环保、节能建筑等新兴产业，但囿于人才、资金、市场、区域等多方面限制，大多数区域没有发展起来。产业为重，产业为大，一个区域缺少产业的发展，其他各个方面都会带来系列问题。国家和东北地区各级政府应集中资源、重点支持这些区域发展新技术、新产业、新模式，推动产业结构转型升级。目前，现有政策对这些区域一味强调的是要严格执行生态文明考核办法，保护自然资源，执行生态功能区产业准入负面清单等，缺少营造人人关心新兴产业、支持新兴产业发展的良好氛围。

三　东北地区生态环境保护和治理的对策建议

（一）国家应给予东北地区生态环境保护以更多的支持

2018年11月18日，中共中央、国务院发布了《关于建立更有效的区域协调发展新机制的意见》。该文件明确提出要完善多元化、横向生态补偿机制，建立粮食主产区与主销售区之间的利益补偿机制等。多年来，东北地区按照国家要求，把生态文明建设摆在了发展全局的首位，为全国生态环境质量的明显改善作出了巨大贡献，也赢得了全国人民的普遍赞誉。但也要清醒地看到，东北地区生态环境保护还存在一些突出困难和明显问题，需要国

家加大力度给予支持，这是解决目前东北地区生态环境脆弱、水资源保护形势严峻、由环境保护带来的百姓生活质量有待提高等问题的关键。建议国家尽快出台更多基于公正原则、公平调节机制的环境保护的利益平衡政策和财政补偿政策。具体做法可以参照发达国家和地区的有关排污权、碳排放权等的公平交易进行。这些政策实施能够缩小地区差距，实现全体人民共同富裕，有利于完善国家治理结构，保障全社会的公平和正义，更有利于节约资源，保护资源环境，实现绿色发展。

（二）大力帮扶地方将"生态优势"转变为"经济优势"

东北地区生态环境保护区域应尽快发展起来一批新兴产业，这是区域发展、民生改善、区域协调的必然要求。事实上，这些区域具备资源优势，有发展新业态的潜力。要充分挖掘资源底蕴，帮扶发展旅游等新业态，如自驾游、冰雪游、低空旅游、户外运动、体育赛事、休闲庄园、旅游装备制造、主题度假酒店、特色民宿等。为此，各级政府应在招商推介、信息数据库建立、项目包装与策划、业态专题培训等多方面给予扶持。同时鼓励通过BOT、BOO、PPP等产业资本合作模式，吸引社会资本进入，增加新型运营模式，将资源优势转化成旅游等新产业、新产品优势，以满足游客大众化、多样化、个性化需求。

（三）东北地区构建共建共享的生态协调机制

东北地区经济社会发展联系紧密，良好的生态环境是东北地区经济社会整体持续健康发展的重要基础。生态环境污染具有跨界性和流动性的特征，东北地区的生态环境污染同样不能控制在各自的行政区域内，污染物向外排放的情况不可避免。从东北地区生态环境治理措施来看，省市协作治理机制正在逐步建立，但仅仅局限于各省行政区划内，并没有形成整个东北区域生态环境治理的协作机制。"各自为战"的环境治理方式，不能有效解决东北地区突出的生态环境问题。只有区域协同治理，才能使东北地区的生态环境状况得到根本转变。为此，东北地区亟须建立起生态环境共建共享的协调机制，充分利用生态环境部东北督察局的职能，根据环境污染的不同特性进行联合督导和管制。同时，东北地区各地环境基础不同、治理目标不同、污染程度不同，因而需要明确各级各地政府职能，制定具有针对性的生态治理方案。

（四）东北地区应建立区域联防联控治理模式

东北地区应该以区域生态环境治理效益最大化为根本点，行使联防联控权力，切实承担生态破坏和污染行为责任，法制保障在其中起到了非常重要的作用，其中最主要的是需要从联合立法和协同执法两个方面来进行。在不违背宪法的前提下，综合东北地区的实际情况，需要制定一个相互适用、相互协调、共同促进的法律条例，此立法必须以经济发展与环境保护相协调为原则，体现生态环境协同治理法治化，共同推进东北地区生态文明建设。这方面立法应该超越四省区政府，既能相互制约，又必须共同遵守，从而打破行政壁垒，实现区域生态环境保护协同治理的目标。在协同执法方面，各地政府要积极配合执法活动的有序和有效进行。制定跨区域监管制度，各地建立环境执法审查组，彼此监督、相互制约。建立诚信机制，推进环境信息和监测信息的共享，充分优化整合环境资源，共同解决环境问题。除横向合作之外，针对执法不力、监管缺失的问题，还要加强纵向监管，切实提高环境执法能力。

（五）东北地区应探索建立多元化的生态补偿机制

生态补偿机制是东北地区实现生态环境治理成本共担和收益共享的重要制度保障。例如水环境保护方面，松花江流经黑龙江、吉林两省，辽河流域的辽河水系发源于内蒙古克什克腾旗芝瑞镇，流经内蒙古、吉林和辽宁三省区，鸭绿江干流流经吉林和辽宁两省，下游地区对上游地区的补偿不能局限于一省之内，应该是一种跨界补偿。因此，东北地区应尽快建立并完善以市场为主体的长效生态补偿机制，探索建立多元化的政府间横向补偿机制，借鉴国内外生态补偿的成熟经验，明确补偿范围，规范补偿标准，创新补偿方

式。比如依托东北地区丰富的森林资源优势，大力发展森林碳汇，探索建立森林碳普惠制平台，以此探索市场化森林生态补偿机制以及精准扶贫新路径。此外，还可以尝试通过发行生态国债、生态彩票等方式，形成东北地区生态建设项目的多元化资金筹措渠道。

（六）应设立东北地区区域生态环境合作发展基金

在充分利用国家对东北振兴的扶持政策、各省区地方政府投入的基础上，大力引入国家和社会资本，多渠道、多方式扩大资金来源，设立东北地区生态环境合作发展基金，主要用于生态环境治理专项。除大气环境治理、水污染治理、土壤及矿山生态修复、天然林保护等项目外，还应鼓励和支持生态治理技术的联合攻关与创新，提供企业节能环保的税收激励政策，以及对节能环保产业的扶持补助政策。该基金的建立，应按照2010年12月国务院颁布的《全国主体功能区规划》设计和实施。具体来说，要按照东北地区环境承载能力、现有开发密度和发展潜力，将地方区域不同空间划为优先补偿、重点补偿、部分补偿和不予补偿四类主体功能区，以规范和支持不同区域的发展秩序，对不同类型，在财政、投资、人口、环境等方面分类政策支持，这样不仅能够优化空间结构，促进人与自然和谐发展，而且体现了实事求是、因地制宜和差异施策。

参考文献

1. 2018~2019年黑龙江省环境状况公报。

2. 2018~2019年吉林省环境状况公报。

3. 2016~2019年辽宁省环境状况公报。

4. 孙广兴：《东北地区生态环境态势及其可持续发展对策》，《科技经济导刊》2019年第22期。

5. 张占仓：《关于"十四五"规划的若干重大问题研究》，《区域经济评论》2020年第1期。

B.26
东北三省生态农业发展问题及对策研究

丁 冬*

摘 要： 东北三省生态农业的发展对于促进农业发展、农民增收和农村繁荣具有重要作用。现阶段，东北三省生态农业发展取得了一定的成效，但是仍然存在相关政策不完善、资金投入不到位、经营分散化、人才缺乏等问题。本研究基于东北三省现代农业发展的资源、经济、生态农业发展与保护等现状，剖析当前生态农业发展过程中存在的问题，最后有针对性地提出优化对策，以期促进东北三省生态农业的可持续高质量发展。

关键词： 资源禀赋 生态农业 可持续发展 东北三省

生态农业是基于传统农业的有效经验，运用现代科技与现代管理方法将农业生产、产业发展以及保护自然资源等融为一体的综合农业体系。生态农业旨在形成经济、生态、社会三大效益的良性循环与统一，既是现代农业发展的战略决策，同时也成了农业可持续发展的新型模式。近年来，作为我国最大商品粮生产基地，东北三省的现代农业发展迅速。但是，同时也面临着生态环境恶化与要素资源短缺等问题。"十四五"时期，只有发展与东北地域自然条件和环境资源相适应的生态农业，才能有效解决这些现存问题。

---

* 丁冬，吉林大学博士研究生，吉林省社会科学院助理研究员，研究方向为乡村振兴与"三农"问题。

一 东北三省生态农业发展现状

东北地区位于东经 115°30′~135°20′、北纬 38°43′~53°30′，其夏季气候具有气温较高、降水量较大的特点，适宜栽培喜温喜湿的水稻、玉米、大豆等作物；而东北冬季气候较寒冷，受一定的气候条件限制，大多数农作物的种植模式为一年一熟。由于东北地区有较长的冬季寒冷期，此时病虫害较少，可以降低农药的使用量，促进生态农业发展。经过调研可知，与我国大部分地区相比，东北三省的日照时间较长，较长的日照时间可以促进农作物在夏季与秋季的生长。以省会城市为例，长春、沈阳、哈尔滨的平均日照时数分别约为 2711 小时、2422 小时、2181 小时，时长长于我国大部分其他地区。

（一）东北三省正逐步向生态农业发展模式转型

东北地区作为全国最大的商品粮生产基地，为全国粮食增长作出了巨大贡献。现阶段，东北三省正结合各地区的实际环境与生态条件，由传统农业逐步向生态农业发展模式转型，引进国内、国外先进地区的成功生态农业模式，并取得了一定的成绩。国家统计局数据显示，2019 年东北三省粮食总产量约 13811 万吨，占全国粮食总产量的 20.80%。其中，黑龙江粮食产量最多，达7503 万吨，为全国粮食产量第一大省；吉林省排名第 5 位，粮食产量为 3878 万吨；辽宁省排名第 12 位，粮食产量为 2430 万吨。此外，东北三省在种养结合、秸秆还田利用、科学种田等方面，也不断挖掘新的潜力，促进生态农业发展。

（二）人地关系发展较好

国家第三次全国农业普查数据显示，东北地区的耕地面积占我国耕地总面积的 21.9%。东北地区主要的土壤资源为黑土、黑钙土、白浆土、潮土和棕壤。其中，东北黑土区总面积约 103 万平方公里，其位于松嫩平原的黑土是世界著名的"三大黑土"之一，该地区的黑土地适宜种植大豆、玉米、小麦等多种作物。其土层厚度约达到 60 厘米，有机质含量为 2.5%~7.5%。据统计，黑龙江、吉林和辽宁三省的耕地面积分别约为 15850 千公顷、6993 千公顷和 4975 千公顷。其中，黑龙江省的耕地面积居全国第一位，呈现了较好的人地关系，为发展生态农业、高效农业提供了优质的条件。

（三）生态旅游资源比较丰富

东北地区是中国最大的天然林区，大兴安岭、小兴安岭和长白山等地林木发展状况良好。从森林的分布现状上看，黑龙江在东北三省中占据优势。森林资源情况主要包括林业用地面积、森林面积、人工林面积以及森林覆盖率等。2018 年，辽宁省、吉林省、黑龙江省林业用地面积、森林面积、人工林面积以及森林覆盖率及东北三省对比如表 1、图 1 所示。

表 1 2018 年东北三省森林资源情况

单位：万公顷，%

项目	辽宁	吉林	黑龙江	项目	辽宁	吉林	黑龙江
林业用地面积	735.92	904.79	2453.77	人工林面积	315.32	175.94	243.26
森林面积	571.83	784.87	1990.46	森林覆盖率	39.20	41.50	43.90

资料来源：国家统计局。

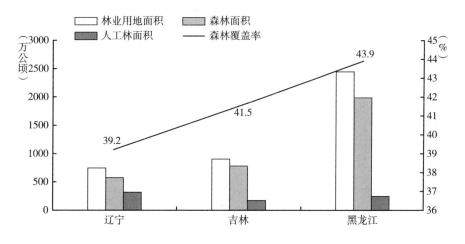

图 1 2018 年东北三省森林资源情况对比

资料来源：国家统计局。

东北三省的生态旅游资源比较丰富，特别是森林、湿地、自然遗址等资源。近年来，东北三省结合其较多的生态旅游资源与旅游项目内容，结合区域优势，以自然资源为基础、以旅游项目为契机，越来越重视生态旅游业的开发。从分布角度来看，东北地区呈带状分布——暖温带、温带、寒温带。其中，暖温带落叶阔叶林带以次生林种植为主，以杨树、柳树、榆树等为辅；温带针阔叶混交林以红松种植为主，以沙松、紫杉、香柏松等为辅。东北地区利用大小兴安岭和长白山优质的自然资源，在未来有望巩固野生优质自然资源相关产业在全国的优势地位。

（四）生态农业园区建设不断推进

中央关于东北的功能定位突出强调了将东北建设成为"五基地一支撑带"，该定位既体现了国家对东北经济社会发展的历史继承，也成为东北为适应新趋势必须面对的新要求与标准。目前，东北三省主动融入国家"一带一路"倡议，结合地区资源优势，激发产业新动能，开展重点战略和关键项目环境评估，并借鉴德国、俄罗斯等生态农业发展经验，通过建设现代农业产业园区来发展生态农业模式。吉林省以保护自然资源为目标，发展有机食品产业链，并对黑土地进行保护。典型的有坐落在东辽县辽河源镇的中德东辽河源头现代生态农业示范区，其以"生态至上、规划引领、统筹协调、示范带动"为宗旨，实现生态农业、规模种养、循环农业等多头并进的生态发展模式；此外，辽宁省还培育了一批发展主导产业优势明显的现代农业产业园。2018～2020年，辽宁省盘锦市大洼区、丹东东港市等地分别根据其独特的资源与条件，创建了水平较领先的国家级现代农业产业园，为东北地区生态农业发展树立了标杆；黑龙江省建立了集冬暖式温室、智能温室、日光温室、温室大棚、蔬菜大棚、生态农业、农业科研生产、工程设计建设、项目策划、市场营销等于一体的专业化农业工程公司，以规模化种养基地为基础，促进生态农业园区建设。

（五）生态养殖模式初步形成

目前，东北三省正大力开发"种养结合"的生态农业发展与服务模式。在辽宁省盘锦市大洼区的生态农业基地，通过对水葫芦生长习性的长期研究，结合环境与资源特点，开发出了一套适宜的生态养殖系统。在该系统中，基于生物链之间的有机联系，转牲畜粪便为沼气等，将其作为有机肥促进水葫芦的生长，而水葫芦通过加工可转变成牲畜饲料，如此进行资源循环利用。此外，水葫芦生长环境同时对水里的鱼、虾等生物的生长也具有积极的促进作用。多种作物之间通过生态养殖系统的种养结合模式，互相促进、互相补充、共同成长、长期循环，是一种综合性农业模式；此外，吉林省是我国生态建设试点地区之一，同时也是绿色食品的生态示范区和生产基地。目前，吉林省已初步形成种养结合的农业生产模式，形成了"鸭稻共生""蟹稻共生"等种养结合的生态农业模式；黑龙江省利用农、牧、渔相结合发展生态农业的新型模式，使该生态养殖系统中所有动物、植物等可以达到无污染，对黑龙江地区的自然资源、环境保护、生态农业的可持续发展来说意义重大。

二 东北三省生态农业发展中现存的问题

目前，虽然东北三省生态农业发展取得了一定的进步，呈现了新时期的活力，但是由于一些地区的农业生产依然以粗放型农业为主，市场比较离散，加上新冠肺炎疫情、国家环境保护政策约束、经济下行压力、中美贸易战的长期性等影响，东北三省生态农业的发展未能充分发挥地区的资源禀赋优势，也面临着一定的问题。

（一）生态资源承载能力逐渐弱化

生态资源的承载能力是有限的，并且具有一定的敏感性和脆弱性，并不会随着人类对其需求的增长而同步增加。一旦草地、土壤、湖泊等资源达到

了承载能力上限，就破坏了生态农业赖以发展的基础条件，导致难以可持续发展。近年来，随着工业废水、废气、废渣等污染物排放的增加，加上一些地区过度开垦、乱砍滥伐、过量使用化肥等，导致了土壤酸化、次生盐渍化等污染问题，在一定程度上打破了生态环境原有的平衡。生态产出能力降低，使东北地区的资源禀赋问题逐渐显现。若不科学保护，可能会导致生态系统的迅速退化。此外，东北三省湖区周边有限的草地载畜量过大，导致草地退化、盐渍化，形成了大面积盐碱化草地。学者周倩指出，"东北地区土地沙漠化面积为72280.6平方公里，占土地总面积的22.2%，而土地盐碱化面积33850.8平方公里，占土地总面积的10.44%，每年以1.4%~2.5%的速度正在发展"。因此，转变农业发展方式、大力发展生态农业成为东北地区农业实现可持续性发展的迫切需要。这些使得东北地区产业稳定性和服务功能有所下降，对东北地区生态环境与生态农业发展构成了一定的威胁。

（二）新冠肺炎疫情对生态农业发展造成一定危机

2020年，新冠肺炎疫情的突然暴发与传播对全球经济发展和社会稳定造成了极大影响，西方发达国家领先世界的科技、金融、服务产业受到痛击。在当前我国正处于经济下行压力大、转型任务重的关键时期，新冠肺炎疫情导致一定程度的消费承压、投资不振，使财政收入雪上加霜。特别是在武汉封城、全国各地启动重大突发公共卫生事件一级响应机制的阶段，原本的"春节黄金周"变成了"全民防疫周"，对以餐饮、旅游、制造业等为代表的相关行业造成的冲击较大，生态农业发展也在特殊时期面临着严峻的挑战。

从短期看，新冠肺炎疫情危机主要表现为流通安全问题，给生态农业发展带来最根本的影响是资金流通问题，特别是现金流困难的增大，对相关产业整体的抗风险能力是一种考验。另外，受疫情影响导致劳务和物资紧缺及相关费用上涨，成本大幅增加；从中期看，新冠肺炎疫情危机主要表现为生产安全问题。新冠肺炎疫情下的医疗污水、医疗废物等，在一定程度上对水环境、大气环境等都造成一定的隐患。此外，疫情给各类农产品的"优质供给"带来一定的冲击,一旦疫情过去,供给跟不上,容易造成新的农业"供给侧"问题,不利于经济循环;从长期看,新冠肺炎疫情危机可能演变为产业安全与社会安全问题。疫情对生态农业产业链上游、中游、下游的延伸与拓展造成一定影响,对于产业链上整体技术含量不高的经营主体,若应急处理与规范管理不当,可能导致投资价值降低,被并购或重组甚至淘汰,这些经营主体未来在深度、广度方面的升级势在必行。

(三)生态农业产业化水平较低

生态农业产业化是在继承传统农业产业化稳定性特点的基础上,发挥生态农业产业化的经济性、可持续性特征,并将多种现代管理、营销等进行系统的耦合。目前,东北三省生态农业发展模式不够多样化,较为单一,相当一部分生态农业企业呈现"小规模、分散化"的态势。例如,吉林省内仅有皓月集团、北显生态农业等少数规模较大的生态农业龙头企业,生态农业的产业链也不够完善,与林、牧、副、渔等产业的生态结合不够充分;此外,东北三省生态农业的发展模式对生态农业示范区比较依赖,发展模式具有"共性大、个性小"的特点,针对性不强,存在被动等待龙头企业推广的现象。然而目前生态农业尚未形成系统的有效推广与利益风险共担机制,缺失稳定的生态农业信息资源,相关的生态农产品的营销也存在范围较小、品牌知名度不高、产品辐射范围受限等问题,难以形成规模经济与范围经济效益,产业化发展受限,影响生态农业的整体发展水平。

(四)技术应用水平及推广程度不足

科学技术是第一生产力,生态农业的发展水平受农业技术水平的影响较大。近年来,东北三省受政策制度、地域位置、社会文化等方面的综合环境影响,其经济发展水平相对落后于我国沿海地区。而经济落后直接体现在生产力水平与农业技术水平的相对落后,与现代农业发展的需求不匹配,在一定程度上影响东北生态农业的发展进程。此外,东北三省在生态农业方面投入较少,科学技术转化为成果的能力较低。学者范继刚通过调研发现,发达

国家现代农业依靠科学技术进步的比例约为80%，而在我国东北地区农业科技水平的利用率还不足30%。此外，东北三省缺少生态农业发展的综合性技术人才，特别是近年来年轻农业人才向城市大量转移，东北三省很多农村出现空心化、人口老龄化等情况，留下的农户由于年龄、传统思想、文化程度、身体状况等，接受新技术、新培训等的意愿不够，地区人员配备与生态农业发展需求不符。

（五）政府支持与基础设施投入不足

政策支持是生态农业发展的基本保障，目前，东北三省宏观经济环境趋紧，经济下行压力加大，导致地方环保投入减弱，经济发展与环境保护的矛盾比较突出。生态农业发展缺乏投资资金，尤其是政府的主导性投入不足，加上社会投资渠道单一，使生态农业开发资金相对不足，外部环境不宽松。生态农业发展的基础设施建设具有投资量大、建设周期长、回收慢的特点，需要政府资金的大力支持。若经济下行压力大导致投入不足，生态农业园区没有得到足够力度的深层次开发，区域项目建设不完善造成资源的低级粗放型开发，将会加大生态环境治理与改善的难度。另外，东北地区现有的农业补贴大多仅针对传统农产品，针对生态农业发展所需的人力、物力等资源的补偿制度较缺失，缺少一定的政策保障。

三　促进东北三省生态农业发展的对策建议

（一）利用东北地区多元化资源，优化生态农业产业化结构

生态农业的发展宗旨是针对现代农业的发展需求，优化传统农业的单一化、密集型等结构特征，注重优质、高效、高产，并最大限度地提高各项资源的综合利用效率与生产力，以保障地区生态农业系统的协调与可持续发展。首先，东北三省应结合区域生态资源与生态保护的现状，结合当地自然资源、生物资源等优势，将生态农业划分为不同的功能区，以功能区为中

心，通过农、牧、渔等产业的融合模式来构建生态农业多元化系统。其次，将种植业与生态农业产业化的结构调整相联合，通过多种经营方式将"效益"与"特色"进行有效的结合，旨在保护农产品产量的同时，突出东北生态农业特征与农产品质量。此外，针对东北三省各地区的生产布局，持续巩固黑龙江省的大豆与水稻、吉林省与辽宁省的玉米及其他经济作物的绿色、有机生产能力，提高生态农产品的数量与质量，加快建立种植、加工、销售一体化的产业结构，并形成多元化的产业结构，优化生态农业区域性的布局，提高生态农业产业化经营水平。

（二）强化科技创新与成果转化力度，完备东北三省技术体系建设

生态农业发展需要应用科学技术对传统农业进行优化与创新，即通过科技创新将东北地区传统农业的"资源密集"向生态农业的"科技密集"转型，使农业向高效、低能、减排的目标发展，同时提高资源利用率。首先，东北三省应加快构建政、产、学、研、用一体化的生态农业生产与创新体系，创立院校、科研机构、农业科技服务机构、涉农龙头企业等生态农业发展推广点的成果激励机制，并成立以农民生态农业合作组织为主体的生态产业与技术创新联盟，促进生态农业技术的创新以及成果的转化，使生态农业发展与科技创新协同发展。其次，东北三省要完备技术体系建设，加大生态农业技术创新的资金投入，积极营造有利于培育人才与留住人才的环境与条件，充分调动科技创新人才的主观能动性，为生态农业发展提供智力支持。最后，地方政府要加大对生态农业科技创新政策方面的支持力度，建立更多的生态农业示范基地，奠定实验基础与实践条件，为生态农业发展提供技术上、科学上与经济上的保障。

（三）加强生态农业发展的政策引导，健全地区法律体系与标准

政府作为政策的供给主体，应发挥对生态农业发展的政策引导与保障作用，结合东北地区特色因地制宜、因结构制宜地培育、稳定以及监督市场，为生态农业的发展指明方向。首先，相关政策的制定应重视生态农

业，通过地方财政补贴、减免税收、立法保护、减少污染等方面的生态补偿，以此来支持生态农业发展，并调动企业和农户发展生态农业的主观能动性。其次，东北三省政府应鼓励合适的农场、农业合作组织以及涉农企业向生态农业方向转型，为其提供技术支持和管理经验等的政策供给，促进其适应现代农业市场需求，并通过典型示范的辐射带动作用，逐步推广至更多地区。最后，综合考虑东北三省自然、资源、经济、社会等各个方面综合利益，健全法律体系与标准。建立健全生态农业补贴条例、相关保险条例等与东北生态农业发展相关的法律法规，规范生态农业在生产活动及销售过程中的法律保护标准，在经济上、风险上、利益上对生态农业进行保驾护航。

（四）建立农业信息化综合服务平台，发展"互联网＋生态农业"的新业态

"互联网＋生态农业"是在物联网、大数据、人工智能等现代信息技术背景下，促进智慧农业与生态农业发展融合的新路径之一。该路径通过人工智能、新型5G网络等现代信息技术，建立农业信息化综合服务平台，以期扩大生态农产品的营销范围，提高营销效率，拓宽农民增收渠道。发展东北三省"互联网＋生态农业"的农业新业态，首先，要加强地区农村互联网基础设施建设，提高网络服务水平，并根据生态农业发展的实际需要，健全物流配送、信息化交通等基础设施，在生态农业区域内建立物流中转站，促进生态农产品的运输通畅。其次，以生态农业信息化综合服务平台为信息交流纽带，充分利用大数据、人工智能、农业物联网等技术，共享与探析东北三省市场供给与需求的准确信息，实现生态农业信息的共享与合理配置，解决农业市场上供求信息不对称的问题。最后，东北地区生态农业企业可以通过更多新型网络销售渠道，实现生态农产品由农户向消费者的直接销售。并结合地区生态农业产业链金融等新型产业推动现有产业转型升级、培育新的经济增长点，以新型生态农产品网络营销模式促进和创新管理，降低中间环节，减少流通成本，提高发展效率。

参考文献

1. 吴梵、高强、刘韬：《农业科技创新、空间溢出与农业生态效率》，《统计与决策》2020 年第 16 期。

2. 何海群：《生态农业经营模式及其发展趋势研究》，《农业与技术》2016 年第 11 期。

3. 孙肖远：《加快高效生态农业建设》，《经济日报》2020 年 6 月 8 日。

4. 陆萍、李丽莉：《现代循环农业发展的关键影响因素分析——基于不同类型农户采纳循环农业技术的视角》，《农村经济》2018 年第 12 期。

5. 张予、林惠凤、李文华：《生态农业：农村经济可持续发展的重要途径》，《农村经济》2015 年第 7 期。

6. 巩前文、严耕：《中国生态农业发展的进展、问题与展望》，《现代经济探讨》2015 年第 9 期。

7. 胡艳丽：《农户经济行为调控与贫困地区生态农业发展研究》，《生态经济》2014 年第 5 期。

8. 翟坤周：《生态文明融入现代农业产业：耦合机理与技术路径》，《北京行政学院学报》2017 年第 4 期。

B.27
东北三省保障国家粮食安全问题研究[*]

陈秀萍[**]

摘　要： 东北三省粮食产量保持稳步增长，对保障我国粮食安全起到了重要的支撑作用。2019年，东北三省粮食总产量占全国的21%；粮食供给的数量结构不断优化，大豆播种总面积占全国的50%；粮食供给的质量结构不断提升，绿色食品原料标准化生产基地数量和面积远超出全国平均水平，在国家粮食安全应急体系中发挥了重要的作用。预计2020年东北三省粮食总产量再创新高。同时，东北三省粮食产业发展面临如下挑战：粮食种植业经济效益难以保持当前水平，粮食产业规模经营主体发展受阻，粮食种植业降成本困难，极端天气带来的负面影响较大等。为巩固东北三省保障国家粮食安全的作用，建议落实好"五大"新发展理念，形成粮食产业发展新局面，并在粮食生产环节、收储环节、销售环节、生产服务环节做出相应举措。

关键词： 国家粮食安全　粮食产业　东北三省

2020年面对复杂多变的国际环境、新冠肺炎疫情的负面影响，加上非

---

* 本文是2015年国家社科基金"我国粮食主产区新型农业经营体系建设目标与培育机制研究"（15BJY107）的阶段性研究成果。

** 陈秀萍，黑龙江省社会科学院副研究员，主要从事农业经济理论与政策研究。

洲蝗灾、全球极端天气带来的自然灾害，世界各国高度重视粮食安全问题。我国始终将保障国家粮食安全作为第一发展战略，保障粮食安全更是 2020 年我国农业的最大政治任务。"维护国家粮食安全"是习近平总书记在黑龙江省、辽宁省和吉林省考察时对东北三省的重托，东北三省必须扛起保障国家粮食安全的大旗。

一 东北三省粮食产业发展现状

东北三省把维护国家粮食安全战略使命既当成第一政治任务，又当成经济任务，始终高度重视粮食产业的发展。粮食产业的综合生产能力不断增强，迈向高质量发展的速度不断加快，对保障国家粮食安全起到了重要的支撑作用。

（一）东北三省粮食产业在我国粮食安全中的定位

《全国新增 1000 亿斤粮食生产能力规划（2009～2020 年）》规定，全国粮食生产"核心区"共有 680 个县，其中 209 个县分布在东北四省区，占全国核心区县总量的 31%。东北三省作为国家粮食主产核心区、国家粮食安全的"压舱石"，肩负着保障国家粮食安全的重要责任，占有重要的地位。

（二）东北三省粮食产量保持稳步增长

2019 年东北三省粮食获得大丰收，粮食产量合计达到 13811 万吨。2019 年东北三省的粮食产量比 2009 年增长 4930 万吨。东北三省粮食总产量占全国的比重不断上升，从 1980 年的 11% 上升到 2019 年的 21%，对保障国家粮食安全作出了重要贡献（见图 1）。2019 年黑龙江省粮食总产量达 7503 万吨，连续 9 年居全国第 1 位；吉林省粮食总产量 3878 万吨，比上年增产 6.7%，净增量居全国第 1 位，占全国总增量的 41.26%；辽宁省粮食总产量 2430 万吨，比上年增长 10.8%，创历史新高。2019 年，黑龙江、吉林和辽宁的粮食产量分别居全国第 1 位、第 5 位和第 12 位，人均粮食占有量分别居全国第 1 位、第 3 位和第 9 位，东北三省已成为我国商品粮的重要来源基地。

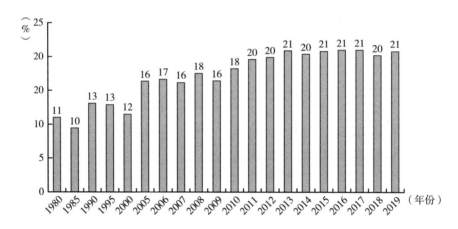

图1 东北三省粮食总产量占全国粮食总产量的比重

资料来源：《中国统计年鉴 2019》、《辽宁统计年鉴 2019》、《吉林统计年鉴 2019》、《黑龙江统计年鉴 2019》及《国家统计局关于 2019 年粮食产量数据的公告》。

2020 年黑龙江省粮食播种面积 2.155 亿亩，比上年增加 78 万亩；吉林省粮食播种面积 8517 万亩，比上年增加 50 万亩左右；辽宁省粮食播种面积稳定在 5234 万亩以上。9 月连续遭受 3 次台风袭击，但此阶段粮食作物已接近成熟，加之前期粮食作物的保苗率和长势较好，总体影响较小。2020年东北三省粮食总产量再创新高。

（三）东北三省粮食供给侧结构不断优化

东北三省种植的粮食品种主要是粳稻、玉米、大豆。近几年，东北三省不断优化粮食种植结构，通过"减玉米增大豆"推进供给侧结构性改革，努力实现粮食供给侧结构的优化。2019 年国家继续执行大豆生产者补贴政策，鼓励引导东北三省农民扩种大豆。2018 年、2019 年大豆生产者补贴较高，激发了东北三省农民扩种大豆的积极性。2019 年黑龙江省大豆播种面积达 4279.7 千公顷，比上年增加 712 千公顷，占全国扩种面积的 77.3%；辽宁省豆类播种面积 93.4 千公顷，比上年增加 10.6 千公顷；吉林省豆类种植面积 403.8 千公顷，比上年增加 60.3 千公顷。自 2013 年起，东北三省大豆总播种面积占全国的比重基本处于上升趋势，从 2013 年的 42% 上升到 2019 年的 50%，增长 8 个百分点，为全国粮食供给侧结构的优化作出了突出贡献（见图 2）。

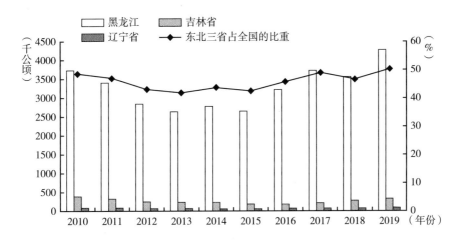

图 2　2010～2019 年东北三省大豆播种面积及占全国的比重

资料来源：《中国统计年鉴 2019》、《辽宁统计年鉴 2019》、《吉林统计年鉴 2019》、《黑龙江统计年鉴 2019》及辽宁省、吉林省、黑龙江省《2019 年国民经济与社会发展统计公报》。

（四）东北三省粮食供给的质量结构不断提升

以黑龙江省为代表的东北绿色农业已走到全国前列。2019 年东北三省绿色食品原料标准化生产基地数量和面积分别占全国的 25% 和 40%，远远超出全国平均水平。特别是黑龙江省，2019 年绿色有机食品认证面积达到 8120 万亩，产量达 1660 万吨；其中绿色食品原料标准化生产基地数量 146 个，面积 6043.2 万亩，均居全国第一位（见表 1）。

表1　2019年东北三省绿色食品原料标准化生产基地数量、面积及占全国的比重

地区	基地数（个）	面积（万亩）	地区	基地数（个）	面积（万亩）
全国总计	721	16614.7	黑龙江	146	6043.2
辽宁	15	193.4	东北三省合计	181	6619.3
吉林	20	382.7	东北三省占全国的比重（%）	25	40

资料来源：中国绿色食品发展中心：《绿色食品统计年报（2019）》。

（五）东北三省在国家粮食安全应急体系中发挥了重要的作用

2003年我国部分地区暴发非典型性肺炎时，2008年四川汶川发生大地震时，黑龙江北大荒集团快速及时地生产和发运大米给灾区，圆满完成了国家粮食安全的应急任务。在2020年新冠肺炎疫情的高发期，黑龙江省紧急调集3000吨优质龙江大米驰援湖北省，辽宁省和吉林省也分别向武汉市捐赠1000吨和500吨优质大米。在非常时期东北的粮食能够及时到位，在国家粮食安全应急体系中发挥了重要的作用。

二　东北三省粮食产业发展面临的挑战

东北三省粮食产业在全国占有重要的地位，保障东北三省粮食产业健康持续发展，才能更有力地支撑国家的粮食安全。目前，东北三省粮食产业的发展面临以下挑战。

（一）粮食产业的经济效益难以保持当前水平

2004~2014年，我国粮食产业的经济效益向好，激发了农民种粮的积极性，这一阶段包括东北三省在内的我国粮食产量大幅度提升。2015年之前，东北三省三种主要农作物（水稻、玉米、大豆）经济效益高于全国平均水平。2015年之后，由于我国粮食价格体制改革、粮食价格受国际粮价的打压等，我国粮食产业的经济效益下滑幅度较大，东北三省三种主要农作物的平均净利润处于亏损边缘，并且在多数年份低于全国平均水平（见图3）。2015～2018年东北三省三种农作物的净利润平均为 -47.33元/亩，比全国低30元/亩。尽管自2016年起，国家在东北三省设置了大豆、玉米粮食生产者补贴，但目前我国粮食产业的经济效益总体上仍然很低。与国际粮价相比，我国粮食的价格已经较高。面对WTO规则，我国粮食的价格无法提升，但粮食产业的成本在一直增加，因此，粮食种植业的经济效益提升困难。

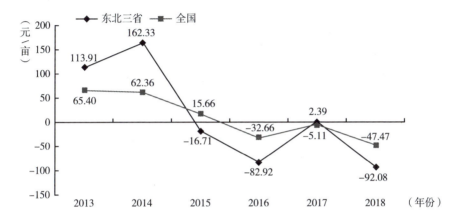

图3　2013～2018年东北三省三种主要农作物（稻谷、大豆、玉米）、全国三种主要农作物（稻谷、小麦、玉米）的平均净利润对比

资料来源：根据《全国农产品成本收益资料汇编》（2014～2019年）数据绘制。

2020年上半年，受多种因素的影响，我国玉米、大豆的价格上涨较快，但是，东北三省的农民承包土地面积较多、粮食产量多；缺少存粮设施，粮食多是堆积在地头，"地趴粮"容易霉变，不能保留到春季雪化的时候；由于需要购买生产资料和还贷等，农民通常售粮时间较早，大多数农民在粮食收获后不久即将粮食卖出，并没有享受到2020年上半年粮食价格上涨带来的"红利"。

2020年秋季新粮上市，至10月底，我国大豆和玉米的市场价格没有因为新粮的大批量入市而下滑，仍然保持了上半年的高价态势，2020年粮食产业的经济效益将大幅度增长。这是因为受新冠肺炎疫情、自然灾害的影响，正常年景我国粮食价格水平很难保持这一水平，东北三省粮食产业的经济效益也很难保持2020年上半年的水平。

东北蓝皮书

（二）粮食产业规模经营主体发展受阻

自 2015 年起，我国三种主要粮食作物（小麦、水稻和玉米）的收益呈不断下滑趋势。2016～2018 年，我国三种粮食作物的净利润①已经出现亏损，东北三省也是如此。小农户和家庭农场如果不租地、不雇人，加上耕地地力、生产者补贴等，每亩的收益尚比较可观。但是，规模经营主体的经营成本很高，必须承担较高的土地租赁费、人工费。如果土地产出率不能大幅度提高、各项成本不能压缩，粮食规模经营基本无利可图，因此，规模经营主体的发展受阻。目前能够盈利的规模经营主体多是前些年以较低价格长期租入土地的主体，加上将第一产业与第二、第三产业融合，以弥补种植业的低效益，才能够保持正常经营。

近两年各地区土地流转率变化情况也可以反映这一问题。在 13 个粮食主产区中，2018 年吉林、辽宁的耕地流转率分别居第 11 位和第 13 位，说明东北三省耕地流转速度开始进入滞缓阶段（见表2）。2018 年东北三省耕地流转入农户（包括家庭农场）比例平均达到 74%，在 13 个粮食主产区中最高，比全国平均水平高 17 个百分点。相反，东北三省的耕地向合作社、企业等规模经营主体流转的比例较低，说明合作社、企业等经营主体种粮的积极性开始减弱。

表2　2015 年、2018 年13 个粮食主产区耕地流转率和排名前3 位、后3 位的省区

2015 年	2018 年
13 个粮食主产区流转率:37%	13 个粮食主产区流转率:42%
耕地流转率排名前 3 位的省区:江苏(60%)、黑龙江(53%)、安徽(47%)	耕地流转率排名前 3 位的省区:江苏(62%)、江西(50%)、安徽(48%)
耕地流转率排名后 3 位的省区:山东(26%)、吉林、(26%)、四川(28%)	耕地流转率排名后 3 位的省区:吉林(36%)、内蒙古(36%)、辽宁(37%)

资料来源：根据 2015 年、2018 年《中国农村经营管理统计年报》数据计算得出。

---

① 净利润 = 主产品产值 - 生产成本 - 人工成本（包括家庭用工成本和雇工成本）- 土地成本（包括流转地租金和自营地折租）

（三）粮食种植业降成本困难

东北三省主要生产粳稻、玉米、大豆三大粮食作物。与全国相比，东北三省粮食生产的土地成本较高。2018 年三种粮食作物的土地成本：粳稻，东北三省的土地成本均高于全国平均水平；玉米，东北三省的土地成本全部高于全国；大豆，辽宁的土地成本低于全国，吉林和黑龙江的高于全国（见表 3）。整体上看，东北三省的耕地流转价格较高，导致粮食生产成本中的土地成本所占比重较大。三种粮食作物中，大豆的土地成本所占比重最高，平均已经超过生产总成本的 1/3。东北三省中，黑龙江的耕地流转价格最高，三种主要粮食作物的土地成本均已超过生产总成本的 1/3。粮食种植业的物质成本一直在上涨，土地成本降不下来，粮食种植业降成本比较困难。

表 3　2018 年东北三省和全国三大粮食作物的生产总成本、土地成本及净利润

单位：元/亩，%

地区	粳稻				玉米				大豆			
	生产总成本	土地成本及所占比重		净利润	生产总成本	土地成本及所占比重		净利润	生产总成本	土地成本及所占比重		净利润
全国	1390	396	29	137	1045	228	22	-163	666	258	39	-192
辽宁	1616	498	31	168	948	261	28	-248	681	213	31	-117
吉林	1434	431	30	194	1054	326	31	-222	789	279	35	-294
黑龙江	1382	499	36	4	864	290	34	-113	677	305	45	-198
三省平均值	1477	476	32	122	955	292	31	-194	716	266	37	-203

资料来源：《全国农产品成本收益资料汇编 2016》。

（四）极端天气给东北三省带来的负面影响较大

随着全球气候变暖，极端天气气候呈现频率增多、增强的趋势，给各国农业带来的负面影响扩大。东北三省农业受自然灾害的负面影响也呈现扩大的趋势。2015～2018 年，东北三省农作物播种面积平均占全国农作物播种

面积的 15%，但受灾面积和成灾面积占全国农作物受灾面积和成灾面积的比例平均分别达到 22% 和 19%，均高于全国平均水平（见图 4）。以 2018 年为例，东北三省成灾面积合计达到 3841 千公顷。如果成灾面积按照减产 30% 计算，可以计算出当年仅"成灾面积"就使四省区粮食减产 44 亿斤以上。2020 年，东北三省不同地块受到台风"巴威""美莎克""海神"不同程度的负面影响，这些地块粮食出现小幅度减产。

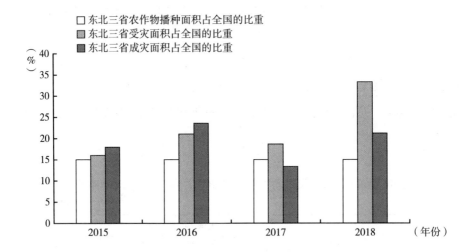

图 4 2015～2018 年东北三省农作物播种面积、受灾面积、成灾面积分别占全国的比重

资料来源：依据 2016～2019 年《中国农村统计年鉴》中的数据整理绘制。

（五）东北三省农民增收速度放缓

随着我国粮食价格体制改革的推进，粮食价格的波动幅度在扩大，粮食产业的经济效益在下滑，市场风险在增大，直接影响东北三省粮农的经营性收入。2019 年东北三省中只有辽宁省农民的人均可支配收入高于全国农民的平均水平，其余两省均低于全国平均水平，且与全国的差距在扩大。2019 年吉林、黑龙江农村居民人均可支配收入在 13 个粮食主产区中排名分别为第 11 位和第 12 位，比较靠后（见表 4）。其主要原因有两个。一是东北三省流转耕地用于种植粮食的比例最高。2018 年黑龙江、吉林两省农村流转耕地用于种植粮食的比例分别为89%和70%，居全国前2位，而全国的这一比例仅为54%（见表5）。由于农民种植粮食的比例更高，粮食产业经济效益的下滑直接影响农民的收入。二是这些地区农民的工资性收入较低。东北三省家庭承包耕地面积较多，家庭人口数量却较少，农村富余劳动力数量较少，能够转移到非农产业的劳动力数量明显偏低，因此，农民的工资性收入较少。农业是季节性工作，农民在农闲之际兼业。这种兼业更适合在本地工作，东北三省非农就业机会较少，农民兼业机会少。

表4　2019年全国和东北三省农村居民人均可支配收入及其在13个粮食主产区的排名

单位：元

地区	2019年农民可支配收入	在13个粮食主产区的排名	地区	2019年农民可支配收入	在13个粮食主产区的排名
全　国	16021	—	黑龙江	14982	11
辽　宁	16108	4	吉　林	14936	12

资料来源：《中国统计年鉴2019》。

表5　2018年全国和东北三省流转耕地用于种植粮食的比例及其在13个粮食主产区的排名

单位：%

地区	2018年流转耕地用于种植粮食的比例	在13个粮食主产区排名	地区	2018年流转耕地用于种植粮食的比例	在13个粮食主产区排名
全　国	54	—	黑龙江	89	1
辽　宁	59	8	吉　林	70	2

资料来源：《中国统计年鉴2019》。

（六）粮食种植业与粮食加工业难以实现同步发展

在我国粮食主产区中，粮食加工业发展比较好的省份是山东省和河南省，粮食加工经营主体数量较多，特别是民营企业的数量庞大。原因是这两个省份人口多，本身所产的粮食加工后基本在本地就能销售掉，外销的数量较少。这些地区的农民大多采用在粮食加工厂存粮，需要粮食时拿"粮票"

按约定的比例去加工厂取粮。对于农民来说，实现了粮食自产自销，减少了卖原粮再买成品粮的中间环节，减少了家庭消费支出。对于粮食加工企业来说，节约了收购粮食的巨额资金投入，只需要投资加工设备和厂房，厂房多是农村空置住宅，成本很低，粮食运输的物流成本也很低，不涉及交通费用的限制，因此，这两个省份的粮食加工企业数量多，特别是小规模粮食加工企业发展较好，推动了粮食加工产业的发展。

东北三省完全不同，人少、粮多、商品粮产量较高。粮食深加工产业在投资、技术、市场销售等方面有更高要求，一般民营小规模企业无力参与。粮食初加工产业需要的投资少、技术含量少，但东北三省人口少，本地粮食的消费量有限，外销受交通、运输成本因素的限制，企业必须达到一定的规模才能支撑企业的正常运营，因此，这些地区小规模粮食加工企业数量较少。大规模粮食加工企业也面临着物流费用较高、产品销售成本上升、竞争不利等情况。这也是东北三省粮食种植业较为发达，但粮食加工业发展相对滞后的主要原因。多年以来，从国家到地方政府积极倡导粮食的产业化经营，农业与第二、第三产业融合，但东北地区的粮食加工业的发展始终相对滞后。主要原因并非地方政府不重视，也不是市场缺少经营主体，而是地理环境、"北粮南运"的天然障碍导致粮食产业的经济效益较低，削弱了本地区粮食加工业的竞争力，制约了地区粮食加工业的发展。粮食主产区粮食的种植业与粮食加工业难以实现同步发展。

三　巩固东北三省保障国家粮食安全的建议

2004年以后，我国粮食主产区北移的趋势比较明显，东北三省粮食总产量占全国的21%。可以说，保证东北三省粮食产业的健康发展对于保障国家粮食安全具有重要的意义。我国即将进入"十四五"时期，新的发展阶段和小康社会的到来，居民对食物的数量和质量都将有更高的需求。我国粮食产业的发展必须以高质量发展为目标。东北三省要巩固和发展好粮食产业，扛稳维护国家粮食安全的重任，发挥好国家"粮食安全压舱石"的作用。

（一）落实好"五大"新发展理念，形成粮食产业发展新局面

落实好"创新"发展理念，推进粮食生产技术、品种、生产方式和经营方式的创新，实现粮食产业生产效益的提高。落实好"协调"发展理念，促进农业、农村和农民协调发展，通过补短板，改善农村生活环境，提高农村居住环境的吸引力，吸纳现代农业生产要素进入农村，实现乡村振兴，粮食产业的发展才能后继有人，才能持续发展。落实好"绿色"发展理念，既要保障粮食数量安全，也要保障粮食质量安全。落实好"开放"发展理念，实现人才、技术、资金等生产要素的城乡"双向流动"，为粮食产业的发展注入新动能、新动力。落实好"共享"发展理念，既要保障粮食产业的健康发展，还要让粮食产业的经营主体获利，让粮农的收入保持同步增长，让粮食加工企业有利可图，以增强粮食产业发展的内生动力。

（二）在粮食生产环节：引导农民采用土地经营新模式

如何实现节本增效是粮食产业亟待解决的问题。东北三省粮食生产成本中的土地成本比较高，既严重削减了粮食产业的经济效益，也弱化了粮食产业发展的内生动力。对此的建议，一是引导农民采用土地股份合作经营模式，以替代当前的"土地出租"模式，解决粮食种植业中土地流转成本过高的问题，以提高粮食规模经营主体种粮的积极性。二是推行土地托管模式，以解决当前我国由农民老龄化带来的家庭劳动力不足问题，将现代化生产要素植入小农户，使农户获得比把土地流转出去更多的收入，提高小农户种粮的积极性。

（三）在粮食收储环节：建立国有"粮食银行"

近些年我国多地区探索了"粮食银行"模式，实践证明发展"粮食银行"具有积极的意义。2014年国家粮食局也颁发了《关于积极稳妥推进"粮食银行"健康发展的意见》。通过"粮食银行"提供粮食存储服务，解决了农民储存粮食的难题；降低了因粮食存储不当导致的 6% ~ 10% 的损

耗；能够让农民错开粮食销售的高峰期，在价格上更占优势；能够让农民用"储粮银行卡"申请抵押贷款；能够让国家节约在储备粮方面的财政支出。粮食银行是介于金融和实体之间的一种新型农业产业化模式。从实践来看，私营企业经营会给社会带来较大的风险。对此的建议是，由国有企业——中储粮公司在东北三省建立"粮食银行"，开发粮食"有偿代储"业务。东北三省粮食产量高，存储粮食需要更大的空间。农户一般不具备存粮晒粮的仓储设施，对"粮食代储"需求量更大。中储粮公司开发此业务，"以储代收"，能够赋予农民更多的选择权：是销售粮食，还是定期存储粮食，有利于增加农民的收入。对于国家来说，能够减轻国家粮食收储资金压力，提高粮食收储环节的成效，有利于维护国家的粮食安全。

（四）在粮食销售环节：出台边远地区谷物运输补贴政策

黑龙江、吉林、内蒙古等粮食主产区地理位置偏远。从东北三省粮食的市场价格可以看到，越偏远的省份粮食的市场价格越低。由于人口数量少，本地区粮食的消费数量有限，北粮南销的运费较高，挤压了粮食加工业的效益，反过来粮食加工企业又会压低粮食的收购价格，最终受到挤压的是这些地区粮农的收入。对此的建议是，借鉴《俄罗斯谷物运输补贴方案》，出台谷物运输补贴政策。对于地理位置偏远的粮食大省，由国家给予一定比例的粮食外销运输补贴，以消除其面对的物流成本较高的天然障碍，提高这些地区农民种植粮食的积极性。

（五）在粮食生产服务环节：建议国家尽快在东北等粮食生产核心区实行"完全成本保险和收入保险"政策

东北三省受灾率相对较高，对保险政策的依赖程度也更高。我国农业保险政策应尽量减少农民因自然灾害带来的损失。2018 年我国在内蒙古、辽宁、安徽、山东、河南、湖北 6 个省份各选择 4 个产粮大县，开展为期 3 年的完全成本保险和收入保险试点。2020 年中央一号文件提出"推进稻谷、小麦、玉米完全成本保险和收入保险试点"。建议国家 2020 年扩大在粮食主产区"完全成本保险和收入保险"试点范围，尽快在东北等粮食生产核心区实行"完全成本保险和收入保险"政策，这对于保护东北三省粮食主产区农民种粮的积极性具有重要意义。

参考文献

1. 《黑龙江调集 3000 吨大米驰援湖北》，新华网，http：//hlj. xinhuanet. com/klj/2020 –02/14/c_ 138783860. htm。

2. 《宁夏永宁："粮食银行"——存粮如何盘出"活钱"》，农业农村部网站，http：//www. moa. gov. cn/ztzl/bxwhdy/gongzdt/201504/t20150410_ 4509185. htm。

3. 巴富强：《土地托管"托"出农民新期盼》，《河南日报》（农村版）2016 年 7 月 8 日。

4. 《全球粮食价格连续四个月上涨，玉米惜售抢粮情绪高涨》，腾讯网，https：//new. qq. com/rain/a/20201009A0DITV00。

B.28
东北三省产业协同发展研究[*]

宋静波　王拓[**]

摘　要： 东北三省地处世界经济体中最具发展潜力的地区之一——东北亚的中心地带，具有得天独厚的区位优势。现有哈长城市群和辽中南城市群、沿海经济带，以及正在建设的中俄陆海联运通道，具有优秀的港口资源，丰富的矿产资源、森林资源、耕地资源，资源禀赋优越。经过多年的发展，东北三省产业协同发展首先要在突破创新产业分工的基础上，培育地区内协同研发与新业态共育机制，全面融合产业链，以及拓展国际国内两个市场。制造业应在明确产业链分工的基础上建立协作配套，现代服务业应在产业链合作基础上协同研发，携手并进。

关键词： 产业协同　资源禀赋　区位优势　东北三省

一　引言

"协同"一词是舶来语，《说文》中解释为"协，众之同和也；同，合会也"，即是协调两个或者两个以上的相异资源或者相异个体，为达成某一

* 本文为2020年度黑龙江省哲学社会科学规划项目"先秦法家思想的管理哲学内涵与当代价值转化研究"的阶段性研究成果。
** 宋静波，黑龙江省社会科学院文化和旅游研究所助理研究员，研究方向为工业经济、区域经济；王拓，黑龙江省社会科学院文化和旅游研究所助理研究员，研究方向为工业经济、政府管理。

目标协同合作的过程及在此期间所付诸的努力与行动。区域产业协同则是一定区域内两个或大于两个的不同经济主体为了谋求共同发展，对区域内各种产业进行整合，进而优化配置，最终互利共赢的互动过程。当前，区域产业协同业已成为协调并推动区域经济发展的非常重要的路径，无论是粤港澳大湾区、长三角地区还是京津冀地区，都得到了较为长足的发展。

东北三省经济发展作为当前备受关注的话题之一，相对于粤港澳、长三角乃至京津冀而言，区域合作协调发展收效不是特别显著。作为我国重要的老工业基地，东北三省作为国家能源与资源的无私供给方，曾经乃至现在一直为中国经济的高速发展作出卓越贡献。但是随着我国市场经济日臻完善，东北三省重工业发展区位的优势不再，产能过剩与传统思维定式导致东北三省经济日渐疲软，2019 年，东北三省的 GDP 总量合计约为 5 万亿元人民币（小于河南一省的经济总量），重工业占比仍在 78% 左右，且多集中在钢铁、煤炭、石油等产能过剩行业，产业增长乏力。尽管东北振兴历经十几年，但是东北三省区域合作仍未实现理想状态，上下游完整配套的产业链没有获得有效的整合和延伸，缺乏顶层设计，没有形成多层面、跨区域的产业合作协调机制，在相当程度上掣肘东北区域产业协同发展进程。为进一步提升东北三省产业的综合竞争力，提振地区经济，提升其在东北亚经济发展中的真正引领作用，深入探究东北三省产业协同发展深层次合作机制与模式，对于东北地区全面振兴、全方位振兴具有重要的现实意义。

二　东北三省产业协同发展的基础条件

（一）独特重要的区位优势

东北三省具有独特而又重要的区位优势，它既处于东北亚经济圈的中心地带，又是集维护国家国防安全、粮食安全、生态安全、能源安全、产业安全于一身的战略要地。北与俄罗斯的远东地区相连，南同朝鲜、韩国相通，隔海相望日本，陆地接壤蒙古国。区位优势突出使其在"一带一路""中蒙

俄经济走廊""龙江陆海丝绸之路经济带"建设中将发挥内外联动、海陆统筹的重要支点和枢纽作用,具有巨大的产业发展空间。

(二)基础设施支撑较为有力

港口群、航空市场规模领先,国际专列拥有最佳性价比。我国批准作为"试验田"的4个保税港区中,东北三省占有重要的一席——大连大窑湾保税港区。辽宁沿海港口群以大连东北亚国际航运中心和营口港为重点,2019年1月整合完成组建辽宁港口集团。港口集团承接着东北绝大部分货物吞吐量,2019年货物吞吐量达到8.61亿吨。2020年8月底,辽港集团的区域化公司之——丹东港口集团正式挂牌之后,辽宁港口集团的生产能力和数字化、信息化水平以及创新商业运营模式亦进一步得到提升。正在建设的东北机场群,标志着以机场群为核心的东北区域化和一体化发展阶段开始形成,同时全国183个(截至2018年10月末)通用机场,约45%集中在东北三省,市场前景良好。东北三省作为东北亚地区货物集散地,高铁线枢纽哈欧班列从黑龙江哈尔滨出发,经过满洲里、俄罗斯后贝加尔到赤塔,再转到俄西伯利亚大铁路,经叶卡捷琳堡与莫斯科进而到达波兰的布列斯特与马拉舍维奇,最终到达终点德国汉堡,全程9820公里,连接了朝鲜、韩国、日本、俄罗斯。哈欧班列是国内目前最具性价比与商业价值的亚欧铁路路线。相比海运送达时间短、货物安全性高,相比空运成本合理,真正做到了"距离最近、速度最快、成本最低"。

(三)创新人才高端要素集聚

东北地区现有研发机构约占全国的12.4%,研发人员约占全国的8.4%,高等学校占全国的10.2%,高级以上职称教师数量占全国的比重高达11.2%。① 2019年,东北三省高新技术企业数量占比在全国来看居于上中游位置,从地区分布来看,吉林省高新技术企业工人人均净利润表现亮

---

① 《全国政协委员、中国科学院院士袁亚湘:进一步加强东北地区科技创新能力》,科学网,http://news.sciencenet.cn/htmlnews/2020/5/440197.shtm? id=440197。

眼，技术市场成交额占比也超越了上海、江苏、浙江（见表1）。2018年，每亿元研发投入产生的发明专利数量上，吉林与黑龙江以及广西、北京、安徽、浙江、西藏、广东、贵州、海南一样，产出较多，达到了20~30项。这表明其研发投入产生了较多的专利技术，技术产出效率相对较高。

表1 2019年部分省份企业创新及技术产出情况

省份	高新技术企业数占比（%）	高新技术企业工业人均净利润（千元/人）	专利批准强度（个/人）	技术市场成交额占比（%）
辽宁	0.75	73.52	0.31	2.28
吉林	0.74	152.40	0.41	5.64
黑龙江	0.41	45.36	0.44	1.32
北京	3.27	93.78	0.47	6.26
天津	1.12	56.70	0.69	5.15
河北	0.39	86.20	0.61	0.54
山西	0.27	123.27	0.03	1.26
内蒙古	0.35	189.24	0.41	0.13
上海	2.07	133.45	0.58	3.71
江苏	0.62	95.24	0.40	1.18
浙江	0.67	138.45	0.50	1.53
安徽	0.55	64.48	0.60	1.01
福建	0.46	97.97	0.72	0.25
江西	0.73	71.39	0.72	0.57

资料来源：国家统计局网站。

（四）发达城市群带动区域发展

辽中南城市群和哈长城市群作为全国19个城市群的组成部分，经济基础条件较好，人口规模较大，经济增长比较快。辽中南城市群中沈阳市和大连市都是副省级城市，同时也是辽中南地区重要的工业和制造业城市，是这个地区的领头羊。2019年沈阳市人口756.4万人，GDP达到了6470.3亿元，GDP居新一线城市第12位；同期大连市人口698.7万人，GDP为7001.7亿元，GDP居二线城市第7位。2019年哈尔滨GDP达到5249.4亿元，长春市GDP达到5904亿元。两个城市群交通发达，城镇化率高，在沈

阳、哈尔滨、长春这样的大型综合性重工业基地和大连这样的集经济、金融、旅游和航运于一体的核心城市的引领下，兼顾经贸、工业、科技、文化、旅游和生态环保等各产业领域，推动东北三省区域协调可持续发展。

三 东北地区产业协同发展存在的问题

（一）较高的产业同构问题影响区域整体发展

这里选用东北三省产业结构相似系数分析东北三省产业结构是否趋同。通过查阅文献，以往产业经济学的研究，学者们通常使用产业结构相似系数来分析各地区间产业结构同化是否显著。产业结构相似系数是联合国工业发展组织国际工业研究中心提出的一种计量方法，数值一般介于 0 和 1，产业相似系数如果为 1，表明两个区域的产业发展严重趋同；相似系数如果为 0，则表明区域的产业发展完全相异。结果越接近于 1，表明产业越同质；相似系数越接近于 0，表明两个区域的产业分工越好。

其计算公式为：

$$\rho = \sum_{k=1}^{3}(X_{ik} \cdot X_{jk}) \Big/ \sqrt{(\sum_{k=1}^{3}X_{ik}^2 \cdot X_{jk=1}^3 X_{jk}^2)} \qquad （公式 1）$$

其中，ρ 表示产业结构相似系数，X_{ik} 为 i 地区第 k 产业的产业构成，X_{jk} 为 j 地区第 k 产业的产业构成。由公式 1，根据东北三省 2005～2019 年统计年鉴产业构成相关数据（见表 2），本文对 2004～2019 年东北三省的产业结构相似系数进行了估算，其结果如表 3 所示。

表 2　2004～2019 年东北三省产业构成情况

单位：%

产业类别	省　份	2004 年	2005 年	2006 年	2007 年	2008 年	2009 年	2010 年	2011 年
第一产业	辽　宁	11.2	11.0	10.1	10.2	9.5	9.3	8.8	8.7
	吉　林	19.0	17.3	15.7	15.6	14.3	13.6	12.2	12.2
	黑龙江	11.1	12.2	12.4	12.6	13.1	13.9	12.7	13.6

续表

产业类别	省 份	2004 年	2005 年	2006 年	2007 年	2008 年	2009 年	2010 年	2011 年
第二产业	辽 宁	47.7	48.1	49.1	49.7	52.4	52.0	54.1	55.2
	吉 林	46.6	43.6	44.8	45.7	47.7	48.5	51.5	53.2
	黑龙江	59.5	53.9	53.9	53.4	52.5	47.3	49.8	50.5
第三产业	辽 宁	41.1	41.0	40.8	40.2	38.1	38.7	37.1	36.1
	吉 林	34.4	39.1	39.5	38.7	38.0	37.9	36.3	34.7
	黑龙江	29.4	33.9	33.7	34.0	34.4	38.8	37.5	35.9

产业类别	省 份	2012 年	2013 年	2014 年	2015 年	2016 年	2017 年	2018 年	2019 年
第一产业	辽 宁	7.8	7.2	7.0	7.2	8.4	8.1	8.0	8.7
	吉 林	11.8	11.6	11.0	11.2	10.1	9.3	7.7	11.0
	黑龙江	15.4	17.5	17.7	17.5	17.4	18.3	18.3	23.4
第二产业	辽 宁	53.9	52.1	51.0	46.2	39.3	39.3	39.6	38.3
	吉 林	53.4	52.8	52.8	51.4	48.0	45.9	42.5	35.3
	黑龙江	47.2	41.1	37.2	31.8	28.9	26.5	24.6	26.6
第三产业	辽 宁	38.3	40.7	42.0	46.6	52.3	52.6	52.4	53.0
	吉 林	34.8	35.6	36.2	37.4	41.9	44.8	49.8	53.8
	黑龙江	37.4	41.4	45.1	50.7	53.7	55.2	57.1	50.1

资料来源：辽宁、吉林、黑龙江省 2004~2019 年统计年鉴，2020 年辽宁、吉林、黑龙江统计公报。

表3　2004~2019 年东北三省三次产业结构相似系数

年份	辽宁吉林	辽宁黑龙江	吉林黑龙江
2004	0.987434	0.969209	0.973946
2005	0.993105	0.989778	0.981694
2006	0.994581	0.990597	0.985214
2007	0.995095	0.993076	0.989575
2008	0.995480	0.997046	0.995611
2009	0.996925	0.995654	0.999715
2010	0.998243	0.996761	0.999477
2011	0.998282	0.995667	0.998885
2012	0.997057	0.989862	0.993662
2013	0.995039	0.975776	0.975811
2014	0.994128	0.964780	0.955584
2015	0.985270	0.961510	0.925965
2016	0.978302	0.977925	0.932029
2017	0.987870	0.968120	0.931829
2018	0.998258	0.959034	0.943261
2019	0.998361	0.958156	0.971516

通过测算结果可知,2004～2019 年,辽宁省与吉林省、辽宁省与黑龙江省、吉林省与黑龙江省两两之间的三次产业结构相似系数始终大于 0.9,没有明显下降趋势,甚至有些年限已经大于 0.99。东北振兴进行的 16 年,三地产业结构相似系数基本保持在 0.90～0.99,略有小幅波动,但幅度非常小。产业同构系数作为产业相似程度的一种测度工具,系数越小,表明两区域产业结构相似度越小;反之,则意味着两区域产业结构有趋同现象。而辽、吉、黑两两间的产业结构相似程度比较高,始终大于 0.90,说明无论是辽宁吉林、辽宁黑龙江还是吉林黑龙江,各区域的产业结构发展趋同现象都较为严重。较高的产业同构将会影响东北三省产业布局产业链的"梯次差异"以及地区间产业互补,造成区域内部的竞争内耗,进而引起各种资源及比较优势的巨大浪费,不利于地区间协同发展与分工合作。

(二)市场活力不足影响协同发展的组织能力

东北三省市场活力与发达地区相比存在明显不足,产业布局不合理、产能过剩等,均为背向市场求生,也是逆市场化发展行为。2003 年东北振兴战略决策实施以来十余年的时间,东北振兴收获了重要的阶段性果实。但是,由于老工业基地一些深层次的体制机制以及结构性问题仍然未能得到根本解决,自 2014 年始,在东北三省众多因素的作用下,特别是在周期性和结构性因素影响下,经济增速在全国位置不断下滑,下行压力不断加大,2020 前三季度东北三省(辽宁、吉林、黑龙江顺序)GDP 增速分别为 -1.1%、1.5% 和 -1.9%,仍然处于低位。

正如 2018 年 9 月 28 日习近平总书记在沈阳座谈会上明确强调的一样,东北三省市场化程度不高,东北三省市场机制的决定性作用也未能得到有效发挥,当前推动整体经济前行的行政意味仍然存在,行政色彩仍旧浓厚。思想是"总开关",观念落后、思想僵化,就会影响各项事业的开展。受历史发展影响,国有企业活力仍待加强,现代企业制度以及法人治理结构也仍在健全完善过程之中,长久以来存在的激励约束方面的问题也没有得到根本解决。非公经济发展不充分，市场活力不足，2020 中国民营企业 500 强榜单中，辽宁 8 家民企榜上有名，吉林 2 家，黑龙江 1 家，民营经济总体实力较弱。恩格斯说："历史从哪里开始，思想进程也应当从哪里开始。"最先步入计划经济，也是最后走出计划经济，受计划经济思想观念的长期影响，以计划经济的思维方式去认识和处理企业在市场经济条件下的生产经营和发展问题，仍然是东北三省产业协同当前面临的诸多问题中的最主要问题。

（三）人口问题限制协同发展的持续能力

人才聚集是区域产业转型的关键，也是能否实现产业协同的关键。东北三省人才大量流失，尤其是高端人才流失是造成该地区发展滞后于东部地区的主要原因。人口持续负增长，劳动力人口锐减也是经济持续稳定发展的障碍。几十年经济发展所引发的"强者愈强，弱者愈弱"的"马太效应"，加剧东北三省的内忧外患，具体表现为大量人才流失，特别是高端人才被东北三省之外所虹吸，东北本地人口自然增长缓慢并且老龄化问题不断加剧。

2019 年辽宁、吉林和黑龙江的《国民经济和社会发展统计公报》显示，辽宁省 2019 年末常住人口减少 7.6 万人，吉林省减少 13.33 万人，黑龙江省减少达到 21.8 万人，共计减少 42.73 万人。除此之外，东北三省的人口自然增长率屡创新低，2019 年末，辽宁、吉林和黑龙江的人口自然增长率分别为 −0.80‰、−0.85‰、−1.01‰，远低于全国 3.34‰的平均水平。人口老龄化问题凸显，2019 年末，辽宁省 65 周岁及以上人口占比 16.2%，黑龙江省达到 13.8%，远远高于人口老龄化的国际标准（7%）。毫无疑问，人口问题已经成为东北三省经济社会发展面临的长期性、全局性和战略性问题。常住人口数量持续减少、高层次人才技能型人才流失、人口老龄化加速、人口自然增长率倒数等一系列人口问题，为东北三省产业协同发展带来了更为严峻的挑战，进而造成整体经济社会发展失衡，加剧地区发展后顾之忧。

四 东北三省产业协同发展的目标与对策

（一）东北三省产业协同发展目标

随着全国各地区区域一体化发展趋势的不断演进，各地区产业竞争已从某个单独企业与其竞争对手的竞争，逐步转向产业集群、城市群、延长产业链乃至产业间协同发展的竞争转变，这在客观上加快了地区产业调整、产业升级以及产业空间转移的步伐。东北三省区域协同发展使辽宁、吉林、黑龙江三个地区相连或相近的两个或多个独立的经济单元之间的产业合作日趋紧密，客观上对产业在更大空间进行布局提出了思考，当前，以产业合作、生产要素集聚等互动为基础的分区域经济一体化局面正在形成。产业结构占比中，第三产业特征日益突出的东北区域发展更符合产业升级的要求以及我国未来经济发展趋势和方向，服务业未来发展的潜力和发挥的作用将日益加大。力争成为我国经济发展第四大增长极的东北地区，既是中国参与东北亚区域一体化，进而参与全球竞争，力争在国际竞争中占有重要战略地位的重要空间单元，也是推动其他地区经济一体化的重要引擎。

（二）东北三省产业协同发展的对策建议

1. 加强顶层设计

东北三省协同发展的最大难题是产业趋同，产业结构不合理。推进东北三省产业协同发展，必须对产业链上下游进行合理分工，在各自区域内发挥独自比较优势，真正实现差别化分工与协作，进而形成协同发展经济一体化的现代产业体系。分析并对经济结构与空间结构进行调整，使东北三省成为一个经济有机体，成为一个真正的整体，克服阻力，集约发展。要做好顶层设计，真正发挥"东北四省区行政首长协商机制"作用，打破所谓"一亩三分地"的固化思维，避免东北三省"个个都是中心城市"的思想。若要实现产业协同发展，类似从前那种缺少全局、头痛医头、脚痛医脚、各自为政、孤立独行的项目已然行不通。东北地区协同发展通俗而言就是东北地区重新进行区域分工和定位。东北区域一体化已经提出若干年，许久未能成功归根结底是因为在东北区域协同发展中更高层面缺少顶层设计与监管，各省独自为政。多年的事实表明，只有自上而下地推进才可以打破僵局。中央有关部门应会同三省研究人员展开深入调查，并在此基础上正式编制"东北地区产业协同发展规划纲要"，拟定并规范区域协同发展的总章程。

2. 强化产业分工与产业链融合创新

东北三省产业协同未来的转型首先面向的是价值链的两端，价值链向两端延伸，前端重视技术研发，后端注重市场拓展。借助长春新区、大连金普新区、哈尔滨新区在产业发展效能、发展潜能以及产业创新能力等方面的国家级新区的竞争优势，加强研发投入，尤其是加大金融支持制造业创新发展的力度，加大金融扶持实体经济发展的力度。充分发挥辽、吉、黑三地在产业上的发展优势，加强分工合作，培育高端引领、协同发展的开放型、创新型产业体系，推动三省产业链全面融合创新。加入全球价值链，并快速向全球价值链顶端迈进，使其成为推动东北三省产业转型与升级的引擎。充分发挥大连、沈阳、长春、哈尔滨等核心城市在现代服务业和先进制造业领域对东北亚地区的引领和外溢作用。巩固和提升辽港集团航运及物流中心地位，进一步发挥其引领作用。东北三省发展各有特点，要实现地区产业协同发展。应结合东北三省创新能力现状，进一步突破各种障碍，强化协同创新力度，培育创新人才，加强开放，引进科技创新资源，建设跨区域合作创新平台，打造东北三省创新合作共同体，并将其建设成为东北亚产业创新中心。

3. 加强空间结构调整

东北三省在注重产业结构优化升级的同时，要加强空间结构调整。当城市发展到都市的规模，产业结构的高度化即成为一种现实需要，都市则意味着城市在规模上很大，也要求产业链比较长，要求重点发展现代服务业，将低附加值的产业转移到周边，辐射疏解城市功能，影响带动周边的

中小城市和小城镇得到发展，由此形成都市圈。着力完善东北三省现代化都市圈，重点推动四个都市圈（大连都市圈、沈阳都市圈、长春都市圈、哈尔滨都市圈）建设，并把四大都市圈的规划建设作为发展重点在"十四五"全面展开，充分发挥都市圈的引领、辐射、带头作用，充分发挥都市圈在城市群的核心作用，引领带动辽中南城市群、哈长城市群得到长足发展。在四大城市圈与两大都市群之外，发展东北沿边经济带。利用国内和国际两大市场、国内和国际两种资源，发展沿边的城市，扩大其规模，增强其实力，形成沿边经济带。最终完成东北的空间结构布局，形成"两群一带"格局，从而促进东北三省产业与经济的发展，最终实现经济的振兴与繁荣。

4. 塑造产业协同良好软环境

推进国家治理体系和治理能力现代化必须加强体制机制创新，政府则是体制机制创新的核心行为主体。习近平总书记强调，"冲破思想观念的障碍、突破利益固化的藩篱，解放思想是首要的"①。可以说，"思想解放深度决定着东北振兴高度"。东北三省实现产业协调发展的关键在于体制机制的创新。要塑造产业协同良好软环境，首先要创新政府治理理念，变"政府管理"为"政府治理"，切实实现综合施策、系统管理。要创新政府决策机制，科学决策。在依法决策的同时，思考借鉴专家学者以及最广大人民群众的研究成果与意见建议，增加决策途径，拓展决策形式。要明确政府职能定位，建设服务型政府，充分发挥市场对资源配置的基础性作用，深化"放管服"改革，放权市场，避免形式主义。着力优化发展环境，增强发展后劲。进一步推进生产性服务业的体制改革，降低市场准入门槛，优化实体经济发展环境。同时要重视集聚创新人才，充分挖掘现有人才的潜能，并广招人才，择天下英才而用之。

---

① 《习近平：关于〈中共中央关于全面深化改革若干重大问题的决定〉的说明》，中国共产党新闻网，http://cpc.people.com.cn/n/2013/1116/c64094-23561783-7.html。

参考文献

1. 杨洁、王艳、刘晓：《京津冀区域产业协同发展路径探析》，《价值工程》2009 年第 4 期。

2. 孙虎、乔标：《京津冀产业协同发展的问题与建议》，《中国软科学》2015 年第 7 期。

3. 张屹山：《化解东北振兴中体制性障碍的路径研究》，《经济纵横》2016 年第 10 期。

4. 蒋贵凰、翟彦龙、赵大丽：《基于知识结构特征的京津冀协同发展路径探讨》，《商业经济研究》2020 年第 16 期。

社会科学文献出版社

皮 书

智库报告的主要形式
同一主题智库报告的聚合

✤ 皮书定义 ✤

皮书是对中国与世界发展状况和热点问题进行年度监测，以专业的角度、专家的视野和实证研究方法，针对某一领域或区域现状与发展态势展开分析和预测，具备前沿性、原创性、实证性、连续性、时效性等特点的公开出版物，由一系列权威研究报告组成。

✤ 皮书作者 ✤

皮书系列报告作者以国内外一流研究机构、知名高校等重点智库的研究人员为主，多为相关领域一流专家学者，他们的观点代表了当下学界对中国与世界的现实和未来最高水平的解读与分析。截至2020年，皮书研创机构有近千家，报告作者累计超过7万人。

✤ 皮书荣誉 ✤

皮书系列已成为社会科学文献出版社的著名图书品牌和中国社会科学院的知名学术品牌。2016年皮书系列正式列入"十三五"国家重点出版规划项目；2013~2020年，重点皮书列入中国社会科学院承担的国家哲学社会科学创新工程项目。

中国皮书网

（网址：www.pishu.cn）

发布皮书研创资讯，传播皮书精彩内容
引领皮书出版潮流，打造皮书服务平台

栏目设置

◆**关于皮书**
何谓皮书、皮书分类、皮书大事记、
皮书荣誉、皮书出版第一人、皮书编辑部

◆**最新资讯**
通知公告、新闻动态、媒体聚焦、
网站专题、视频直播、下载专区

◆**皮书研创**
皮书规范、皮书选题、皮书出版、
皮书研究、研创团队

◆**皮书评奖评价**
指标体系、皮书评价、皮书评奖

◆**互动专区**
皮书说、社科数托邦、皮书微博、留言板

所获荣誉

◆2008 年、2011 年、2014 年，中国皮书
网均在全国新闻出版业网站荣誉评选中
获得"最具商业价值网站"称号；
◆2012 年，获得"出版业网站百强"称号。

网库合一

2014年，中国皮书网与皮书数据库端口
合一，实现资源共享。

权威报告·一手数据·特色资源

皮书数据库
ANNUAL REPORT(YEARBOOK)
DATABASE

分析解读当下中国发展变迁的高端智库平台

所获荣誉

- 2019年，入围国家新闻出版署数字出版精品遴选推荐计划项目
- 2016年，入选"'十三五'国家重点电子出版物出版规划骨干工程"
- 2015年，荣获"搜索中国正能量 点赞2015""创新中国科技创新奖"
- 2013年，荣获"中国出版政府奖·网络出版物奖"提名奖
- 连续多年荣获中国数字出版博览会"数字出版·优秀品牌"奖

成为会员

通过网址www.pishu.com.cn访问皮书数据库网站或下载皮书数据库APP，进行手机号码验证或邮箱验证即可成为皮书数据库会员。

会员福利

- 已注册用户购书后可免费获赠100元皮书数据库充值卡。刮开充值卡涂层获取充值密码，登录并进入"会员中心"—"在线充值"—"充值卡充值"，充值成功即可购买和查看数据库内容。
- 会员福利最终解释权归社会科学文献出版社所有。

社会科学文献出版社 皮书系列
SOCIAL SCIENCES ACADEMIC PRESS (CHINA)

卡号：485825339711
密码：

数据库服务热线：400-008-6695
数据库服务QQ：2475522410
数据库服务邮箱：database@ssap.cn
图书销售热线：010-59367070/7028
图书服务QQ：1265056568
图书服务邮箱：duzhe@ssap.cn

S 基本子库
UB DATABASE

中国社会发展数据库（下设 12 个子库）

整合国内外中国社会发展研究成果，汇聚独家统计数据、深度分析报告，涉及社会、人口、政治、教育、法律等 12 个领域，为了解中国社会发展动态、跟踪社会核心热点、分析社会发展趋势提供一站式资源搜索和数据服务。

中国经济发展数据库（下设 12 个子库）

围绕国内外中国经济发展主题研究报告、学术资讯、基础数据等资料构建，内容涵盖宏观经济、农业经济、工业经济、产业经济等 12 个重点经济领域，为实时掌控经济运行态势、把握经济发展规律、洞察经济形势、进行经济决策提供参考和依据。

中国行业发展数据库（下设 17 个子库）

以中国国民经济行业分类为依据，覆盖金融业、旅游、医疗卫生、交通运输、能源矿产等 100 多个行业，跟踪分析国民经济相关行业市场运行状况和政策导向，汇集行业发展前沿资讯，为投资、从业及各种经济决策提供理论基础和实践指导。

中国区域发展数据库（下设 6 个子库）

对中国特定区域内的经济、社会、文化等领域现状与发展情况进行深度分析和预测，研究层级至县及县以下行政区，涉及地区、区域经济体、城市、农村等不同维度，为地方经济社会宏观态势研究、发展经验研究、案例分析提供数据服务。

中国文化传媒数据库（下设 18 个子库）

汇聚文化传媒领域专家观点、热点资讯，梳理国内外中国文化发展相关学术研究成果、一手统计数据，涵盖文化产业、新闻传播、电影娱乐、文学艺术、群众文化等 18 个重点研究领域。为文化传媒研究提供相关数据、研究报告和综合分析服务。

世界经济与国际关系数据库（下设 6 个子库）

立足"皮书系列"世界经济、国际关系相关学术资源，整合世界经济、国际政治、世界文化与科技、全球性问题、国际组织与国际法、区域研究 6 大领域研究成果，为世界经济与国际关系研究提供全方位数据分析，为决策和形势研判提供参考。

法律声明